Cl Heereman von Zuydwyk

Die älteste Tafelmalerei Westfalens

Beitrag zur Geschichte der altwestfälischen Kunst

Cl Heereman von Zuydwyk

Die älteste Tafelmalerei Westfalens
Beitrag zur Geschichte der altwestfälischen Kunst

ISBN/EAN: 9783743415034

Hergestellt in Europa, USA, Kanada, Australien, Japan

Cover: Foto ©Thomas Meinert / pixelio.de

Manufactured and distributed by brebook publishing software
(www.brebook.com)

Cl Heereman von Zuydwyk

Die älteste Tafelmalerei Westfalens

DIE ÄLTESTE

TAFELMALEREI

WESTFALENS.

BEITRAG ZUR GESCHICHTE DER ALTWESTFÄLISCHEN KUNST.

VON

CL. FREIHERR HEEREMAN V. ZUYDWYK,

DR. JUR. REGIERUNGSRATH A. D.

„Und da steh die neuen Tage
Aus dem Schutt der alten bauen,
Könnt von ungetrübtem Auge
Rückwärts blickend, vorwärts schauen."

Dr. F. W. Weber: Dreizehnlinden XVII, 3.

MIT VIER TAFELN.

MÜNSTER I.W.,
VERLAG VON HEINRICH SCHÖNINGH.
1882.

VORWORT.

Es ist nicht meine Absicht, eine gelehrte, kunsthistorische oder archäologische Abhandlung hier zu bringen, durch welche die Resultate neuer wissenschaftlicher Forschungen zu Tage gefördert, oder geboten werden sollten. Ich wollte vielmehr nur versuchen, für Freunde der Kunst einige durch hohes Alter und innere Bedeutung hervorragende Werke der Westfälischen mittelalterlichen Kunst des romanischen Stiles eingehender, als es bisher geschehen, zu besprechen, zu erläutern und zugleich gute Nachbildungen derselben zu bringen. Der Zweck, den ich hierbei zu erstreben beabsichtigte, war zunächst nicht bloss, die Kenntniss dieser Kunstwerke in weiteren Kreisen zu verbreiten, sondern auch das Interesse für dieselben in der Heimath zu beleben, und das Verständniss derselben zu fördern. Die auch ferner hieran sich knüpfenden Gedanken und Wünsche, welche für mich in Betracht kamen, sind in der Einleitung näher ausgeführt und insbesondere ist dort zu begründen versucht, weshalb es mir zweckentsprechend schien, einige archäologische und historische Abschweifungen einzuflechten, welche mit dem Gegenstande oder der Ausführung jener Darstellungen, oder mit der Bestimmung der Kunstwerke als solchen, in naher Beziehung stehen.

Ein besonderer Werth ist auf die Herstellung der Nachbildungen gelegt, deren Treue und Güte für den Kunsthistoriker, wie für den Kunstfreund, von der höchsten Bedeutung erscheint.

Die Herren, welche die Güte gehabt haben, die zur Anfertigung der Tafeln erforderlichen Nachbildungen herzustellen, Herr P. EBERLEIN, Herr Maler H. GOLTZ und Herr Architekt A. LUDORFF haben diese Arbeit mit grosser Sorgfalt, Tüchtigkeit und besonderem Verständniss zur Ausführung gebracht, und mich ihnen zum freundlichsten Danke verpflichtet. Zugleich aber darf ich nicht unterlassen, dem Herrn Rektor ALDENKIRCHEN zu Viersen und ganz insbesondere dem Herrn Architekten H. HERTEL zu Münster, welche mir bei der Arbeit ihre freundliche und sachkundige Förderung gütigst haben zu Theil werden lassen, meinen ganz verbindlichen Dank auszusprechen. — Mein Wunsch geht dahin, dass diese kleine Schrift, besonders in der engeren Heimath, eine nachsichtige und freundliche Aufnahme finden und der Erreichung des Zweckes dienlich sein möge, den ich im Auge gehabt. Sollte dies der Fall sein, so würde ich hieraus gern die Anregung schöpfen, auch andere heimathliche Kunstwerke in ähnlicher Weise einer näheren Besprechung zu unterziehen.

Münster im September 1881.

DER VERFASSER.

INHALT.

Berichtigungen.

S. 8 Z. 13 v. oben lies sepulcrum statt sepucrum.

S. 8 Anm. 4 Z. 2 hinter Legende ist „nach" doppelt, daher einmal zu streichen.

S. 10 Anm. 5 lies Handbuch d. Kunstgesch. statt Handbuch v. Kunstgesch.

S. 13 Anm. 3 lies ζωγραφικῆς statt ζωγραφικῆς.

S. 16 Anm. 5 lies *episcopi* statt *episcopie*.

S. 17 Anm. 4 lies vom B. Athos statt von B. Athos.

S. 19 Z. 12 v. u. lies *ostendendam* statt *ostendendum*.

S. 28 Z. 3 v. u. lies hat statt hatte.

S. 35 Z. 1 v. o. lies entsprechen, statt entsprechend.

S. 48 Z. 17 v. u. lies leider statt aber.

S. 76 Z. 6 v. u. lies 12. Jahrh. statt 11. Jahrh.

EINLEITUNG.

Pulchritudines exteriores a Dei pulchritudine veniunt.
S. Augustinus.

La véritable grandeur de l'art repose sur son alliance avec
la beauté éternelle.
Edgar Quinet Oeuvres compl. X. p. 273.

enn ich den Versuch zu machen mir gestatte, einige Werke altwestfälischer Malerei,
unter Beigabe von Nachbildungen eingehend zu besprechen, so bestimmt mich hierzu,
ausser der Liebe zur Kunstthätigkeit unserer Vorfahren in langverflossenen Jahrhunderten, auch die Ueberzeugung von der grossen, aber nicht hinreichend ge-
würdigten Bedeutung der näheren Kenntniss dieser ebenso interessanten, als werthvollen Bildwerke.
Allgemein wird nicht mehr verkannt, dass es eine hohe Aufgabe und Pflicht, nicht bloss jedes
Volkes, sondern auch jedes Volksstammes ist, seine eigene Geschichte zu pflegen, die spezielle
Kenntniss der geschichtlichen Entwickelung, auf welche sich alle Verhältnisse der späteren Zeiten
gründen, zu fördern und auch die geschichtlichen Denkmale des Landes sorgfältig zu erhalten.
Dasselbe trifft aber unzweifelhaft in vollem Masse auch zu für die Werke und Denkmale der Kunst
der alten Zeit; in diesen spiegeln sich mehr noch, als in manchen anderen Ueberresten der Ver-
gangenheit, die Denk- und Sinnes-Weise, die geistige Befähigung und Entwickelung, wie insbesondere
auch die Frömmigkeit und die ideale Richtung, überhaupt der gesammte Kulturzustand eines Volkes
und eines Zeitalters ab.[1]   Gerade die Werke der bildenden Kunst bieten uns ein so treues und
richtiges Bild der geistigen Zustände und stellen den Grad der Entwickelung der Kultur in jeder
Beziehung so treu und erkennbar uns dar, wie dies kaum durch schriftliche Ueberreste oder
anderweit überlieferte Mittheilung rechtlicher oder anderer öffentlichen Vorgänge möglich ist. Wenn
Solches nicht streitig sein kann, so ist um so mehr zu beklagen, dass weder für die Erhaltung
solcher werthvollen Kunstdenkmäler bei uns in Westfalen bisher das Erforderliche geschehen, noch
auch die Kenntniss derselben oder das Interesse für dieselben in der Weise gepflegt worden ist,
wie es an sich nothwendig gewesen wäre, und insbesondere, wie diese Werke ihrem eigenen,
inneren Werthe und ihrer Bedeutung nach es hätten beanspruchen können.   Wohl kaum in irgend
einem Theile unseres grösseren Vaterlandes ist so viel von den Schätzen der alten Kunst, theils
durch die Einwirkung der Zeit und die Ungunst des Klimas, theils aber auch durch Mangel an
Schutz und Interesse zu Grunde gegangen, verdorben, oder gar, sofern es erhalten worden, der
Heimath entfremdet, und ins Ausland gewandert, als bei uns in Westfalen.

Um also diejenigen Werke, welche noch bei uns vorhanden, vor weiterer Zerstörung zu
schützen, oder vor dem Verkauf ins Ausland zu bewahren, erscheint es als eine bedeutsame Pflicht,

---

[1] X. Kraus, Ueber Begriff, Umfang und Geschichte der Archäologie sagt: „Nirgend tritt die alte, treue, naive,
christliche Gesinnung unserer Altvordern tröstlicher, rührender uns entgegen, als in den Kunstwerken der Vorzeit."

das Interesse für dieselben und auch das Verständniss derselben zu fördern; diesem Zwecke mögen zunächst diese Blätter dienen. —

Dann kam weiter für mich in Betracht, dass die wissenschaftliche Bearbeitung der allgemeinen Kunstgeschichte, der in den letzten Jahrzehnten durch hervorragende Fachmänner eine höchst erfreuliche Pflege und Förderung auch in Deutschland zu Theil geworden ist, die Forschungen auf dem Gebiete der Spezial-Kunstgeschichte zur wesentlichen Voraussetzung hat, und nur auf diese, sofern sie auf Wahrheit und Vollständigkeit Anspruch machen will, sich gründen und aufbauen kann. — Ferner ist insbesondere aber die Kenntniss und das Verständniss der alten Kunst auch die Grundlage und Vorbedingung der Entwickelung der modernen,[1]) welche ohne diese, ohne Anlehnung an die Auffassung und den Geist der Werke der alten Zeit bald an geistiger Bedeutsamkeit und idealem Sinne in einem Grade Mangel leidet, wie dies leider in neuerer Zeit bei der religiösen Kunst zum grossen Nachtheil derselben uns so vielfach entgegentritt. — In den altchristlichen Kunstwerken leuchtet trotz mancher äusserer Mängel und technischer Unvollkommenheiten eine so hohe und ernste Auffassung, eine so innige Frömmigkeit und Glaubenskraft hervor und sie zeichnen sich durch gründliche, theologische Wissenschaft, wie auch durch strenges Festhalten an der tiefsinnigen, symbolischen, oder archäologischen Art der Behandlung heiliger Gegenstände in solchem Maasse aus, dass für die neuere religiöse Kunst das Studium der mittelalterlichen Kunstwerke und der treue Anschluss an den Geist und die Ideale derselben als erstes Erforderniss zu erachten ist.[2]) Wenn unsere moderne, religiöse Kunst neben hervorragender, technischen Vollendung, an innerem Werth und Geist Mangel leidet, und der Gefahr, in Verflachung oder Verweltlichung sich zu verlieren, sich bedenklich zuneigt, so beruhen diese Fehler, zum Theil in dem Mangel an religiöser Hingebung und Begeisterung,[3]) zum Theil aber unzweifelhaft auch in dem Fehlen der Kenntniss der alten Kunstwerke und des Verständnisses für die tiefernste Symbolik und archäologische Strenge, welche diese ziert.

Ist auch für die Kenntniss der alten westfälischen Kunst in neuerer Zeit Vieles geschehen, und sind durch die besondere Anerkennung verdienende Thätigkeit von Lübke, Nordhoff, Aldenkirchen, Kaiser und Anderen die mittelalterlichen Kunstwerke Westfalens in weiteren Kreisen mehr bekannt geworden, so ist dessungeachtet auf diesem Gebiete noch Manches zu thun und es dürfte nicht überflüssig erscheinen, einige Werke altwestfälischer Malerei einer eingehenden Besprechung zu unterziehen, um so mehr, als die bisher erfolgten Mittheilungen über dieselben, ebenso wie die Nachbildungen, weder vollständig, noch getreu erscheinen. Zudem können diese Kunstwerke neben dem hohen Alter für sich eine grosse, innere Bedeutung in Anspruch nehmen, bieten aber auch in der Hinsicht ein besonderes Interesse, weil sie Zeugniss davon geben, dass in den ersten Zeiten des Mittelalters die Kunstentwickelung an einzelnen Orten Westfalens eine sehr hohe und ausgezeichnete war, und durch den künstlerischen Sinn und die Begabung unserer Vorfahren die Malerei diese hohe Stufe früher erreicht hatte, als dies in vielen andern Theilen Deutschlands der Fall gewesen.

Wenn bei der Beschreibung und Würdigung derselben die symbolischen und archäologischen Beziehungen etwas eingehender behandelt werden, als dies meistens zu geschehen pflegt, so mag dies darin seine Entschuldigung oder seine Begründung finden, dass diese bedeutsame Seite altchristlicher Kunstwerke vielfach nicht in dem Maasse, als sie es verdient, gewürdigt worden ist, und

---

1) JACOB GRIMM: „Wir erforschen unser Alterthum, uns die Gegenwart, der wir unsere Kräfte, Liebe und Sorge schuldig sind, wahrhaft zu erkennen, und durch diese Erkenntniss zu fördern." —

2) W. v. SCHRADOW sagt in seiner Vorlesung über den Einfluss des Christenthums auf die bildenden Künste sehr mit Recht: „Es ist eine ebenso traurige als wahre Erfahrung, dass das Organ für die christlichen Ideen und die Gefühlswelt selbst geistreichen Kunstkennern abgehen kann, und wir sehen sie sich von unvollkommen ausgeführten, christlichen Kunstwerken mit Widerwillen abwenden, wenngleich die begeisterste christliche Empfindung in ihnen enthalten ist." —

3) COUNT DE MELLET in der Revue de l'art chrétien 1857: „In der religiösen Kunst gibt es keine Begeisterung ohne Glauben, keine christliche Malerei ohne die innigste Ueberzeugung."

im Allgemeinen bei denen, welche ein lebhaftes Interesse für die Kunst besitzen, eine Hinweisung auf dieselbe dazu beitragen kann, nicht bloss die Freude an den Kunstwerken, sondern auch das Verständniss des innern Werthes derselben zu erhöhen.

Will man aber, wie es von vielen Seiten in unserer Zeit geschieht, sich der Auffassung anschliessen, der altchristlichen Symbolik sei für die neue religiöse Kunst eine grundlegende Bedeutung nicht mehr zuzuerkennen, so ist dagegen hervorzuheben, dass symbolische Beziehungen von der religiösen oder kirchlichen Kunst, da dieselbe so erhabene oder überirdische Wahrheiten und Gedanken, wie sie die christliche Religion uns bietet, darstellen oder vorführen soll, naturgemäss nicht zu trennen sind. Schon die göttliche Offenbarung an sich weist in der Geschichte des Reiches Gottes auf Erden uns direkt auf die Symbolik hin, indem sie auf solche Weise Uebersinnliches den sinnlichen Begriffen und dem menschlichen Verständniss anzudeuten oder näher zu bringen bestrebt ist. Nicht bloss das alte Testament bestätigt dies in seinen vorbildlichen Symbolen, welche auf die Erfüllung der göttlichen Verheissungen im neuen Bunde sich beziehen, sondern auch die Art und Weise des äusseren Gottesdienstes, die Spendung der Sakramente und die gesammte Liturgie der christlichen Kirche im Allgemeinen ist in allen einzelnen Theilen erfüllt von tiefsinnigen, symbolischen Beziehungen, welche an die äusseren Handlungen sich knüpfen und dieselben geistig durchdringen. Soll daher die religiöse Kunst ihre Aufgabe, in ihren Darstellungen Geist, Herz und Gemüth auf den Ursprung und Inbegriff aller Schönheit, auf Gott, hinzuführen und zu den erhabensten und höchsten Auffassungen zu erheben, erfüllen,[1]) so muss sie sich dem geistigen Zuge anschliessen, welcher Glauben und Lehre der geoffenbarten Religion durchzieht. Dadurch wird nicht, wie moderne Kritik vielfach vermeint, das frische Leben in der Kunst gehemmt, und dem Fluge der Phantasie oder dem Schönheitsgefühle des schaffenden Künstlers ein hemmendes Band angelegt, sondern im Gegentheil demselben vielmehr die richtige und sichere Unterlage und ein fester Halt gegeben. Ist freilich zwar die byzantinisch-griechische Kunst im Uebermass von symbolischer und typischer Behandlung, wie gewiss nicht geleugnet werden soll, erstarrt und verknöchert, so liegt die Schuld nicht an dem Festhalten an den archäologischen Auffassungen der Symbolik, sondern vielmehr an dem Mangel an künstlerischem Vermögen und lebendigem Streben bei den Künstlern, welche in der Zeit eines erstarrten, religiösen Lebens und einer absterbenden Cultur die erforderliche Anregung nicht erhalten konnten, und, statt frisch und selbstständig aus innerem Gefühl zu schaffen, zur gedanken- und geistlosen, technischen Nachahmung herabsanken. Unser Wunsch aber geht dahin, dass mit dem Verständniss des Wesens der Werke der altchristlichen Kunst und mit der Rückkehr zu dem Geiste, der jene geschaffen hat, unsere religiöse Kunst auf diesen Grundlagen frisch und lebendig erblühe, und in idealer Darstellung des Schönen Werke schaffe, die dem Bedürfnisse der Erbauung und der geistigen Erhebung und Anregung, so wie es zu unserer Zeit sich schickt, entgegen kommen.[2]) Genügen die Kunstwerke diesen Erfordernissen, dann ergreift die Kunst, wie sie es soll, auch volksthümlich die Herzen des ganzen Volkes.

1) G. DURANDUS (1286) episcop. Mend. Rationale div. off. sagt lib. I. cap. 3. nr. 1: Pictura et ornamenta in ecclesia sunt laicorum lectiones et scripturae. Vgl. auch J. MOLANUS, de picturis et imag. sacris I. cap. II. — GREGORIUS M. epist. lib. IX epist. 55 ad. Seren. sagt: „Desshalb wird die Malerei in den Kirchen angewendet, damit die, welche Geschriebenes nicht verstehen, wenigstens an den Wänden sehen und lesen, was sie in den Buchern nicht lesen können.

2) DURANDUS a. a. O. lib. I cap. 3. nr. 4 und 5: Pictura namque plus videtur movere animum, quam scriptura; per picturam quidem res gesta ante oculos ponitur, sed per scripturam res gesta, quasi per auditum, qui minus movet animum, ad memoriam revocatur. Hinc etiam est, quod in ecclesia non tantam reverentiam exhibemus libris, quantam imaginibus et picturis. — HONORIUS AUGUSTOD. Gemma animae I. cap. 132: Laquearium picturae sunt exempla justorum, quae ecclesiae repraesentant ornamentum morum. Ob tres autem causas fit pictura; primo, quia est laicorum litteratura; secundo, ut domus tali decore ornetur; tertio, ut priorum vita in memoriam revocetur.

I.

DAS ANTEPENDIUM DER WALBURGISKIRCHE ZU SOEST,

ZUR ZEIT IM PROVINZIALMUSEUM ZU MÜNSTER.

Tafel I.

Dorotine, diled decorum domus teut. Psalm XXVI. 8.

I. GESCHICHTLICHE MITTHEILUNGEN ÜBER DAS KLOSTER UND DIE KIRCHE DER H. WALBURGIS.

Unter den Orten Westfalens, an welchen sich in sehr früher Zeit schon eine höhere Kultur zeigte, und frisch und rasch emporblühte, steht oben an Soest, die Stadt der Engern; ebenso früh und lebendig schloss sich an dieselbe eine reiche Entwickelung der Kunstthätigkeit an, für welche dieser Stadt dann ungefähr bis zum Ende des Mittelalters wohl unzweifelhaft die erste Stelle in Westfalen gebührt.[1] Bereits im 7. Jahrhundert unter dem merovingischen Könige Dagobert I. in Beziehung zur Kirche von Cöln gesetzt[2] erhielt angeblich um diese Zeit bereits Soest (auf den Hoven von Susat) ein vom h. Cunibert dem h. Petrus geweihtes, hölzernes Kirchlein, wohl die erste christliche Kirche im sächsischen Westfalenlande,[3] und im Jahre 718 predigte der h. Sueder zu Soest.[4] Dann wird von den Mönchen, welche auf Geheiss des Abtes Warin 836 die Gebeine des h. Vitus von St. Denys nach Corvey geleiteten, des nicht unerheblichen, ländlichen Ortes Sosat erwähnt, an welchem dieselben von einer zahlreichen Bevölkerung festlich empfangen wurden.[5] Als aber im 10. Jahrhundert der h. Bruno, Erzbischof von Cöln, dessen Bruder, Kaiser Otto I. im Jahre 962 in Soest anwesend war,[6] die Gebeine des h. Patroclus, welche er vom Bischofe Ansegis von Troyes zum Geschenk erhalten hatte, 964 nach Soest übertrug[7] war dasselbe schon ein belebter, volkreicher Ort von erheblicher Bedeutung; er erhebt die Soester Kirche zum Archidiakonat,[8] legt den Grundstein zur Patrocli-Kirche,[9] welcher er in seinem Testamente auch erhebliche Zuwendungen machte,[10]

---

1) LÜBKE, Die mittelalterliche Kunst in Westfalen. — NORDHOFF, Die Soester Malerei unter Meister Conrad in d. Jahrb. d. Vereins v. Alterthumsfreunden im Rheinland. Heft 67 u. 68.
2) BARTHOLD, Soest, die Stadt d. Engern, p. 3 u. 17. — ALDENKIRCHEN, Die Mittelalterl. Kunst in Soest, p. 3.
3) SEIBERTZ a. a. O. II, p. 135. — BARTHOLD a. a. O. p. 17.   4) SCHATEN, Hist. Westfaliae I, 6, p. 369.
5) Translatio sancti Viti. JAFFÉ, Bibl. Germ. I, p. 21: *...Igitur post dies aliquot regnum Saxoniae introeuntes, ac recto calle gradientes, veniunt in villam, quae Sosat vocatur, ubi maximam multitudinem Saxonum obviam habuerunt, adeo, ut incredibilis numerus videretur utriusque sexus.*
6) SEIBERTZ a. a. O. II, p. 53.
7) SEIBERTZ a. a. O. II, p. 136. — BARTHOLD a. a. O. p. 27. — ALDENKIRCHEN a. a. O. p. 3. — WISKOTT, Beiträge z. Gesch. der Stadt Soest, p. 8.
8) NORDHOFF a. a. O. p. 101. — WISKOTT a. a. O. p. 8 u. 15.   9) BARTHOLD a. a. O. p. 28.
10) WEDDIGEN, Magazin f. Gesch. etc. I, p. 28. — BARTHOLD a. a. O. p. 28.

und begründet die Entwickelung städtischer Verhältnisse. Von nun an blühte Soest in raschem
Aufschwunge empor; durch ausgebreiteten Handel wuchs in günstiger Lage am „Hellwege" rasch
sein Wohlstand und seine Macht, und in der Mitte des 11. Jahrhunderts sah es die deutschen Kaiser,
Heinrich III. 1047, und Heinrich IV. 1068 wiederholt in seinen Mauern.[1]) Im 12. Jahrhundert ent-
standen grosse kirchliche Schöpfungen, und es beginnt die Entwickelung eines glänzenden Schaffens
auf allen Gebieten der Kunst.[2])

Der Bau der Patrocli-Kirche war bereits vom h. Bruno begonnen; der Chor der jetzigen
Kirche, das Kreuzschiff und der östliche Theil der Schiffe gehören ohne Zweifel dem 11. Jahrhundert
an; die übrigen Theile des mächtigen, stolzen Gotteshauses, welches einen monumentalen Charakter
trägt, sind wohl, (vielleicht mit Ausnahme des westlichen Erweiterungsbaues), in der Mitte des
12. Jahrhundert vollendet, und die Kirche wurde im Jahre 1166 vom Erzbischof Rainald von Dassel,
dem Kanzler des Reiches eingeweiht.[3]) Fast um dieselbe Zeit, im Jahre 1165, wurde an der nördlichen Stadtmauer in der Nähe des gleichnamigen Thores die Kirche des im Jahre 1152 gegründeten
Walburgis-Klosters der Augustinerinnen vollendet;[4]) die Geschichte dieses Klosters ist eng mit der
der Stadt verwoben und ausserdem erhält dasselbe dadurch eine vorzügliche Bedeutung, dass es
besonders werthvolle Schätze alter Kunst in sich schloss. Ferner wurde der Bau der grossen Wälle
und Stadtmauern, vollendet, welche mit zehn bewehrten Thoren und mehr als 30 Thürmen, in
einem Umfange von beinahe einer Stunde die Stadt umgaben.[5]) Auch die Nikolai-Kapelle wurde
wohl gegen Ende des 12. Jahrhundert erbaut.[6]) Im Jahre 1203 wurde dann vom Kaiser Otto IV.
zu Soest bereits ein Reichstag abgehalten. Schnell folgte im 13. Jahrhundert die Inangriffnahme
beziehungsweise Fortführung des Baues der Petri- und Thomas-Kirche und bald wurde Soest geschmückt mit einer Menge grosser und herrlicher Kirchen und schöner Kapellen, deren Zahl und
Schönheit mit Recht in Erstaunen setzt.[7]) Geziert wurden dieselben, abgesehen von der Ausstattung
durch Werke der Kleinkunst, insbesondere der Goldschmiedekunst, vornehmlich aber mit ganz hervorragenden Werken der Malerei.[8])

Wie in der Natur des Westfalen die sinnige Gemüthsart und das empfindungsreiche Element
vorwaltet, so hat, diesen Eigenschaften entsprechend, sich daher in Westfalen auch eine besonders
reiche Entfaltung der Thätigkeit auf dem Gebiete der Malerei gezeigt, und in dieser hat Soest schon
in sehr früher Zeit und besonders vom 12. Jahrhundert bis zum Ende des Mittelalters gerade vorzugsweise geglänzt. Die ältesten Wandmalereien Westfalens finden wir zu Soest und zwar im Chor
des Patrocli-Münsters, in welchem grossartige Gestalten von hehrem und erhabenem Charakter in
kräftigen Formen und Zügen, im Jahre 1166 geschaffen, uns entgegentreten;[9]) etwas jünger sind die

1) BARTHOLD a. a. O. p. 38.   2) NORDHOFF a. a. O. p. 101.

3) BARTHOLD a. a. O. p. 63. — LÜBKE a. a. O. p. 74. — NORDHOFF, Die kunstgeschichtl. Beziehungen zwischen
dem Rheinlande u. Westfalen. p. 37. — ALDENKIRCHEN a. a. O. p. 6. — SEIBERTZ a. a. O. II, p. 392. — WISKOTT, Beiträge
z. Gesch. d. Stadt Soest, p. 13. — Ob der westliche Theil vor 1166 schon vollendet ist, erscheint streitig. — KAISER,
Die Patroclikirche u. d. Nikolaikapelle, p. 5.

4) BECKER, Kugler's Museum III. p. 373. — BARTHOLD a. a. O. p. 63. — Nach SEIBERTZ a. a. O. II. p. 393 soll
das Walburgiskloster v. Erzbisch. Rainald v. Dassel erst 1165 oder 1166 gestiftet sein, was wohl auf einem Irrthum be-
ruht. — TAPPE, Alterth. der Stadt Soest, I. p. 13.

5) BARTHOLD a. a. O. p. 75.

6) LÜBKE a. a. O. p. 224. — KAISER a. a. O. p. 42. — TAPPE, Alterthümer d. Baukunst in Soest, I. p. 16.

7) BARTHOLD a. a. O. p. 77. — SEIBERTZ a. a. O. II. p. 414. Unter Erzbisch. Philipp v. Heinsberg 1179 wurde
Soest bereits in 6 Pfarreien getheilt, indem man von der alten Kirche St. Peter, welche schon seit Arnold I. 1137—1151 zum
Patroclistifte gehörte, (KAMPSCHULTE, Statistik d. Cölnischen Herzogth. Westf. p. 104 u. 108), 5 Pfarreien, nämlich: S. Georg,
S. Maria in palude od. in pratis, S. Maria in altis, S. Thomas u. S. Paul abzweigte. — EMMINGHAUS, Memorab. Susatensia, p. 7.

8) Man vgl. die vortrefflichen Ausführungen bei NORDHOFF, d. kunstgeschl. Beziehungen zw. d. Rheinl. und
Westf. u. NORDHOFF, die Soester Malerei unter Meister Conrad.

9) ALDENKIRCHEN a. a. O. p. 6 u. 15 hat durch seine Nachforschungen die inschriftliche Bezeichnung der Zeit,
welche zuvor strittig war, festgestellt. — KAISER a. a. O. p. 17. — LÜBKE a. a. O. p. 321.

durch zu weit gehende Restauration in ihrem Charakter leider sehr beeinträchtigten Wandmalereien des nördlichen Seitenchores derselben Kirche,[1] und die prächtigen Malereien in der Nikolaikapelle gehören schon wohl ungefähr der Mitte des 13. Jahrhunderts an.[2]

Diese ältesten Wandmalereien stehen ebenbürtig den berühmten, rheinischen Wandgemälden zur Seite, welche in ungefähr derselben Zeit in dem Kapitelsaale zu Brauweiler[3] und in der Kirche zu Schwarz-Rheindorf ausgeführt worden sind, und es erhellt aus jenen die hohe Stufe, welche die Kunst der Malerei in dieser Zeit in Soest erreicht hatte; jedenfalls musste dieselbe bereits eine längere Entwickelung und Fortführung dieser Kunstübung zur Voraussetzung haben, jedoch ist von diesen älteren Werken uns leider, weder in Resten etwas erhalten,[4] noch auch sind Nachrichten über dieselben auf uns gekommen. Immerhin aber bleibt es eine auffallende Erscheinung, dass die Entwickelung im 12. Jahrhundert dort so weit vorgeschritten war, während dieselbe in den späteren Jahrhunderten des Mittelalters in Westfalen, sei es, weil dieses dem Weltverkehr etwas ferner lag, oder weil man zäher an überlieferten Formen und Richtungen festhielt, etwas langsamer vor sich geht, als in den fränkischen Rheinlanden. —

Wenden wir uns von der Wandmalerei zur Tafelmalerei, so hat ebenso auch in dieser Soest eine ganz hervorragende Thätigkeit gezeigt, und es tritt uns in dem Antependium, oder Frontale der Walburgiskirche das älteste Tafelgemälde von Bedeutung entgegen, welches die christliche Kunst im Abendlande aufzuweisen hat. Soest kann sich daher rühmen, in dieser Beziehung eine bevorzugte Stellung unter allen Städten einzunehmen. Wie die folgende, nähere Beschreibung und Erläuterung dieses ehrwürdigen Restes altwestfälischer Kunst zeigen soll, ist dieses Kunstwerk unbedingt dem Ende des 12. Jahrhundert zuzuschreiben, und entweder um 1165 bei Vollendung der Walburgiskirche, oder aber spätestens sehr kurze Zeit nach derselben geschaffen.[5]

Die, wie bemerkt, im Jahre 1165 vollendete Kirche selbst ist uns nicht erhalten, sondern leider, wie so manches Soester Baudenkmal oder Kunstwerk im Laufe der Zeit zerstört. Auch das Kloster hat merkwürdige Schicksale erlitten. Die Vogteirechte über dasselbe übten die Grafen von Arnsberg aus, traten dieselben jedoch im Jahre 1221 an den Erzbischof von Cöln, Engelbert von Berg ab, und seit dieser Zeit waren die Erzbischöfe von Cöln, Schirmvögte desselben. Es erfreute sich im 13. und 14. Jahrhundert bedeutender Zuwendungen und gelangte zu grossem Ansehen und Reichthum;[6] auch genoss ein in der Kirche befindliches, silbernes Marienbild, welches an verschiedenen

1) KUGLER a. a. O. p. 17 u. 39. — LÜBKE a. a. O. p. 322. — ALDENKIRCHEN a. a. O. p. 7.

2) KUGLER a. a. O. p. 41. — LÜBKE a. a. O. p. 322. — NORDHOFF a. a. O. p. 113.

3) A. REICHENSPERGER, Vermischte Schriften. Die Deckengemälde in dem Kapitelsaale der Abtei Brauweiler, p. 72. — E. AUS'M WEERTH, Denkmäler der Malerei in d. Rheinlanden.

4) Nur einige Miniaturen bieten uns einen geringen Anhalt, leider ist jedoch der Ort der Entstehung dieser Arbeiten vielfach nicht ausser Zweifel gestellt. — Von besonderem Interesse ist in dieser Hinsicht das Missale des Bischofs Sigibert von Minden aus dem 11. Jahrh., früher im Dom zu Minden, jetzt in der Königl. Bibliothek zu Berlin, welches sich unzweifelhaft als eine westfälische Arbeit darstellt; ferner sind zu erwähnen ein Evangeliar des Klosters Hardehausen (Biblioth. zu Cassel) und ein gleiches der Abtissin Hildka zu Meschede (Biblioth. zu Darmstadt); von besonderer Bedeutung ist das durch einen grossen Reichthum der herrlichsten Ornamente ausgezeichnete Fraternitätsbuch des Klosters Corvey (Staatsarchiv zu Münster), welches wohl nur Wenig älter ist, als das Antependium; ebendaselbst befinden sich ein Evangeliar des Klosters Freckenhorst (das goldne Buch) etwa aus der Mitte des 12. Jahrh., und ein Evangeliar des Klosters Ueberwasser, in welchem eine Miniatur des h. Petrus, wie er dem h. Markus das Evangelium angiebt, von besonderem Interesse ist. —

5) NORDHOFF, Die Soester Malerei etc. p. 119 bestimmt das Alter in derselben Weise; ebenso auch J. CROWE, Revue de l'art chrétien. X. p. 14. — SCHNAASE a. a. O. V. p. 533 führt dasselbe als das älteste Tafelgemälde auf, ohne eine genaue Zeitbestimmung zu geben. — WOLTMANN, Gesch. d. Malerei I. p. 306 nimmt irrthümlich den Anfang des 13. Jahrh. an. — ALDENKIRCHEN a. a. O. p. 17 hat, wie es scheint, dieses Antependium nicht gekannt, oder übersehen, indem er das erheblich jüngere Retabulum der Wiesenkirche als das älteste deutsche Tafelgemälde bezeichnet. —

6) F. TERLINDEN, Histor. Nachrichten über d. ehemalige Kloster, jetzige freiweltl. adelige Stift Sanctae Walburgis zu Soest in WEDDIGEN's Westfal. Magazin f. Geographie, Geschichte etc. 1786. Bd. II. p. 284; u. ferner in WEDDIGEN, Westfal. histor. geograph. Nationalkalender v. Jahre 1805. p. 256. —

Festtagen in feierlicher Prozession umhergetragen wurde, besondere Verehrung. In der bekannten Soester Fehde im 15. Jahrhundert war das Walburgiskloster, welches an der Stadtmauer ausserhalb der Stadt lag, vielfach Schauplatz der Kämpfe, wurde von den böhmischen Söldnern des Erzbischofs von Cöln, Dietrich Grafen von Mörs erstürmt [1]) und, nachdem es lange von diesen behauptet war, so sehr verwüstet und zerstört, dass die Bürger der Stadt die Ueberreste abtrugen und, als mit dem Frieden von Maestricht 1449 [2]) die Kämpfe beendigt waren, beschlossen, dasselbe in die Stadt zu verlegen. Die Walburgiskirche wurde dann innerhalb der Jahre 1454 und 1485 in der Stadt auf dem Schülting neu errichtet,[3]) der Chor derselben jedoch erst im Jahre 1509 vollendet. Im Laufe des 16. Jahrhunderts und bis in das 17. hinein herrschten lebhafte, konfessionelle Streitigkeiten in dem Kloster, da ein Theil der Nonnen im katholischen Glauben beharrte, der andere Theil derselben aber sich der Reformation zugewendet hatte; im Jahre 1672 wurde dann das Kloster, während die Verhältnisse in demselben Anlass zu Beschwerden boten, in ein freiweltliches, adeliges Damenstift für die drei Konfessionen umgewandelt und als solches im Jahre 1805 säkularisirt. Jedoch blieb als letzter Rest ein kleines Gebäude zur Wohnung für einige Stiftsdamen übrig, für welche durch eine Cabinetsordre vom 16. Januar 1781 eine Erneuerung der Bestimmungen über ihre Ordens-Dekoration angeordnet worden war.

Im Anfange dieses Jahrhunderts wurde auch die bezeichnete zweite, in architektonischer Beziehung allerdings nicht sehr bedeutende Kirche zum Theil abgebrochen, viele Kunstschätze derselben aber vorläufig in die Wiesenkirche übertragen, aus welcher demnächst ein grosser Theil derselben, und unter diesen auch das Antependium, an das Provinzialmuseum des Westfälischen Kunstvereins zu Münster gelangte, und hierdurch der Verschleuderung oder gänzlichen Vernichtung entzogen wurde. Alle Unbilden der Zeit und alle jene Stürme und Kämpfe verschiedener Jahrhunderte hat wunderbarer Weise das Antependium überdauert, und, wenn zwar auch arg beschädigt, so lässt es doch auch in diesem Zustande noch die ursprüngliche hohe Schönheit erkennen, durch welche dasselbe in kunstgeschichtlicher, wie künstlerischer Beziehung gewiss wohl einer näheren Beschreibung und eingehenden Würdigung werth erscheinen kann.

---

2. KUNSTGESCHICHTLICHE BEMERKUNGEN ÜBER DEN ALTAR UND DIE ANTEPENDIEN.

Da das Antependium einen hervorragenden Theil der Ausrüstung des Altares bildet, so wird es geeignet sein, und liegt nahe, vor der speciellen Beschreibung desselben einige kunstgeschichtliche Bemerkungen über diese Altarbekleidung an sich, und über die Entwickelung des Baues und des Schmuckes des Altares der christlichen Kirche überhaupt bis zu der Zeit vorauszuschicken, welcher dieses Werk entstammt.

Nachdem das Christenthum unter Kaiser Constantin von dem Drucke der Verfolgung befreit und aus den Katakomben heraus in das öffentliche Leben berechtigt eintrat, war es bei dem lebendigen Glaubenseifer der Christen ihre erste Sorge, die kirchlichen Gebäude, Geräthe und Gewänder, überhaupt Alles, was dem Gottes.dienste angehörte, durch den reichsten und prächtigsten Schmuck zu verherrlichen, und somit war der Kunst in ihren verschiedenen Zweigen die schönste Aufgabe geboten; derselben nachzukommen hat die Kunst in allen Jahrhunderten sich bestrebt und hierin ihre Entwickelung zu höherer Blüthe und Vollendung gefunden. Naturgemäss wurde seit dem

---

1) SEIBERTZ, Quellen d. Westfäl. Geschichte. Bd. II. p. 398 u. 401. — SEIBERTZ, Landes- u. Rechtsgesch. IV. p. 93.
2) SEIBERTZ, Quellen IV. p. 94.   3) SCHMITZ, Denkwürdigkeiten aus Soests Vorzeit, p. 133 u. 206.

4. Jahrhundert dem Schmucke des Altares, als der Stätte, auf welcher das unblutige Opfer des neuen Bundes dargebracht wird, und welche im h. Messopfer den Mittelpunkt des Gottesdienstes bildet,[1]) das eifrigste Streben zugewendet, und wir sehen alle Künste wetteifernd diesem Zwecke dienen.[2])

In den Katakomben wurden in den Arcosolien die Gräber der Märtyrer, die Sarkophage oder auf dieselben gelegte Steinplatten zur Darbringung des h. Opfers gewählt,[3]) zugleich aber bediente man sich auch vielfach in jener Zeit tragbarer Altäre in Form kleiner, hölzerner Tische, welche an einen beliebigen Ort gebracht werden konnten und häufig neben den Gräbern der Märtyrer aufgestellt wurden.[4]) Die Gestaltung und Behandlung der Altäre schloss sich dann seit dem 4. Jahrhundert, theils aus tiefen, symbolischen Beziehungen, theils in Bewahrung der heiligen Erinnerung an diese früheren Formen an. So finden wir in den Jahrhunderten nach Constantin in der Regel grössere, sarkophagartig gestaltete Altäre, theils aber auch solche in Form von Tischen, und selbst von Holz, in jedem Falle aber mit einem sepucrum zur Aufnahme der Reliquien der Märtyrer versehen;[5]) der inneren, heiligen Beziehung zwischen den Ueberresten der Märtyrer, die ihr Leben Gott zum Opfer gebracht hatten, und dem himmlischen Opfer Christi, dessen unblutige Wiederholung auf dem Altar gefeiert werden soll, wird eine hohe Bedeutung beigelegt. — Man nannte den Altar mensa oder τράπεζα. Schon früh wurde durch päpstliche Anordnung verboten, Altäre aus Holz zu fertigen, dagegen Stein als Material vorgeschrieben, angeblich bereits vom Papste Evaristus im Anfange des 2. Jahrhunderts[6]), oder nach anderer Meinung vom Papste Silvester im 4. Jahrhundert; im 6. Jahrhundert bestimmte die Epaonensische Kirchenversammlung (509 zu Epon im Jura), Altäre von Holz nicht ferner zu weihen[7]). Dessungeachtet kamen später, wie es in verschiedenen, bedrängten Zeitumständen auch wohl kaum zu vermeiden war, noch hölzere Altäre vor, und wird solcher auch erwähnt. z. B. in dem Leben des h. Ludgerus; als er zu Billerbeck ein von einer schlecht beleumundeten Frau gebrachtes Gefäss mit Honig zurückgewiesen hatte, wurde dieses von seinen Begleitern angenommen und unter dem hölzernen Altare verborgen; es zersprang in Scherben, als der Heilige an den Altar trat.[8]) – – Wenn auch in einzelnen Fällen bis zum 11. Jahr-

---

1) OTTE, Handb. d. christl. Kunstarchäologie I. p. 103. In dem jüngeren Titurel heisst es:

Alle Bleck, ronter tragen die altäre,

Auf Jeszlichem he under wonen kefte, tafeln, bilder, kecharei.

2) G. DURANDUS a. a. O. lib. I cap. 3. nr. 32: *Altaris frons auserifisio ornatur, iuxta illud Exodi, 25 et 28: construes mihi altare, faciesque illi coronam per girum seu circuitu, alta quatuor digitis. Nempe altare quandoque significat cor humanis, in quo sacrificium vere fidei per contricionem offeri debet, et tunc auserifisium conceptus boni operationis significat, quo frontem nostram ornare debemus, ut teoleris lateamus. Quandoque altare significat Christum et tunc per auserifisium congrue ornamentum charitatis designatur. Sicut enim aurum pretiosius omnibus metallis, sic et charitas omnibus virtutibus, unde Apostolus ad Corinth. I: maior horum est charitas. Frontem enim nostram sic auserifisio charitatis debemus ornare, ut parati simus, pro Christo animas ponere.*

3) Johannis Offenbarung c. VI. v. 9. — REUSENS, Elements d'archéologie chrét. I. p. 133.

4) KRAUS, Roma Sotterranea p. 521. — DE ROSSI, Roma Sotteran. I. p. 169. 285. Der Altar, dessen sich der h. Petrus in Rom bediente, ist ein einfacher, hölzerner Tisch, der der Legende nach nach sich zur Zeit in dem Altare der Laterankirche zu Rom befindet. — SCHMID, Der christl. Altar, p. 46. — LAIB und SCHWARZ, Studien über die Geschichte des christlichen Altars. p. 5 u. 10.

5) GIHR, Das h. Messopfer, p. 222. — KRAUS, Real-Encyklop. d. christl. Alterth., p. 35. — OTTE a. a. O. p. 99. — LAIB u. SCHWARZ a. a. O. p. 13. Befanden sich die Reliquien eines Heiligen in einer Krypta, so wurde der Altar oben in der Kirche über denselben aufgestellt. Das fünfte Konzil v. Carthago 401 bestimmte canon 14: *altaria, in quibus nullum corpus aut reliquiae martyrum conditae probantur, evertantur.* — REUSENS, Elém. d'archéol. chrét. I. p. 190. — SCHMID a. a. O. p. 72. — KREUSER, Der christl. Kirchenbau, I. p. 93.

6) LAIB u. SCHWARZ a. a. O. p. 11. — KREUSER, Ueber d. Altar. Organ f. christl. K. 1861. p. 196.

7) *Altaria, nisi lapidea, chrismatis unctione sacrari non debent, can. 26.* Vgl. DURANDUS a. a. O. I. c. 7. nr. 28.

8) LAIB u. SCHWARZ a. a. O. p. 10 u. 18. — DIEKAMP, Die Vitae Sancti Ludgeri, vita II. lib. I cap. 24. p. 68: *...non habentes autem olie in loco illud absconclere, episcopo jam ad celebrationem missae processuro, sub altari ligneo, mediqne linteaminibus circumducto posuerunt.* — In der Vita Ahlfridi findet sich die Bemerkung, dass der Altar aus Holz gefertigt sei, nicht.

hundert noch steinerne Altäre in kleiner, würfelartiger (kubischer) Form vorkommen,[1]) so war die länglichc, an die Form des Sarkophags sich anschliessende Gestaltung des Altares die allgemein übliche, welcher theils unten offen, auf freistehenden Säulen ruhte, in deren mittlerer sich das sepulcrum befand, theils aber seltener, unten durch Steinaufbau oder Gitterwerk geschlossen war.[2]) Wie auch die Gestaltung beschaffen sein mochte, stets waren ausser den Tüchern zur Bedeckung des Altartisches (der Platte), auch Bekleidungen oder Verzierungen erforderlich, welche die drei, bez. vier Seiten des Altares (die Altäre standen meistens frei) bedecken und umgeben sollten, vestes, oder pallia, oder endothes altaris, antependia, oder frontalia genannt; diese wurden nun ganz besonders Gegenstand reicher, künstlerischer Ausschmückung, und bestanden entweder aus gewirkten oder gestickten Stoffen, oder aus Tafeln von Holz, Metall oder Stein.[3]) Die Behänge von werthvollen Stoffen, die wohl den am meisten üblichen Schmuck in der älteren Zeit bildeten, wurden an den unter der Deckplatte des Altares angebrachten Haken mit Ringen aufgehängt, sodass sie in freien Falten herabfielen[4]); sie gaben die Veranlassung, dass der Name Antependia der allgemeine wurde, selbst auch für diejenige Art der Bekleidung, die aus festem Material bestand und nicht aufgehängt wurde. Eine Aufspannung der Stoffe auf Rahmen, wie sie nach dem Ende des Mittelalters, bis zur neueren Zeit hin, dem Charakter der Stoffe zuwider, üblich geworden, kannte die ältere Zeit nicht. — Man wählte zu diesen Behängen die kostbarsten Stoffe, die in reichster Weise gewirkt oder mit kunstreichen Stickereien versehen oder auch mit Edelsteinen und Perlen besetzt waren. Zwar haben sich solche Arbeiten aus den ersten Jahrhunderten nicht erhalten, aber manche bildliche Darstellungen von Altären in Miniaturen oder anderen Malereien lassen uns die Art der Behandlung erkennen, und hervorragende Arbeiten sind uns ausserdem in eingehenden Beschreibungen überliefert, sodass uns ein Bild der Art und Anordnung des Schmuckes sowohl, als auch der reichen, künstlerischen Ausführung geboten wird.

Kaiser Constantin IV. schenkte im 7. Jahrhundert, wie Anastasius bibliothecarius erzählt, dem Altar des h. Petrus in Rom eine golddurchwirkte Decke, und Papst Leo III. liess im 9. Jahrhundert für denselben Altar Stickereien mit dem Brustbilde des Erlösers, der h. Maria und der zwölf Apostel sowie mit Ornamentirung durch Edelsteine, Perlen und Goldblech anfertigen. Berühmt sind ferner die endothes altaris des h. Maximinianus, Bischofs von Ravenna im 6. Jahrhundert, welche gestickte, bildliche Darstellungen von Heiligen und neben reichem Schmuck von Edelsteinen und Perlen auch die gestickten Bildnisse seiner Vorgänger enthielten.[5])

Aus dem 11. und 12. Jahrhundert sind uns jedoch bereits Reste solcher Altarbehänge noch in einzelnen Exemplaren erhalten.

Wie bereits bemerkt, bediente man sich aber seit ältester Zeit auch ausser den Behängen, noch der aus festen Stoffen gefertigten Vorsatztafeln, nämlich aus Metall, Stein oder Holz, gleichfalls mit künstlerischer Ausstattung versehen, und in reichen, hervorragenden Kirchen mit in Metall (insbesondere in Goldblech) getriebenen Arbeiten, mit kostbaren Steinen, Email und derartigem Schmuck ausgestattet. Beschreibungen solcher Arbeiten von besonderer Pracht aus ältester Zeit geben eingehende Nachricht, während die Werke selbst vielfach zu Grunde gegangen sind.[6]) Immerhin aber

---

1) OTTE a. a. O. p. 99. Vgl. die Altäre in St. Stephan aus dem 9. Jahrh., und in der Allerheiligen-Kapelle zu Regensburg mit 5 Säulen. — SCHMID a. a. O. p. 67. Vgl. den Altar in d. Krypta v. S. Zeno in Verona. — MARTIGNY, Dict. des antiq. chrét. p. 70: vgl. die Altäre zu Avignon und Tarascon.

2) Die Synode von Arras (1025) führt als symbolischen Grund an: „Der Altar hat die Form des Leibes Christi und eines Grabes, auf welchem das Blut des wahren Lammes und des unbefleckten Christus täglich von den Gläubigen geopfert wird."

3) KRAUS, Realencyklop. d. christl. Alterth. p. 58.

4) BOCK, Gesch. d. liturg. Gewänder, III. p. 50.

5) BOCK, Gesch. d. liturg. Gewänder, III. p. 53. — SCHMID a. a. O. p. 125.

6) Z. B. beschreibt die Chronik des Klosters Petershausen die prachtvolle Altarbekleidung, welche am Ende des 10. Jahrh, Gebhard II., Bischof von Constanz, anfertigen liess, ganz detaillirt. — SCHMID a. a. O. p. 126. — Ebenso ist der Altar von Gold und Edelsteinen, welchen Kaiser Heinrich II. dem Dome zu Merseburg schenkte, aus der Beschreibung genau bekannt.

sind uns manche herrliche Arbeiten erhalten, und dürfen als hervorragende Leistungen bezeichnet werden, z. B. die berühmte Pala d'oro des Hochaltars der Marcuskirche zu Venedig,[1] die ebenso bekannte, reich mit Email ausgestattete, vom Meister Nikolaus von Verdun 1181 gefertigte Tafel zu Klosterneuburg bei Wien, ferner die Antependien von S. Ambrogio in Mailand und S. Giovanni in Monza, und diejenigen in Comburg in Schwaben[2] und im Domschatz zu Aachen. Von besonderem Interesse ist endlich das Antependium von getriebenem Goldblech, mit den Figuren des Erlösers, der Erzengel Michael, Gabriel und Rafael und des h. Benedictus geschmückt,[3] welches Kaiser Heinrich II für den Dom zu Basel im 11. Jahrhundert stiftete; leider ist dasselbe in diesem Jahrhundert in das Musée Cluny zu Paris gewandert.[4]

Statt der Tafeln aus edlen Metallen kamen demnächst auch hölzerne Antependien, durch kunstreiche Malereien verziert, in Anwendung, und endlich begann man auch den Unterbau des Altares fest aus Stein zu errichten, und die Seiten durch Sculpturen in Stein zu schmücken, eine Behandlung des Altares, die im späteren Mittelalter mehr ausgebildet wurde.

Das älteste, uns erhaltene Antependium von Holz mit Malereien geziert, ist nun das den Gegenstand dieser Ausführungen bildende Kunstwerk aus dem Walburgiskloster zu Soest in Westfalen. Im Alter wird ihm nahe gestellt das gleichfalls auf Holz gemalte Antependium des Klosters Lüne bei Lüneburg,[ ] welches in dem mittleren Theil die h. Dreifaltigkeit in der Weise darstellt, dass Gott Vater in einer spitzgezogenen Mandorla auf dem Regenbogen thronend, den gekreuzigten Heiland mit beiden Händen hält, und über ihm der h. Geist in Gestalt einer Taube schwebt. Die Zeichen der vier Evangelisten umgeben die Mandorla. Zu beiden Seiten finden sich in einzelnen Abtheilungen je vier Scenen aus dem Leben Jesu. Fast überall in kunstgeschichtlichen Werken wird dieses mit dem Soester Antependium zusammengestellt und als das nächstälteste Tafelbild von Bedeutung bezeichnet. Beides ist jedoch irrig. Das Antependium zu Lüne hat schon einen durchgehend gothischen Charakter; nicht bloss haben die vier Bogen, welche die oberen Scenen aus dem Leben Jesu umschliessen, neben einzelnen noch in etwa romanischen Motiven bereits gothische Verzierungen, sondern auch die Figuren zeigen in Stellung und Bewegung, in der Art und den Motiven der Gewandung und anderen Nebensachen, dass die Elemente gothischer Stilweise bereits den Künstler entschieden beherrscht haben. Daher kann dasselbe, falls es in Lüne selbst oder doch in Niedersachsen gemalt ist, erst im letzten Viertel oder frühestens doch erst in der zweiten Hälfte des 13. Jahrhunderts geschaffen sein, und wird auch von Waagen[7] seine Entstehung um 1260 gesetzt. Daher ist es also 60—90 Jahre jünger, als das Soester. Anderseits aber stehen diesem letzteren an Alter noch erheblich voran das prächtige retabulum aus der Wiesenkirche zu Soest,[8] zur Zeit im Kgl. Museum zu Berlin, und ein Altaraufsatz aus derselben Kirche gleichfalls im Berliner Museum;[9] die Entstehung des ersteren wird spätestens etwa um das Jahr 1230, die des andern in das Jahr 1250 gesetzt, und wohl mit Recht: beide sind also jedenfalls älter, als die Tafel zu Lüne.

1) Es ist zweifelhaft, ob diese nicht ursprünglich zu einem Retabulum bestimmt war. — OTTE a. a. O. p. 101.
2) Lotz, Kunsttopographie Deutschlands II. p. 486. Organ für christl. Kunst 1854. p. 181.
3) Schmid a. a. O. p. 218.
4) In neuerer Zeit ist das Alter dieser Tafel vielfach in Zweifel gezogen worden, z. B. v. Kugler u. Hefner. Von diesem und dem zu Comburg geben Lotz u. Schnaase a. a. O. Taf. IV. u. V. Abbildungen.
5) Lotz, Kunsttopographie Deutschlands I. p. 406. — Kugler, Handbuch v. Kunstgeschichte I. p. 632.
6) Alterthümer d. Stadt Lüneburg u. d. Klosters Lüne, herausgegeb. v. Alterth.-Verein zu Lüneburg. 4. Lief. p. 5.
7) Deutsches Kunstblatt 1850. p. 148.   8) Siehe unter Nr. II.   9) Siehe unter Nr. III.

3. BESCHREIBUNG DES ANTEPENDIUMS.

a) EINTHEILUNG UND ORNAMENTIRUNG DESSELBEN. — (1.)

Die schwere Tafel von Eichenholz, in einer Dicke von 4', c und mit dem Rande von 7 c, hat eine Länge von 1 m 97 c und eine Höhe von 99 c; an allen vier Seiten umgiebt dieselbe ein 17', c breiter Rand, dessen Profilirung aus einer 12 c breiten Fläche und einer Abschrägung besteht. Die Fläche dieser Randprofilirung enthält 16 kreisrunde, konkave Vertiefungen, von denen 7 auf die obere und 5 auf die untere Seite entfallen. Die Abfaserung oder Abschrägung des Randes nach Innen hin hat eine Breite von 6 c; die innere die Darstellung enthaltende Fläche liegt daher 12 mm vertieft und ist 1 m 61 c lang und 64', c hoch. — Die ganze Tafel ist mit festem, sehr glattem Kreidegrund überzogen, und der innere, vertiefte Theil mit Goldgrund versehen, auf welchen die Farben aufgetragen sind; an dem Randprofil ist direkt auf den Kreidegrund mit Tempera-Farben gemalt. — Der flache Theil des Randprofils ist geziert durch ein reiches, in streng romanischer Weise mit dunkler Abschattirung, stilisirtes Ornament von Doppelblättern, welche in leuchtenden Farben blau, roth und grün mit feinem Farbenverständniss ausgeführt, schwarz gerandet und in den Lichtstellen mit weissen Strichen und Punkten belebt sind. An der nach innen gewendeten Seite der Randfläche läuft ein etwa 2 c breiter Streifen von schwarzer Farbe, welcher ein feines Linien-ornament und an einzelnen Theilen auch eine Schriftbezeichnung enthielt; leider ist fast Alles zerstört und nur noch Spuren sind zu erkennen; an der linken Seite über der Gestalt der h. Maria ist in demselben in Uncialbuchstaben noch lesbar: OT. FVLGET VIRGO CORONIS XXX (triginta). — Auf der Fläche des Randes finden sich in gewissen Abständen viereckige Flecken, in denen die Bemalung fehlt; ohne Zweifel waren an diesen Stellen aufgelegte, erhöhte Ornamente angebracht.

Die in dem Rande vorhandenen, konkaven Vertiefungen zeigen in den beiden oberen Ecken auf Goldgrund gemalte Brustbilder zweier Propheten, welche lange in die Blattverzierungen ver-laufende Spruchbänder halten. Der Prophet in der linken oberen Ecke, mit kahlem Kopfe und Vollbart, trägt ein blaues, faltenreiches Gewand und einen röthlichen Mantel; auf dem Spruchbande desselben sind die Worte noch zu lesen: vidi dominum sedentem super solium, aus welchen erhellt, dass der Prophet Isaias dargestellt ist. welcher c. VI. v. 1 sagt: In anno, quo mortuus est Ozias, vidi dominum sedentem super solium excelsum et elevatum; et ea, quae sub ipso erant, replebant templum.

Auf der rechten Seite erscheint in der Vertiefung gleichfalls ein Prophet in röthlichem Ge-wande und grünlichem Mantel, welcher mit vorgehaltener, linker Hand und ausgestrecktem Zeige-finger nach Innen, also auf den thronenden Heiland, zeigt und ein in ähnlicher Weise, wie links, sich durch die Ornamente windendes Spruchband trägt; auf demselben sind nur noch die Worte zu erkennen: Similitudo qua . . . . .; es scheint ausser Frage zu stehen, dass der Prophet Ezechiel hier dargestellt und die Stelle an seiner Vision bei der Beschreibung des göttlichen Thrones bezeichnet ist, welche c. I. v. 5 sich findet: et in medio eius similitudo quatuor animalium; hic aspectus eorum similitudo hominis in eis. — In den Vertiefungen der beiden unteren Ecken ist die Malerei zerstört und nichts mehr von derselben zu erkennen, jedoch kann es einem Zweifel nicht unterliegen, dass in denselben die Bilder der beiden andern, grossen Propheten, Jeremias und Daniel, sich befunden haben. Es entspricht im Uebrigen auch durchaus der symbolischen Auffassung und Ueber-lieferung der altchristlichen Kunst, die vier grossen Propheten des alten Bundes nebst den vier Evangelisten um den thronenden Heiland anzubringen.[2]

---

[1] A. DE CAUMONT, Abécédaire d'archéologie (edit. V.) I. p. 298 bringt eine dürftige Abbildung in Holzschnitt. Ebenso DIDRON, Annales archéol. XVII. und REUSENS, Élém. d'archéol. chrét. I. p. 385.

[2] Die weiteren Ausführungen hierüber siehe unten.

Die sämmtlichen übrigen zwölf Vertiefungen sind leer, und zeigen keine Spur von Malerei mehr; es findet sich aber in denselben am Rande in dem Kreidegrund ein Kreis von Punkten oder kleinen Vertiefungen, und zugleich sieht man in der Mitte derselben fünf Punkte, welche in Kreuzform gestellt sind. Vermuthlich waren in diesen Vertiefungen Metallverzierungen oder Glaspasten mit Folie angebracht, und es sollen dem Vernehmen nach zu der Zeit, als die Tafel in das Museum gelangte, noch kleine Reste solcher Verzierungen sichtbar gewesen sein. Bei dem Reichthum der Anlage des ganzen Kunstwerkes und der Feinheit des Schönheitsgefühles, welche dasselbe in allen seinen Theilen auszeichnet, ist es doppelt beklagenswerth, dass nicht mindestens Spuren uns die Art der Verzierung erkennen lassen.

Die Abschrägung des Randes zeigt ein reiches Ornament von muschelartigen, blaugrauen Blättern, welche weiss gerandet sind, und auf tiefer blauem Grunde sich in durch weisse Striche gebildeten Rundungen befinden. Die Rippen der Blätter sind karminroth, und die zwischen den Rundungen eingelegten, blattartigen Ornamente sind in dem oberen Theile der Abfaserung stark mit grüner Schattirung belegt, in den an beiden Seiten der Tafel heruntergehenden Theilen der Abfaserung fehlt jedoch diese farbige Belebung der Blätter. An dem unten befindlichen Theile derselben ist nichts mehr sichtbar.

Der innere Theil der Tafel, in welchem, wie bemerkt, die Farben auf Goldgrund aufgetragen sind, wird durch zwei, in blaugrauer Farbe rundlich abschattirte Stäbe in drei Felder getheilt, von denen das mittlere Feld eine Breite von 58°, c hat, die beiden seitlichen von je 49 c.

b) DER THRONENDE HEILAND.

In der mittleren Abtheilung erscheint der thronende und segnende Erlöser in einem länglich gezogenen Vierpass dargestellt, welcher durch Regenbogenfarben blau, grün, weiss, gelblich, orange und roth, nach aussen durch einen schwarzen Streifen abgegrenzt, gebildet wird,[1] während in den vier Ecken des Feldes die Zeichen der vier Evangelisten angebracht sind. Christus sitzt auf einem Regenbogen von farbigen Streifen gebildet, im Uebrigen ist ein Thron nicht sichtbar; in der linken Hand hält er ein offenes Buch, welches auf das Knie gestützt wird, während die Rechte zum Segnen erhoben ist. Die Auffassung ist typisch und streng, aber einfach und erhaben und mit weit grösserem Verständniss für Zeichnung und Form ausgestattet, als die späteren Zeiten des Mittelalters vielfach dies zur Ausführung zu bringen vermochten. Der Kopf Christi ist von ovaler Form und lässt auch in der traurigen Zerstörung, welche er in dem Maasse erlitten hat, dass die Farbe des Gesichts zum grössten Theile verschwunden ist, noch kräftige, grossartige und edle Züge in fester, bestimmter Zeichnung erkennen. Die blaugrauen Augen von edler Mandelform schauen nach links, der Mund mit scharf rothen Lippen scheint, wie zum Sprechen, ein klein Wenig geöffnet, das in der Mitte gescheitelte Haar, wie der Vollbart, von dunkler Farbe, fällt frei und lockig herab. Der goldige Nimbus ist mit der Kreuztheilung versehen, und zwar sind die Balken oder Theile des Kreuzes kurz, so dass sie nicht bis an den Rand des Nimbus reichen, eine meines Wissens in dieser Zeit nicht gewöhnliche Erscheinung, indem nämlich gerade in alter Zeit vielfach die Balken des Kreuzes über den Nimbus hinausragen.

In der altchristlichen Kunst ist dem Nimbus eine hervorragende Bedeutung beigemessen; er erscheint als ein lichtvoller, bestimmt abgegrenzter Schein, eine glänzende Scheibe, welche das Haupt umgiebt, im Gegensatz zur Aureole, welche die ganze Figur umschliesst. Bereits bei den Völkern des Orients, sowie auch im heidnischen Alterthum bei den Griechen und Römern kommt der Nimbus vor, als ein Zeichen der ausgezeichneten Macht, der Herrschgewalt und wurde den Göttern, Kaisern oder Herrschern in verschiedenartiger Weise vielfach

---

1) Apocalyps. cap. IV. v. 3: et iris erat in circuitu sedis, similis visioni smaragdinae.

beigegeben. In der christlichen Kunst etwa bis zum vierten Jahrhunderte erscheint der Nimbus noch nicht oder doch kaum etwa in vereinzelten Beispielen,[1] dagegen wird er bereits seit dem 5. Jahrhundert gebräuchlich, wenn freilich auch sich noch vielfach Ausnahmen zeigen; seit dem 10. Jahrhundert jedoch und dann das ganze Mittelalter hindurch, gilt er in ganz fester Regel als ein nothwendiges Attribut der drei göttlichen Personen, und auch der Symbole derselben, z. B. des Lammes als Symbol des Erlösers, der Taube als Darstellung des h. Geistes, ferner der Engel und der Heiligen und auch der Personifikation heiliger Begriffe, z. B. der Tugenden u. dergl.[2] Ausnahmen bietet in dieser Zeit wohl nur die Sculptur, insofern je nach der Art der Darstellung das Material hindernd entgegenstand.

Den Patriarchen und Propheten und überhaupt den Personen des alten Testamentes wird der Nimbus in der griechischen Kirche, welche im Allgemeinen sich in engeren Beziehungen zum alten Testamente hält, als die lateinische, stets gegeben,[3] im Abendlande dagegen nur selten,[4] und in den späteren Zeiten des Mittelalters fast gar nicht mehr, natürlich mit Ausnahme derjenigen h. Personen, welche sowohl dem alten, wie dem neuen Bunde angehören, wie z. B. die h. Elisabeth, die h. Anna oder der h. Johannes der Täufer, der beide Testamente mit einander verbindet.[5]

Während bis in den Anfang des Mittelalters hinein in einzelnen Fällen noch Kaiser und Könige mit dem Nimbus ausgestattet werden,[6] so erscheint in den altchristlichen Jahrhunderten derselbe auch sogar wohl bei der Darstellung noch lebender Personen, in diesem Falle aber, da der Kreis als die Bezeichnung des Himmels, das Viereck als die der Erde galt, in der Regel nicht in runder, sondern in viereckiger Form.[7] Ueber das 13. Jahrhundert hinaus kommt aber ein solcher Nimbus wohl nicht mehr vor. Eine polygone Form des Nimbus findet sich bei der Darstellung personificirter Tugenden, und in der griechischen Kirche schon in alter Zeit bei der Darstellung Gottes des Vaters auch wohl eine dreieckige Form; die abendländische Kunst des Mittelalters kennt jedoch diese letztere nicht, welche dann später in neuerer Zeit erst bei uns zur Anwendung gelangt ist. Wohl in Einwirkung byzantinischen Einflusses wurde der goldige oder gefärbte Nimbus vielfach mit reichen Verzierungen, mit

---

[1] KRAUS, Roma Sotterranea, p. 188. — F. v. LEHNER, Die Marien-Verehrung der ersten Jahrhunderte, p. 329 und 337 Taf. 8 bringt ein Goldglas aus dem 4. oder 5. Jahrhundert, als älteste bekannte Darstellung, in welcher die heilige Maria mit einem Nimbus ausgezeichnet ist.

[2] Vgl. bei DIDRON, Iconographie chrétienne, histoire de Dieu, die sehr eingehenden Untersuchungen über den Nimbus. [3] ἑρμηνεία τῆς ζωγραφικῆς, Handbuch der Malerei vom Berge Athos von Didron, übers. von SCHAEFER p. 151. — MENZEL, Symb., II. p. 159. — REUSENS, élém. d'archéolog. chrét., I. p. 452.

[4] Auf dem kunstreichen Kelch der Kirche zu Werben in der Altmark aus dem Ende des 12. oder Anfang des 13. Jahrhunderts sind die Propheten und andern Personen des alten Bundes mit Nimben versehen. QUAST und OTTE, Zeitsch. für christl. Archäolog., I. p. 69. Auf dem Retabulum der Wiesenkirche zu Soest, aus dem Anfange des 13. Jahrhunderts, im Museum zu Berlin, tragen die Propheten, die sich in den vier Ecken der beiden seitlichen Felder befinden, auch den Nimbus. Auf dem Taufstein der Neumarkt-Kirche, jetzt im Dom zu Merseburg, aus dem Anfange des 12. Jahrhunderts tragen die zwölf Propheten, auf deren Schultern die Apostel sitzen, auch Nimben. PUTTRICH, Denkmale der Baukunst des Mittelalters in Sachsen, I. p. 20. Tafel 4.

[5] Näheres über den h. Johannes den Täufer siehe unten.

[6] Z. B. die Gestalten verschiedener Könige in den Fenstern des Münsters zu Strassburg aus dem 12. und 13. Jahrhundert (restaurirt im 14. Jahrhundert) tragen einen reich verzierten Nimbus. — DIDRON a. a. O. p. 52. — WOLTMANN, Geschichte der Malerei, I. p. 379 und 312.

[7] Z. B. beim Papste Gregorius im Mosaik an S. Marco in Rom, beim Papste Pascal im Mosaik in S. Cecilia in Rom und beim Papste Leo III. und Kaiser Karl d. Gr. im Mosaik des Triclyniums Leo's am Lateran, sämmtlich aus dem 9. Jahrhundert. — DIDRON a. a. O. p. 10 und 55. — Ferner auch in der Darstellung des Bischofs Aribertus von Mailand (CAHIER, Caract. des Saints, p. 575). — REUSENS a. a. O. I. p. 453. — DURANDUS a. a. O. L. I. c. 3 nr. 20: *Cum vero aliquis praelatus aut sanctus vivens fingitur, non in formam scuti rotundi, sed quadrati corona ipsa depingitur, ut quatuor cardinalibus virtutibus vigere monstretur, prout in legenda B. Greg. habetur.*

Perlen und Edelsteinen geschmückt,[1]) in der Zeit des gothischen Stiles insbesondere auch mit Arabesken und Linienverzierungen versehen und seit dem 14. Jahrhundert namentlich in Deutschland vielfach in denselben der Name des Heiligen eingeschrieben. Nicht immer erscheint derselbe goldig, sondern oft, vorzugsweise in Miniaturen und Glasgemälden, in den verschiedensten Farben, für welche man auch, aber wohl nicht mit Grund, eine bestimmte Regel aufzustellen versucht hat; Umgebung und Rücksicht auf Farbenharmonien sind hierbei wohl von entscheidender Einwirkung gewesen. —

Dem christlichen Nimbus liegt als innerer Gedanke das Bestreben oder die Absicht zu Grunde, der Darstellung den Charakter himmlischer Hoheit und Heiligkeit in ganz besonderem Maasse beizulegen[2]) und diese durch ihn ausgezeichneten Personen als bevorzugt aus allen übrigen Menschen bestimmt auszusondern; er gilt als eine himmlische, gewissermaassen von Gott verliehene Gabe, als Abglanz der himmlischen Herrlichkeit und als Zeichen der Heiligkeit, und erscheint als eine Krone von Licht, welche nicht auf dem Haupte ruht, sondern dasselbe frei, überirdisch umgiebt.[3])

Für die drei göttlichen Personen wurde der Nimbus bereits seit dem 6. Jahrhundert noch besonders dadurch charakterisirt und ausgezeichnet, dass man ihn mit der Kreuztheilung versah,[4]) obgleich das Kreuz sich speciell auf die zweite Person der Gottheit bezieht, so gab man dessungeachtet diese Bezeichnung auch Gott dem Vater und Gott dem h. Geiste; aber niemals wurde sie anders angewendet, als bei den drei göttlichen Personen oder, wie schon bemerkt, bei den Symbolen derselben, dem Lamm oder der Taube.[5]) Eine vielfach angewandte Bezeichnung Gottes des Vaters durch eine segnende Hand wird gleichfalls mit einem Nimbus umgeben, welche mit der Kreuztheilung versehen ist.

Die Griechen schrieben auch häufig in die Kreuztheile des Nimbus die Bezeichnung: ὁ ὤν ein, in Erinnerung an die Erscheinung Gottes in dem brennenden Dornbusche, welche dem Moyses zu Theil wurde, und bei welcher Gott seine Wesenheit mit den Worten bezeichnete: ἐγώ εἰμι ὁ ὤν, ego sum, qui sum oder qui est (Lib. Exod. c. III. v. 14).[6])

Während die altchristliche Kunst den Nimbus so anordnete, dass der Mittelpunkt des Kreises etwa zwischen die Augen, an die Wurzel der Nase fiel, schob man ihn später und wohl schon im 15. Jahrhundert in wesentlicher Veränderung höher hinauf und liess ihn seit dem 16. Jahrhundert leichter und unscheinbarer werden, bis er zu einem ganz feinen Reif sich gestaltete, der über dem Haupte schwebte und schliesslich dann vielfach ganz fortgelassen wurde.[7]) Wie in vielen anderen Verhältnissen, so wurde hier der hohe, symbolische Werth dieser Bezeichnung nicht erkannt und nicht beachtet. —

1) In den schon oben angeführten Wandmalereien des Chores der St. Patrocli-Kirche zu Soest war der Nimbus des thronenden Heilandes aus vergoldetem Stuck gebildet. — ALDENKIRCHEN a. a. O. p. 9.

2) KREUSER, Der christl. Kirchenbau, II. p. 176. — MOLANUS a. a. O. cap. 41 und 82. — MENZEL, Symb., II, p. 158.

3) DURANDUS a. a. O. l. 3. nr. 19: *Sic et omnes sancti pinguntur coronati, quasi dicat: filius Hierusalem venite et videte martyres cum coronis aureis, quibus coronavit eos dominus; et in lib. Sapientiae: justi accipient regnum decoris et diadema speciei de manu domini. — Corona autem huiusmodi depingitur in forma scuti rotundi, quia Sancti dei protectione divina fruuntur, unde cantant gratulabundi; domine, ut scuto bonae voluntatis coronasti nos.*

4) DURANDUS a. a. O. l. 3. nr. 20: *Verumtamen Christi corona per crucis figuram a sanctorum coronis distinguitur, quia per crucis vexillum sibi coronis glorificationem et nobis meruit a captivitate liberationem et vitae fructionem.* — BORGIA, de cruce vaticana, p. 33.

5) DIBRON a. a. O. p. 32: Es giebt allerdings eine Darstellung des armen Lazarus mit dem Kreuznimbus; dies ist, falls kein Irrthum vorwaltet, auch dahin zu erklären, dass eine symbolische Auffassung vorliegt. — Handbuch der Malerei von B. ATHOS, p. 255.

6) DIBRON a. a. O. p. 24. — Handbuch der Malerei vom Berge Athos übers. von SCHÄFER, p. 419. — MENZEL a. a. O. II. p. 161. — In vereinzelten Fällen wurden im Abendlande in den Nimbus die Worte eingeschrieben: *Rex* oder *lux.* — BORGIA, de cruce. vellt. p. 125.

7) Auf einzelnen altwestfälischen Bildern des 15. Jahrhunderts fehlt bereits der Nimbus bei der Darstellung mancher Heiligen gänzlich.

Ob auf dem Antependium zu beiden Seiten des Hauptes Christi die beiden Buchstaben *A* und *Ω* auf dem Goldgrund gemalt sich befunden haben, ist nicht mehr mit voller Sicherheit zu erkennen, jedoch lassen einige farbige Spuren an den entsprechenden Stellen direkt vermuthen, dass dies der Fall war. Becker[1]) führt an, dass diese Bezeichnung vorhanden sei, und es ist daher anzunehmen, dass derselbe das Bild damals noch besser erhalten vorfand und im Stande war, die Buchstaben bestimmt zu erkennen. Es würde dieses aber auch dem Gebrauche der Zeit durchaus entsprechend sein. Bereits findet sich in den ersten christlichen Jahrhunderten, und zwar seit dem 3. Jahrhundert in der ausgedehntesten Weise diese Anwendung des ersten und letzten Buchstabens des griechischen Alphabets, welche sich gründet auf die Worte der Apocalypse c. XXII. v. 13: *Ego sum A et Ω, primus et novissimus, principium et finis;* sie soll daher symbolisirt den Glauben an die Gottheit und somit die Ewigkeit des Sohnes Gottes andeuten. Die Arianer vermieden natürlich diese Bezeichnung, aber gerade der Gegensatz gegen die Irrlehre derselben, die Absicht, den Glauben an die Gottheit Christi zu dokumentiren, beförderte die häufige Anwendung dieses Symboles.[2]) — In der älteren Zeit wurde das *ωμγα* stets klein, das *αλφα* aber mit einem grossen Buchstaben geschrieben; die Form das *ωμγα* war aber in jener Zeit wohl dieselbe für den grossen und den kleinen Buchstaben. —

Das Gewand Christi, die Tunika, ist weiss, die Schatten und Falten sind aber blau und in Art breiter Striche eingelegt; am Hals ist die Tunika durch einen breiten goldenen mit dunkeln Streifen gerandeten Saum geziert, während der unten angebrachte, breite grünliche und mit Verzierungen versehen ist, welche rothe und blaue Edelsteine und Perlen bezeichnen. Unter dem grünlichen Rand der Tunika kommt noch ein Theil eines mit tiefbraunen Schatten versehenen Untergewandes hervor, welches faltig auf die Füsse herabfällt. Der Mantel ist von blassrother Farbe mit tief rothen Schatten, und ist in engen Falten in einer an die Antike erinnernden Weise um den mittleren Theil des Körpers geschlungen, sodass der Zipfel sehr faltig und in alterthümlich zackiger Berandung über die linke Schulter herunterfällt. Die untere Seite des Mantels zeigt bräunliche Schatten. Die Gewandung schliesst sich mit einem ungewöhnlichen, künstlerischen Verständniss den Formen und Bewegungen des Körpers an; die Falten sind scharf und sehr bestimmt, die ganze Behandlung ist frei und ungezwungen und hat etwas Plastisches; wenn auch der Einfluss einer gewissen byzantinischen Strenge sich stark bemerklich macht, so sind doch einerseits leise Anklänge an die Antike und andrerseits selbstständige künstlerische Empfindungen und Regungen nicht zu verkennen.

Unter dem Gewande treten die unbekleideten, sehr wenig nach auswärts gestellten Füsse hervor. Mit Ausnahme der ersten Jahrhunderte, in welchen man allgemein eine Bekleidung der Füsse mit Sandalen nach antiker Weise anwendete, blieben bei den drei göttlichen Personen, den Engeln, den Aposteln[3]) und dem h. Johannes dem Täufer (in einzelnen Fällen auch bei den Propheten des alten Bundes, insbesondere bei Isaias und zwar aus einem besonderen Grunde[4]) in der Regel die Füsse nackt. Es sollte dadurch bei den drei göttlichen Personen die geistige Natur, die Entfernung von den Beziehungen zur Welt, das Abstreifen aller irdischen Verhältnisse angedeutet werden, und in demselben Sinne machte man eine gleiche Anwendung auf die vorzüglichsten und

---

1) In Kugler's Museum, Jahrg. 1835 p 374.

2) Martigny, Diction. des antiq. chrét. p. 50. — Wetzer und Welte, Kirchenlexikon p. 581. — Prudentius sagt: „Corde natus ex parentis, Ante mundi exordium, Alpha et omega cognominatus, Ipse fons et clausula, Omnium, quae sunt, fuerunt, Quaeque post futura sunt." — Munz, Archäologische Bemerkungen über das Kreuz und Monogramm Christi, p. 99. — Stockbauer, Kunstgeschichte des Kreuzes, p. 110. — Steph. Borgia, de cruce velisterna, commentar, cap. 7 p. 34.

3) Aldenkirchen a. a. O. p. 11. — Kreuser, Christl. Kirchenbau, II. p. 134. 149. — Molanus a. a. O. c. 82.

4) Die Propheten tragen in der Regel Schuhe, nur erscheint Isaias häufig mit nackten Füssen, weil er unter König Hiskias Busse thuend, barfuss ging. — Bei den Aposteln eine Scheidung zu machen, zwischen ihrer Sendung zu den Juden, Lucas IX. 3 und X. 4. Matth. X. 10, und der zu den Heiden, Mark. XVI. 15, und für die erstere nur die unbekleideten Füsse als richtig zu bezeichnen, scheint irrig zu sein. — Mark. V. 9 spricht von Sandalen. Vgl. auch Joh. Molanus a. a. O. c. 82.

ersten Diener der Gottheit. Bei den Aposteln zog man noch die Worte Christi hierfür heran: *Nolite portare saccum neque peram neque calccamenta*, Lucas 10, 4, jedoch findet man gleichfalls mit Bezug auf die h. Schrift dieselben mit Sandalen versehen. Die h. Maria aber stellte man nicht mit unbekleideten Füssen dar. —

Das offene[1] mit der linken Hand gehaltene und auf das Knie gestützte Buch zeigt in Majuskelschrift die Worte: *Ego sum panis vivus, qui de celo descendi.*[2] Diese Worte[3] sind allerdings nicht die in den ersten Jahrhunderten des Mittelalters üblichen, in der Regel findet man die Bezeichnungen: *ego sum alpha et omega, ego sum via veritas et vita, ego sum lux mundi* oder *in principio erat verbum*, und Didron[4] deutet deshalb die Vermuthung an, die Inschrift stamme aus späterer Zeit; falls sie in der That gleichzeitig mit der Malerei ausgeführt sei, bemerkt er: „*il faut dire, qu'on semblait pressentir déjà en Allemagne la grande hérésie du XI'siècle.*" Die Buchstaben scheinen jedoch ihrem Charakter nach wohl der Zeit des Schlusses des 12. Jahrhunderts zu entsprechen, und wird auch im Uebrigen jene Voraussetzung Didron's, der sich leider vielfach bei der Beurtheilung deutscher, kunstgeschichtlicher Verhältnisse von einseitiger Beurtheilung nicht frei zu halten vermag, als jeden Grundes entbehrend erachtet werden müssen. Da es sich um eine sehr bekannte, hervorragende Stelle der heiligen Schrift, die sich auf die Eucharistie bezieht, handelt, so kann dieselbe, mag sie auch bei einem segnenden oder lehrenden Christus nicht zu den allgemein gebräuchlichen gehören keinen Grund zu der etwas französischen Schlussfolgerung abgeben, und dies um so weniger, als es sich bei dem Antependium um einen Theil oder einen Schmuck des Altares handelt, und daher die Beziehung auf das auf demselben dargebrachte Opfer und das Brod des Lebens besonders nahe gelegt war. Gerade diesen sehr bedeutsamen Umstand, dass es sich um einen Theil des Altares handelt, scheint Didron übersehen zu haben, indem er auf Bezeichnungen des offenen Buches Bezug nimmt, welches Christus auf Gemälden trägt, die sich an der Wand der Kirche oder in der Apsis des Chores und an derartigen Stellen befinden und demgemäss gerade auch andere Beziehungen begründen. Anderseits aber finden sich auch in der altwestfälischen Kunst manche selbstständige Züge, und die in ihrer Echtheit nicht bestrittene Bezeichnung des Buches des thronenden Heilandes in der Apsis der Patrocli-Kirche zu Soest aus ungefähr gleicher Zeit enthält die ebenfalls nicht gebräuchlichen Worte: „*si diligitis me, mandata mea servate.*"

Mit der erhobenen rechten Hand segnet Christus nicht nach dem lateinischen Ritus, in welchem der Daumen, der Zeige- und der Mittelfinger, um die angerufene Trinität zu versinnbilden, gerade aufgerichtet, die beiden übrigen Finger aber in der Hand zusammengelegt werden,[5] sondern in einer der griechischen Weise sich nähernden, jedoch in etwa auch von derselben abweichenden Art.[6] Der gebogene Daumen berührt hier den ganz eingebogenen Ringfinger, ohne ihn völlig zu kreuzen, der Zeige- und Mittelfinger sind beide ein wenig gekrümmt, der kleine Finger ist aber

---

1) DURANDUS, Rat. off. div. L. I. c. III. nr. 15: *Sed et divina majestas depingitur quandoque cum libro aperto, ut in illo quisque legat, quod ipse est lux mundi et via, veritas et vita, et liber vitae.* — Auch gilt das offene Buch als Hinweis auf den neuen Bund, während das geschlossene, oder die Rolle, oder das gesiegelte Buch den alten Bund andeutet, das Buch mit sieben Siegeln ist aber das Buch des Lebens der Apokalypse. —

2) Evangelium Johannis c. VI. v. 51.

3) BECKER führt irrthümlich statt *panis vivus* an: *panis aeternus*, KUGLER'S Museum, III. p. 374, ebenso LÜBKE a. a. O. p. 334, wohl veranlasst durch einige irrthümliche Striche, welche statt des zum Theil zerstörten Buchstabens *V* später neu aufgetragen.

4) DIDRON, Annales archéolog. t, XVIII. p. 180.

5) GUIBERT v. TOURNAY aus dem Franziskaner-Orden im 13. Jahrhundert sagt, *de officio episcopi, et caeremoniis: Ter etiam dominus in hoc benedictione ponitur, ut trinitatis gloria manifestius declaretur, unde et tribus digitis episcopus benedicit, et tribus digitis juxta vaticinium Esaiae dominus terrae molem appendit, et in his tribus digitis forma crucis exprimitur in cujus crucis officacia nobis omnis spiritualis benedictio ministratur.*

6) DIDRON, Annales archéolog. tom. XVII. p. 180.

beinah so stark eingebogen, als der Ringfinger.[1]) Es ist nicht zu verkennen, dass hier eine gewisse Abweichung von beiden gebräuchlichen Arten des Segnens vorliegt.[2])

Nach dem griechischen Ritus wurde der Daumen mit dem eingebogenen Ringfinger völlig gekreuzt, der Zeigefinger blieb gerade gestreckt, und der dritte und der kleine Finger wurden ein wenig gebogen.[2]) Für diese Stellung der Finger bei der griechischen Art des Segnens sind mannigfache symbolische Erklärungen angegeben, von welchen wohl diejenige die allgemeinste Bedeutung erhalten hat, dass auf diese Weise der Name des Erlösers angedeutet werden solle; die Kreuzung des Daumens mit dem Ringfinger solle das griechische X und der leicht eingebogene kleine Finger das griechische C (Σ) darstellen und hiermit also der Hinweis auf das Monogramm Christi, auf den ersten und letzten Buchstaben des Wortes $X\rho\iota\sigma\tau\acute{o}\varsigma$ gegeben sein. In gleicher Beziehung bedeute der gestreckte Zeigefinger ein Iota (I), der leicht gekrümmte dritte Finger ein griechisches C, und es ergebe sich die Beziehung auf $I\eta\sigma o\ddot{\iota}\varsigma, IC$, Jesus, und beides zusammengenommen auf den Erlöser Jesus Christus.[3]) Nach anderer Erklärung soll die Zusammenlegung des Daumens mit dem Ringfinger ein $\alpha\lambda\varphi\alpha$, A, und die Erhebung der andern drei zum Theil leise eingebogenen Finger ein $\ddot{o}\mu\acute{\epsilon}\gamma\alpha$, ω, also die auf Christus sich beziehenden Buchstaben erkennen lassen, oder aber es liege in den drei erhobenen Fingern die Anregung, die Seele zur h. Dreieinigkeit zu erheben, in der Zusammenlegung des Daumens mit dem Ringfinger der Hinweis, an die ewigen Güter zu glauben, da diese beiden Finger annähernd einen Kreis, das Sinnbild der Ewigkeit bildeten. Endlich hat man auch angegeben, dass die drei halb erhobenen Finger auf die h. Dreieinigkeit, wie schon gesagt, sich bezögen, in der Zusammenlegung der beiden andern Finger die Hindeutung auf die hypostatische Einheit der beiden Naturen in Christus, als Gott und Mensch, also auf die Menschwerdung Christi, die Erlösung, gegeben werden solle.[5])

Bis zum 14. Jahrhundert ist in der abendländischen Kunst ein vielfacher Wechsel in der Art des Segnens zu erkennen; es findet sich die völlig griechische Weise, dann auch, wie hier, eine nur in etwas von derselben abweichende, und endlich auch die vorhin bezeichnete lateinische Art; diese verschiedenen Darstellungen lassen sich bis in's 13. Jahrhundert hinein in unzähligen Beispielen, und zwar nicht bloss durch Werke deutscher Kunst belegen, wenn auch vielleicht in Frankreich in den Bildwerken sich etwas früher die jetzt übliche lateinische Art des Segnens fixirte. Didron[4]) will darin ein Schwanken in Deutschland zwischen Byzanz und Rom erkennen: *Encore un caractère de l'art religieux de l'Allemagne, qui est un compromis perpetuel, surtout en XII et XIII siècles, entre Byzance et Rome*, — aber in der That wohl mit wenig Grund. Zwar ist gewiss nicht zu bestreiten, dass die ganze abendländische Kunst in jener Zeit eine gewisse Anregung aus Byzanz erhalten hatte; soll aber, wie es scheint, ein grösserer innerer, griechischer Einfluss auf Deutschland durch diese Bemerkung angedeutet werden, so ist dagegen zu bemerken, dass die Art des Segnens im 12. Jahrhundert liturgisch noch gar nicht fixirt oder festgestellt war. Wesentlich für die Ertheilung des Segens war der Wille, die Absicht des Segnenden und der Ausspruch des Segens nebst dem Ausstrecken oder Auflegen der Hand, und die älteste Art der Ertheilung, wie auch noch Darstellungen der alt-

---

1) Vgl. ALDENKIRCHEN a. a. O. p. 9, bezüglich des thronenden Christus in der Absis der Patrocli-Kirche zu Soest, dessen Art des Segnens ähnlich ist und von demselben als eine völlig griechische angesehen wird.

2) Vgl. AUS'M WEERTH a. a. O. p. 7 Taf. 15. 16. Im Kapitelsaale zu Brauweiler segnet Christus in ganz ähnlicher Weise.

3) Die griechischen Bischöfe ertheilen, wenn sie pontificiren, den Segen in der Weise, dass sie in der rechten Hand einen dreiarmigen, in der linken einen zweiarmigen Leuchter halten, als Hinweis auf die h. Dreieinigkeit und die zwei Naturen Christi.

4) BINTERIM, Denkwürdigkeiten der christkathol. Kirche, VII. p. 334. — Handbuch der Malerei von B. ATHOS, p. 418.

5) MARTIGNY, Dictionnaire des antiq. chrét. p. 99.

6) Annales archéolog., XVII. p. 180.

christlichen Zeit zeigen, war das Auflegen der Hand, eine Form, die sich ja auch liturgisch für manche Fälle erhalten hat.[1]) Erst der Papst Innocenz III. (1198—1216)[2]) erhob die lateinische Form für die bischöfliche Segensertheilung zum Gesetz, indem er wenigstens das Ausstrecken der drei Finger anordnete, und hiermit sind wohl der Daumen, der Zeige- und Mittelfinger gemeint.[3]) Bereits gegen Ende des 13. Jahrhunderts ist dann auch diese Form des Segnens in den bildlichen Darstellungen in Deutschland ganz allgemein.[4]) Ferner hat aber, wie Schnaase[5]) mit Recht in der Entgegnung gegen Didron bemerkt, in vielen Fällen die erhobene Hand nicht die Bedeutung des Segnens, sondern es ist in derselben nach altem Gebrauch die Andeutung des Lehrens, der Absicht oder des Anfanges des Redens zu erkennen.[6])[7])

c) DIE ZEICHEN DER VIER EVANGELISTEN

In den vier Ecken des Mittelfeldes sind die Zeichen der Evangelisten in der gewöhnlichen ikonographischen Weise unter sehr geschickter Benutzung des Raumes angebracht, deren Stellung auch die hergebrachte ist, nämlich oben links (auf der rechten Seite Christi) der Mensch (Engel) des h. Matthäus, oben rechts der Adler des h. Johannes, unten links der Löwe des h. Markus und unten rechts der Ochse des h. Lukas.[1])

In den Werken der altchristlichen Kunst, welche, wie bereits bemerkt, eine tiefe Kenntniss der Theologie und reiches Studium der Kirchenväter erkennen lassen, stützen sich Symbolik und Auffassung meistens zunächst auf die Worte und Bilder der h. Schrift. Dies zeigt auch gerade die Darstellung der Evangelisten, in der Wahl der Attribute und ihrer Gruppirung um den thronenden Heiland oder das den Erlöser darstellende Lamm Gottes; es war gewiss bei solcher Auffassung und Ausbildung naturgemäss, dass man bei der Darstellung des Erlösers als König der himmlischen Glorie, als Herrscher des Weltalls und Richter der Menschen, der den Tod besiegt und das Erlösungswerk, das grosse Opfer des neuen Bundes, vollbracht hatte, dessen Wirkungen für die ganze Welt und alle Zeiten zugleich versinnbildet werden sollten, sich besonders streng an die Bilder der h. Schrift, an die Visionen des Ezechiel und der Apocalypse anschloss, welche grossartiger und tiefsinniger sind, als menschliche Gedanken etwas zu bieten vermögen. Daher umgab man den Heiland, thronend auf dem Regenbogen, dem Symbol des Friedens, mit den vier Evangelisten, welche, wie die vier Cherubim im alten Bunde den Thron oder Thronwagen Gottes, so das Evangelium des neuen Bundes tragen und durch ihre Schriften die Lehre Christi der ganzen Welt vermittelt haben, fügte denselben häufig die vier grossen Propheten bei, welche im alten Bunde die Weissagungen über die Erlösung zu geben beauftragt waren, und stellte oft die vier Cardinaltugenden, als

---

1) Der h. Augustinus sagt: *manus impositio est oratio super hominem*, und TERTULLIAN bemerkt: *manus imponitur per benedictionem, advocans et invitans Spiritum sanctum*. — DURANDUS a. a. O. lib. IV. cap. 59 sagt: *benedictio episcopalis fit per nodata manus impositionis, unde et episcopus eos benedicens tenet manum, more Aaron, sub populum elevatam et exemple Christi, qui, ut promissionis est, tersam discipulis manuduceret, in caelum ascensurus elevatis manibus eis benedixit.*

2) Innocenz III. spricht sich in ähnlicher Weise aus, wie Guilbert v. Tournay — STEPH. BORGIA, de cruce velaterna, p. 54 cap. 14.

3) Die Priester dagegen segnen nach ritueller Vorschrift mit ganz geöffneter, flacher Hand.

4) Vgl. z. B. auch das Antependium aus der Wiesenkirche zu Soest aus dem 15. Jahrh. im Museum zu Münster.

5) Geschichte der bildenden Künste, VII. p. 630 ff. — MARTIGNY, Dict. d. ant. chrét. p. 99.

6) Dieselbe Bedeutung der Bewegung der Hand bezeichnet auch CAHIER, Caract. des Saints, p. 131: „*se faire entendre*," — Dr. ALW. SCHULTZ, Dissert. Quid de perf. corp. pulchr. Saec XII et XIII senserint, p. 28.

7) MARTIN et CAHIER, Mélang. arch. vol. I. — STEPH. BORGIA, de cruce velaterna, p. 60.

8) Veränderungen in dieser Stellung kommen allerdings mannigfach vor; z. B. auf der bekannten pala d'oro im Schatz des Münsters zu Aachen befindet sich der h. Johannes an der Stelle des h. Matthäus. BOCK, Die Heiligthümer des Domes zu Aachen, p. 28. — Vgl. auch COMTE GRIMOUARD DE ST. LAURENT, manuel de l'art chrétien, p. 148. Sind aber die Zeichen spitz gestellt und nicht zu beiden Seiten des Heilandes, so befindet sich oben über dem Haupte Christi das Symbol des h. Johannes, z. B. auch beim Heiland am Kreuz, und unten der geflügelte Mensch.

Wirkung der Erlösung und der Lehre des Erlösers hinzu.[1]) Die Propheten des alten Bundes bezeichnete man, abgesehen von den Spruchbändern, vielfach, weil im alten Testamente die Lehre noch vorbildlich und unentwickelt dargelegt war, mit Rollen (rotulis), um die unvollständige Erkenntniss anzudeuten, den Aposteln und Evangelisten dagegen, die vollständig belehrt waren, gab man Bücher als Bezeichnung der Vollendung der Erkenntniss in die Hand, insbesondere aber auch denjenigen Aposteln, die ausser der mündlichen Lehrthätigkeit auch durch Hinterlassung von Schriften gewirkt haben.[2]) Jedoch finden sich häufig auch Ausnahmen von dieser Regel.

Die enge Beziehung zwischen dem alten und neuen Testament und die vorbildliche Bedeutung des ersteren bezeichnet G. Durandus sehr speciell, indem er Rat. off. divin. l. VII c. 44 bemerkt: *tamen non nisi quatuor recepta sunt ab ecclesia, videlicet Mathei, Marci, Luce et Joannis, quod utique factum est quadruplici ratione; primo ad ostendendum duorum testamentorum concordantiam. Sicut etenim in veteri testamento unus fuit legislator sc. Moses, et quatuor maiores prophetae sc. Esaias, Hieremias, Ezechiel et Daniel, et duodecim minores prophetae et multi sapientes sc. Job, David, Salomon et Jesus Syrach, ita et in novo testamento unus fuit legislator sc. Christus et quatuor evangelistae, duodecim apostoli et multi alii doctores, ut Hieronimus, Augustinus, Ambrosius et Gregorius, ut per hoc ostendatur, quia rota continetur in medio rotae et duo Cherubim sese respiciunt versis vultibus in propiciatorium.*[3])

Die Darstellung der vier Evangelisten nimmt überhaupt in der altchristlichen Kunst eine sehr hervorragende Stellung ein, so dass neben der Darstellung des Heilandes und der h Maria diese am häufigsten und in erster Reihe sich findet. Die älteste symbolische Bezeichnung der Evangelisten wurde gegeben durch die Darstellung der vier Flüsse des irdischen Paradieses, welche wir bereits im 3. oder 4. Jahrhundert auf den Goldgläsern *(fondi d'oro)* und in Wandgemälden der Katakomben (wahrscheinlich aus dem 4. Jahrhundert) in der Weise finden, dass das Lamm Gottes (der Erlöser) auf einem Hügel (dem Felsen der Kirche) steht, aus dessen Fuss vier Quellen hervorfliessen.[4]) Wie die vier Flüsse (Geon, Physon, Tigris und Euphrates)[5]) dem Paradiese durch ihr Wasser Fruchtbarkeit gaben, den Pflanzen und Bäumen

---

1) Z. B. in der Fensterrose im Dom zu Strasburg. — CAHIER, Caract. des Saints, p. 393.

2) DIDRON, Manuel d'iconographie grecque et latine, übersetzt von SCHÄFER, p. 296. — G. DURANDUS a. a. O. lib. I. c. III. nr. 11. — W. MENZEL, Symbolik, II. p. 246.

3) Die Beziehung zwischen den vier grossen Propheten des alten Bundes und den Evangelisten wird in einem Glasgemälde des Domes zu Chartres, der in archäologischer Hinsicht grosse Bedeutung hat, in seltsamer Weise bezeichnet, indem die Evangelisten auf den Schultern der vier Propheten sitzen, und zwar Matthäus auf Isaias, Johannes auf Ezechiel, Lucas auf Jeremias und Marcus auf Daniel.

4) KRAUS, Roma sotterranea, p. 258 u. 307. — CROSNIER, Iconogr. chret., p. 178. — GRIMOUARD a. a. O. p. 112. — CAHIER, Caract. des Saints, p. 238. — Man vgl. auch MOLANUS a. a. O. cap. 64: *„Significantur etiam evangelistae per quatuor flumina; quod pictura Nolanae ecclesiae exprimebat, de quo Paulinus sic scribit:*

> *Petram superstat ipsa petra Ecclesiae,*
> *de qua tenuere quatuor fontes manet,*
> *Evangelistae, viva Christi flumina."*

Ferner: GARUCCI, Storia dell' arte christiana, II. p. 62. Taf. 58. Hierbei mag nicht unerwähnt bleiben, dass in früher Zeit ganz vereinzelt eine Bezeichnung der Evangelisten vorkommt, bloss durch vier Rollen mit den beigeschriebenen Namen derselben, z. B. im Mosaik in S. Prisco zu Capua vetere. GARUCCI a. a. O. IV. p. 63. Taf. 254.

5) F. PIPER, Mythologie und Symbolik der christl. Kunst, II. Abth. p. 516. Bei Matthäus findet sich Geon mit der Bezeichnung *felicitas*, bei Marcus Tigris mit der Bezeichnung *fertilitas*, bei Lucas Euphrates mit der Bezeichnung *velocitas*, bei Johannes Physon mit der Bezeichnung *suavitas*. Manuscript aus dem Kloster Niedermünster aus dem 12. Jahrhundert. — W. MENZEL, Symbolik, I. p. 299. — KRATZ, Dom in Hildesheim, II. p. 195. Taf. 12. Auf dem Taufbecken zu Hildesheim findet sich die Darstellung der vier Flüsse mit folgender Inschrift:

> *Temporibus Geon terre designat hiatus,*
> *Est velus Tigris, quae fontis significatus,*
> *Frugifer Eufrates est instituque notatus,*
> *Os mutans Phison est prudenti similatus.*

desselben Saft, Wachsthum und neue Kraft verliehen, so bringen die vier Evangelisten, her-
vorgehend aus der Einen Quelle des ewigen Lebens, dem ganzen Erdkreis den Ueberfluss
und den Segen der Lehre Jesu Christi; sie erscheinen nach der Auffassung der Schriftsteller
ältester Zeit in solcher Darstellung als die grossen heilbringenden Quellen, welche vom himmlischen Zion ausgehend die Kirche Jesu Christi befruchten, so dass in derselben alle diejenigen
Tugenden sprossen und gedeihen können, deren Vorbild der Heiland uns gegeben.[1]) Der
h. Cyprian begründet diese Auffassung näher in seiner Schrift: *de haereticis baptizandis*,
während der h. Ambrosius auf die vier Flüsse auch als Bezeichnung der vier Cardinaltugenden
prudentia, temperantia, fortitudo und *iustitia* hinweiset.

Auch im Anfange des Mittelalters, im 11. und 12. Jahrhundert, findet sich eine solche
Darstellung noch häufig, besonders in den Mosaiken der Absiden oder Kuppeln mancher
Kirchen, z. B. in S. Marco in Venedig, in S. Cosma e Damiano und in S. Clemente in Rom;
in S. Vitale in Ravenna gehen die vier Flüsse aus dem Boden des Thrones hervor, auf
welchem der segnende Heiland sitzt; auch erscheinen, aber selten, die vier Flüsse wohl
personificirt, indem symbolische Personen Urnen oder Gefässe halten, aus denen Wasser
hervorfliesst.[2])

Seit dem 4. bez. 5. Jahrhundert tritt aber die Bezeichnung durch die bereits angeführten
Attribute[3]), den geflügelten Menschen, den Adler, den Löwen und den Ochsen hervor und
ist demnächst die feststehende Regel für die ganze christliche Kunst geworden und bis auf
unsere Zeit hin geblieben. Entweder bediente man sich dieser Symbole allein als Bezeichnung
der Evangelisten, wie z. B. in dem Mosaik der Absis von S. Pudentiana zu Rom vom Ende
des 4. Jahrhunderts und vielen Andern der folgenden Zeit, oder man gab der persönlichen
bildlichen Darstellung derselben diese Attribute bei, um die einzelnen Evangelisten als solche
zu kennzeichnen. Die Form der Darstellung in alter Zeit, dass man bei den in menschlicher
Gestalt gebildeten Personen die Köpfe durch die der Attribute ersetzte, erscheint nur selten[4])
und muss auch, was drei der Attribute betrifft, als eine unserm Gefühl und Geschmack nicht
entsprechende Darstellung betrachtet werden. — Auch kommt es vor, dass neben diesen Attributen zugleich noch die vier Flüsse dargestellt sind.[5])

Diese zur allgemeinen Norm gewordene Bezeichnung der vier Evangelisten stützt sich
einerseits auf die Worte des Propheten Ezechiel, in welchen er seine Vision erzählt, welche allgemein seit ältester Zeit auf die Verhältnisse des neuen Bundes bezogen wurde, und anderseits auf die Worte der Apocalypse des h. Johannes. Ezechiel sagt c. I. v. 5 und 10, als er
den Thron Gottes sieht:

---

1) DURANDUS a. a. O. Bb. VII. c. 44. n. 1: *Post apostolos ecclesia veneratur etiam evangelistas, qui non tantum prae-
dicaverunt, sed etiam evangelium scripserunt. Legitur etiam in Gen. c. 4: quod fluvius egrediebatur e loco voluptatis ad irrigan-
dum paradisum, qui dividitur in quatuor capita etc. Physon, Gyon, Tigrim et Euphratem. Sane allegorice fluvius ille evangelica
praedicatio est, quae a Christo procedit, a quo generaliter omnis voluptas emanat;* und ferner: *fluvius autem iste in quatuor capita
dividitur, quia praedicatio Jesu Christi in quatuor evangelia derivatur;* und nr. 5: *Porro hi quatuor significati sunt per praedicta
quatuor flumina; per Physon Johannes, per Gyon Matheus, per Tigrim Marcus, per Euphratem Lucas.*

2) Kirche zu Vezelay; im Fussboden des Domes zu Rheims.   3) MENZEL, Symbolik, I. p. 261.

4) Auf der Rückseite des Kreuzes in Maria-Lyskirchen in Coln und an dem Kreuze der Johannis-Kirche zu
Herford und auf der Patene des Bernward's Kelches zu Hildesheim. Ferner: vgl. CH. CAHIER, Nouv. mélanges
d'archéol. t. II. und ferner t. I.: *l'upitre de Ste Radegonde dans le convent de St. Croix à Poitiers* aus dem 6. Jahrhundert. —
CH. CAHIER, Caract. des Saints, p. 393. — J. G. MÜLLER, Die bildlichen Darstellungen im Sanctuarium, p. 38. Deckel des
Codex Evang. aureus zu Trier.

5) Z. B. auf dem Deckel des berühmten Evangelien-Kodex der Kaiserin Theophano aus dem Kloster zu Echternach
vom Ende des 10. Jahrhunderts, jetzt in der Bibliothek zu Gotha. — v. QUAST und OTTE, Zeitschrift für christl. Archäol.,
II. p. 241. Taf. XVII. Ferner in den Deckengemälden der Michaelskirche zu Hildesheim vom Ende des 12. Jahrhunderts,
— KRATZ a. a. O., hier ebenfalls neben den Attributen die personificirten vier Flüsse; ebenso in einem Fenster der
Patrocli-Kirche zu Soest aus dem Anfange des 13. Jahrhunderts, Christum am Kreuz umgebend.

v. 5.: *et in medio eius similitudo quatuor animalium et hic aspectus eorum similitudo hominis in eis.*

v. 10: *Similitudo autem vultus eorum: facies hominis et facies leonis a dextris ipsorum quatuor: facies autem bovis a sinistris ipsorum quatuor et facies aquilae desuper ipsorum quatuor.*[1]

In der Apocalypse c. IV. v. 6—8 heisst es:

v. 6: *et in medio sedis et in circuitu sedis quatuor animalia plena oculis ante et retro.*

v. 7: *et animal primum simile leoni et secundum animal simile vitulo, et tertium animal habens faciem quasi hominis et quartum animal simile aquilae volanti.*

v. 8: *et quatuor animalia, singula eorum habebant alas senas.*

Die theologische Wissenschaft hat sich stets viel mit der Erklärung der Vision des Ezechiel und der Apocalypse beschäftigt und in tiefsinniger Weise diese grossartigen und erhabenen Bilder und die einzelnen Theile derselben zu deuten oder zu erörtern sich bestrebt; mit diesen Untersuchungen stehen die Gedanken, die den altchristlichen Kunstwerken zu Grunde liegen, in enger Beziehung, und aus denselben ergab sich die Wahl der symbolischen Bezeichnungen, sowie die Entwickelung der festen, ikonographischen Regeln in der Darstellung der Evangelisten. In der Vision des Propheten Ezechiel schienen die vier Wesen[2] in gewisser Weise die Eigenschaften, bez. die Aeusserung der Macht Gottes und die durch Ihn erfolgende Leitung aller Dinge anzudeuten, insbesondere in Beziehung auf die Menschwerdung des Sohnes Gottes und auf die Erlösung überhaupt, eine Personification der in Christus vereinigten Eigenschaften zu versinnbilden.[3] Man führte aus, dass die Gestalt des geflügelten Menschen die wahre menschliche Natur Christi bezeichne, der Löwe hinweise auf Christus als König, der seine Feinde besiege, der Ochs, das wesentliche Opferthier des Alterthums, andeute, dass Christus Priester und Opfer sei, und der Adler, dessen Flug sich zum Himmel erhebt, sich auf die göttliche Natur Christi beziehe. Petrus de Capua sagt: *Fuit homo nascendo, vitulus moriendo, leo resurgendo, aquila ascendendo.* Während die Bezeichnungen des Ezechiel die Annahme begründen, es sei angedeutet ein Wesen mit vier Köpfen oder Gesichtern, — eine Darstellung, welche die altchristliche Kunst auch in ganz vereinzelten Fällen in dem sogenannten Tetramorph versucht hat — so ist dies doch von der Kunst, und gewiss mit Recht, aufgegeben, und im Anschluss an die Bilder der Apocalypse sind vier einzelne Wesen mit den vier Symbolen gebildet.[4]

Anderseits aber brachte man in der erklärenden Erörterung die vier Symbole auch mit dem vornehmlichen Inhalt der einzelnen Evangelien selbst, und insbesondere mit dem Anfange derselben in Beziehung, indem man anführte, dass der h. Matthäus sein Evangelium mit der menschlichen Abstammung Christi *(liber generationis Jesu Christi)* beginne, Markus im Anfange des seinigen die Stimme des brüllenden Löwen in der Wüste erschallen lasse *(vox clamantis in deserto; parate viam domini),* Lukas mit Zacharias, der Priester und Opferer gewesen, beginne, und der h. Johannes in kühnem Fluge hinführe in die himmlischen Regionen, um uns die göttliche Natur Christi zu zeigen. *(In principio erat verbum* etc.) Schon der

---

1) J. KREUSER, Der christl. Kirchenbau, II. p. 142.

2) In der Zahl „vier" wird hier, wie bei den Evangelisten und in manchen andern Fällen die Andeutung der Richtung nach allen vier Weltgegenden, also nach allen Seiten, das Weltall umfassend, gefunden.

3) Vgl. SCHÄFER, Prof., Abhandlung über die Cherubim im Katholik, Jahrg. 1880 p. 384.

4) MONE, Hymni latini med. aevi. Troparium aus dem 12. Jahrhundert, p. 136:

Homo factus
Bos in cruce
Leo cum resurgis
Aquila super astra deus volitans.

5) MARTIGNY, Dict. des antiq. chrét., p. 295, 326. — CAHIER, Mélang. arch. tom. II. — REUSENS, Elém. d'arch. chrét., I. p. 487. — DIDRON a. a. O. p. 440. — GRIMOUARD a. a. O. p. 246.

h. Hieronymus[1]) und ferner der h. Augustinus sprechen diese Gedanken bezüglich der einzelnen Evangelien und insbesondere des Evangeliums des h. Johannes aus[2]), und das ganze Mittelalter hindurch findet man überall diese symbolischen Beziehungen eingehend erörtert und in der verschiedensten Weise beleuchtet[3]), namentlich auch in den Hymnen. Conrad von Heimburg, Karthäuserprior zu Gaming in Oberösterreich im 14. Jahrhundert, singt in einem Hymnus an den h. Lucas:

> Ut Johannes increatum aquilae sub nomine,
> Ut Matheus incarnatum describit in homine,
> Velut Marcus resurgentem sub leonis titulo
> Sic tu Christum morientem designas in vitulo.

Fernere Ausführungen über die hierauf sich beziehenden Erörterungen[4]) dürften zu weit führen; nur möge noch ein merkwürdiger Hymnus im Auszuge hier Platz finden, der diese sämmtlichen Beziehungen in höchst eigenthümlicher Weise zusammenstellt. Adam de St Victor, Augustinermönch in der Abtei S. Victoris zu Paris († 1177 oder 1192), schreibt[5]):

Formam viri dant Matheo	Sed Johannes ala bina
Quia scripsit sic de deo	Caritatis aquilina
Sicut descendit ab eo	Forma fertur in divina
Quem plasmavit, homine.	Puriore lumine.
Lucas bos est in figura	Quattuor describunt isti
Ut praenuntiat in scriptura	Quadriformes actus Christi
Hostiarum tangens iura	Et figurat, ut audisti,
Legis sub velamine.	Quisque suum formulam;
Marcus leo per desertum	Natus homo declaratur
Clamans rugit in apertum	Vitulus sacrificatur
Iter fac deo certum	Leo mortem depraedatur
Mundum cor a crimine;	Et ascendit aquila.

und ferner:

Paradisus his rigatur	Fons est Christus, hi sunt rivi
Viret, floret, foecundatur	Fons est altus, hi praeclivi
His abundat, his laetatur	Ut saporem fontis vivi
Quatuor fluminibus	Ministrent fidelibus.

---

1) Liber Seti Hieronymi contra Jovinianum: *Joannes vero noster quasi aquila ad superna volat, et ad ipsum Patrem pervenit dicens: in principio erat etc.*

2) Evang. Joh. 3—15. § 1: *Evangelista Johannes velut aquila volat altius, caliginemque terrae transcendit et lucem veritatis, firmioribus oculis intuetur.* — MONE a. a. O. III. p. 112.

3) J. DE AYALA, Pictor christianus et eruditus, VI. c. 3: *Notum est etiam lippis et tonsoribus in illis quatuor Ezechielis animalibus, nimirum homine, leone, bove atque aquila, quatuor Evangelistas mystice, neque id obscure, admodum denotari. Plena sunt his patrum ac veterum scriptorum testimonia.*

4) Hymnus aus dem Kloster Admont vom 14. Jahrhundert:

Ultra forma generalis	Os humanum est Matheo	Est leonis rugientis
Halat quisque speciale	In humana forma dei	Marco vultus, resurgentis,
Styli privilegium.	Doctoris praecipium.	Quo clarет potentia;
Quae designat in prophetis	Cuius genus sic contexit.	Voce patris excitatus
Formae pictae lib divinis	Quod a stirpe David exit	Surgit Christus laureatus
Vultus animalium.	Per carnis materiem.	Immortali gloria.
Pellens nubem nostrae molis	Rictus bovis Lucae decor,	His quadrigis deportatur
Intuetur iubar solis	In quo forma figuratur	Mundo deus salutatur
Johannes in aquila;	Novae Christus hostiae.	Belli arcus vectibus
Supra coelos domi ascendit	Ara crucis mansuetus	Paradisi haec fluenta
Sinu patris comprehendit	Hic mactatur sic et vetus	Nova fluunt, sacramenta
Natum ante saecula.	Transit observantia.	Quae irrorant gentibus.

MONE. a. a. O. III. p. 130.

5) DANIEL, Thesaurus hymnologiae II. 84. — CAHIER, Melang. archeol. II. p. 101.

Vereinzelt kommt es in der Kunst des späteren Mittelalters vor, dass man die Attribute der Evangelisten, sozusagen leihweise, den vier lateinischen Kirchenvätern beigibt.[1])

Auf dem Antependium sind die vier Bezeichnungen der Evangelisten, wie es auch den Regeln der Ikonographie entspricht, sowohl mit Nimben, welche goldig und durch einen dunkelfarbigen Strich abgegrenzt sind, als auch mit grossen erhobenen Flügeln ausgestattet, deren Haupttheil von blaugrauer Farbe mit schwarzen Schattenstrichen und weissen Tupfen versehen ist, deren äusserer Rand aber durch einen grünlichen und, nach den Spitzen der Federn hin, durch einen bräunlichen Streifen gebildet wird.

Der geflügelte Mensch (Engel) des h. Matthäus, oben an der linken Seite (rechts von der Gestalt des Heilandes), ist in einer für jene Zeit bewundernswerth freien und geschickten Anordnung dargestellt. Der rechte Fuss ist lang gestreckt, mit dem linken, in richtiger Zeichnung stark zusammengezogenen Fusse tritt er auf die Abschrägung des Vierpasses. Der Kopf des Attributes (des Menschen) zeigt in trefflicher Behandlung einen besonders lebhaften Ausdruck; die Augen sind von heller Farbe und blicken zu Christus hin; er trägt ein am Hals mit einem breiten goldenen Rande versehenes Gewand von röthlicher Farbe, dessen enggezogene Falten durch dunkelrothe Striche bezeichnet sind; der Mantel von olivengrünlicher Farbe ist gleichfalls mit sehr starken Schatten versehen; an den heraustretenden Stellen der Gewandung sind bereits, wie dies auch an einzelnen Stellen der Gewänder der übrigen Figuren der Fall ist, hie und da durch aufgelegte hellere Striche Lichterhöhungen vorgenommen.

In den Händen trägt der geflügelte Mensch ein geschlossenes Buch, dessen sehr zerstörte Aufschrift dem Anscheine nach „St. Matheus" gelautet hat. Die Buchstaben *Ma* sind noch erkennbar.

Unten links befindet sich der Löwe des h. Marcus, gleichfalls, wie bereits bemerkt, mit goldenem Nimbus und erhobenen Flügeln versehen; er ist von brauner Farbe mit dunklen Schatten und hat einen drachenartigen, mit hellen Strichen gezeichneten Kopf, welcher, wie es bei sämmtlichen Attributen der Fall ist, nach Innen, nach dem Heilande hinschaut. Unter dem Löwen ist auf dem angebrachten Spruchband noch ein Theil der Aufschrift: „St. Marcus" zu erkennen.

Der Adler des h. Johannes, welcher oben rechts seinen Platz einnimmt, ist ebenfalls braun, dunkel schattirt, mit Nimbus und erhobenen Flügeln versehen; zu seiner Seite läuft ein geschlungenes Spruchband mit der Namensbezeichnung herab.

In gleicher Weise ist der Ochse des h. Lukas behandelt; nur mag hervorgehoben werden, dass die noch erkennbare Zeichnung und Modellirung des Thieres durch weissliche auf die braune Farbe aufgetragene Striche bewirkt ist. Auf dem Spruchbande ist nur noch: cas, die letzte Silbe der Aufschrift: St. Lucas, lesbar.

d) DIE H. MARIA. (Tafel II.)

In den beiden seitlichen Abtheilungen erscheinen die Gestalten von je zwei Heiligen in Rundbogenfeldern, rechts der h. Johannes der Täufer und ein Bischof, vermuthlich der h. Augustinus, links die h. Maria und die h. Walburgis. Die Säulen zwischen den je zwei neben einanderstehenden Heiligen sind roth und grün abschattirt und abgerundet und in der Mitte durch einen von oben nach unten laufenden, gewellten, weissen Lichtstreifen geziert. Die vier Säulen an den Seiten der Felder sind nur halb so breit, als die Mittelsäulen; die beiden an der äusseren Seite der Felder befindlichen sind von grünlicher, die beiden an der inneren Seite derselben von rother Farbe. Die Basen

---

1) CAHIER, Caract. des Saints, p. 508.

2) Z. B. auf einem Gemälde von P. F. Socchi v. Pavia in der Gallerie des Louvre zu Paris, beim h. Augustinus der Adler, beim h. Gregorius der Ochse, beim h. Hieronymus der Engel und beim h. Ambrosius der Löwe. — CAHIER. Caract. des Saints, p. 314.

sämmtlicher Säulen haben die Form eines umgekehrten Würfelkapitäls in streng romanischer Stilisirung, bestehend aus einer Platte, einem verzierten Mittelstück und einem Rundstab. Platte und
Stab sind roth, das Mittelstück ist blau mit weiss kontourirten Blättern. Die kelchförmigen Kapitäle
der Säulen bestehen aus einem rothen Rundstabe und einem mit blauem, weiss kontourirten, romanischen Blattschmucke belegten Mittelstück. Die röthliche Platte trägt in der Mitte noch einen
palmettenartigen Aufsatz, dessen Wiederholung an beiden Seiten durch schräg anlaufende Linien
angedeutet ist. Die von den Säulen getragenen einfachen Rundbogen sind röthlich abschattirt, die
Bogenzwickel aber ausgefüllt und ausgeziert, durch reiche, romanische Architektur in prächtigen
leuchtenden Farben mit aufgetragenen weissen Lichtern. —

In dem linken Felde der rechten Seite des Heilandes sehen wir zunächst die Gestalt der
h. Maria. Lübke[1]) bezeichnet dieselbe irrthümlich als die h. Helena, und ihm sind Hotho[2]) und
Schnaase[3]) gefolgt, während bereits A. de Caumont und Didron, und gewiss mit vollem Recht, hier die
h. Maria erkennen[4]), deren Darstellung ein bedeutsames archäologisches Interesse bietet.[5]) — Der
etwas auf die linke Seite, zum Heilande hingeneigte Kopf der h. Maria zeigt zwar Gesichtszüge von
herbem Ausdruck und starker, schwerer Zeichnung, die jedoch in richtigem Verständniss behandelt
sind und das Bestreben des Künstlers erkennen lassen, die typische Starrheit möglichst zu über-
winden, und zu lebendigerem, geistigem Ausdruck zu gelangen. Die Gesichtsfarbe ist etwas dunkel und
insbesondere auf den Wangen, wie bei den sämmtlichen vier Heiligen, eine starke rothe Färbung
aufgelegt, während die Lippen scharf gelblichroth gefärbt sind. Die h. Maria ist mit einer weissen,
durch blaue Striche schattirten und in enge Falten sich legenden Tunika bekleidet, welche unten
mit einem breiten grünen Rande besetzt ist; auf demselben sind Verzierungen durch rothe und
blaue Edelsteine sichtbar. Dieser schwere Saum der Tunika schneidet hier, wie auch bei den
übrigen drei Heiligen, in ungefähr gerader Linie ab, und schliesst sich dem Faltenwurf des Gewandes
nicht an, eine Behandlung der Gewandung, welche sich im 11. und 12. Jahrhundert häufig findet
und wohl auf byzantinische Einwirkung hinweist. Der nicht biegsame Saum erinnert an die reiche
und schwere Art der Verzierung und des Besatzes mit Edelsteinen, wie die Pracht des Hofes zu
Byzanz sie entwickelt hatte. Bereits im 13. Jahrhundert findet sich aber eine feinere und leichtere
Behandlung der Gewandung und namentlich des Saumes, so dass derselbe nur in gerader Linie
abschliesst, falls das Gewand selbst ohne Falten gerade und schwer herabfällt, wie z. B. häufig die
Dalmatika.[6])

Unter der so abschliessenden Tunika wird bei der h. Maria ein bis auf die Füsse herab-
reichendes und dieselben verdeckendes Unterkleid sichtbar, dessen Falten von bräunlicher Farbe
sind. Der Mantel, welcher frei und faltig herabfällt, ist von blassrother Farbe mit tiefrothen Schatten
und schliesst auch den Kopf in Art einer Gugel oder Kapuze faltig ein; dagegen ist ein besonderes
Kopftuch nicht vorhanden. Die Krone der h. Maria besteht, wie die Kronen deutscher Könige auf
gleichzeitigen Darstellungen, aus einem Reif mit drei Zacken oder Blättern und ist von hellgrauer
Farbe, mit Edelsteinverzierungen belegt. Der Nimbus ist goldig und mit einem dunklen, aus verschiedenen Streifen, Punkten und an einander gereihten Halbbogen bestehenden Rande versehen.

---

1) Lübke, Mittelalt. Kunst in Westfalen, p. 324.

2) Hotho, Die Malerschulen van Eyck's, I. p. 118.

3) Schnaase, Geschichte der bildenden Künste, V. p. 534.

4) A. de Caumont, Abcédaire d'archéologie, I. p. 298. — Didron, Annal. archéolog., XVII. p. 180. — Becker
in Kugler's Museum, III. p. 374. Jahrgang 1835.

5) Einen Ueberblick über die Geschichte der Darstellung der h. Maria hier zu geben, schien nicht möglich, da
bei der Reichhaltigkeit und Mannigfaltigkeit dieses Gebietes in der Kunst, der Umfang einer solchen Erörterung in den
Rahmen dieser Abhandlung nicht einzufügen war, und zu weit geführt haben würde.

6) Vgl. für beide Behandlungen die Deckengemälde in Brauweiler, die Wandmalereien von Schwarzrheindorf,
Ramersdorf etc. — Aus'm Weerth a. a. O. — Vgl. auch den h. Laurentius in den Wandmalereien des Chores des Domes
zu Münster.

In den Händen trägt die h. Maria sieben Scheiben, welche in der Weise verbunden sind, dass aus der mittleren grösseren Scheibe sechs blaugraue Streifen oder Balken in Form eines Andreaskreuzes und eines in der Mitte eingelegten Querstabes ausgehen, an deren Endpunkten sich die übrigen sechs Scheiben befinden. Auf den goldigen, mit blaugrauem Rande versehenen Scheiben finden sich sieben sitzende (nicht, wie meistens üblich, fliegende) Tauben dargestellt, als Symbole der sieben Gaben des h. Geistes, deren Bezeichnung mit schwarzen Majuskeln in den Rand der einzelnen Scheiben eingeschrieben, aber nur mehr zum Theil erhalten ist. — Die Tauben sind von weisslicher Farbe mit hellen Tupfen und schwarzer feiner Schattirung, sowie schwarzen Füssen, und sehen mit Ausnahme der mittleren grösseren, welche nach der Mitte des Bildes, zum Heilande gewendet ist, zur h. Maria hin. Ob dieselben mit einem Nimbus versehen waren, ist nicht mehr mit Bestimmtheit zu erkennen, jedoch scheint es nicht der Fall gewesen zu sein; vielleicht mag aber auch der farbige Rand der Scheiben, in welchen die Tauben sich befinden, als eine Art von Nimbus gelten können. — Auf der mittleren grösseren Scheibe findet sich die Bezeichnung: Sapientiae (sc. Spiritus); ob nur dieses Wort vorhanden gewesen, oder etwa auch das Wort spiritus verzeichnet war, ist nicht mehr zu erkennen; auf der oberen Scheibe an der rechten Seite der h. Maria ist noch zu lesen: consilii, und links unten: pietatis; in der oberen Scheibe rechts scheinen die noch vorhandenen Reste als die Bezeichnung: intellectus, und rechts in der Mitte als: timoris domini gedeutet werden zu können. Auf den übrigen beiden Scheiben, welche also die Bezeichnung: Spiritus fortitudinis und sp. scientiae enthalten haben müssen, hat die Zerstörung Alles verwischt.

Die Bezeichnung der Gaben des h. Geistes oder Tugenden ist hier, wie dies meistens der Fall war, nach den Worten des Propheten Isaias[1]) und nicht nach der in der alten Kunst so vielfach in Bezug genommenen Apocalypse[2]) erfolgt, und daher nimmt auch der sp. sapientiae den ersten Platz ein.

Die Bezeichnung des h. Geistes durch eine weisse Taube im Anschlusse an die Worte des Evangeliums — Lucas III. 22: et descendit spiritus sanctus corporali specie sicut columba, in ipsum, — dass nach der Taufe Christi im Jordan der h. Geist in solcher Gestalt sichtbar herabgekommen sei[3]), war seit der ältesten Zeit die allgemein gebräuchliche und ist es ja auch in der Kunst bis auf den heutigen Tag geblieben. Vielfach kommt aber ferner in der alten Kunst die Darstellung der sieben Gaben des h. Geistes durch sieben Tauben vor, welche den Heiland umgeben. Manche Beispiele führt Didron an; im Psalterium des h. Ludwig in der Bibliothek des Arsenals aus dem 13. Jahrhundert findet sich die Darstellung, dass Christus von sieben fliegenden zu ihm hingewandten Tauben umgeben ist[4]), und in ähnlicher Weise in den Fenstern der Kathedralen zu St. Denis (Labarte, Hist. des arts indust. Taf. 94) aus dem 12. Jahrh., Chartres, Amiens, Beauvais und andern, und auch in dem Fenster der Kirche zu Legden in Westfalen aus dem 13. Jahrhunderts. Nach Mittheilung von Poquet, Les miracles de la St. Vierge p. Gautier de Coincy befinden sich in einer in diesem Manuscript enthaltenen Miniatur gleichfalls die 7 Tauben über dem Throne der h. Maria, die das Christkind trägt. In einer Miniatur der Biblia aurea (Bibliothek zu Paris) aus dem 14. Jahrhundert umgeben die Tauben das von der h. Maria getragene Christkind, und eine ähnliche Darstellung zeigt ein Wandgemälde des Domes zu Gurk[5]) In einem Fenster der Kathedrale zu

---

1) Isaias XI. 1—3: Et egredietur virga ex radice Jesse et flos de radice eius ascendet; et requiescet super eum spiritus domini, spiritus sapientiae et intellectus, spiritus consilii et fortitudinis, spiritus scientiae et pietatis et replebit eum spiritus timoris domini.

2) Apocalypse V. v. 6 und 12: Et vidi; et ecce in medio throni et quatuor animalium et in medio seniorum agnum stantem, tanquam occisum, habentem cornua septem et oculos septem, qui sunt septem spiritus dei missi in omnem terram; v. 12: dignus est agnus qui occisus est, accipere virtutem et divinitatem, sapientiam et fortitudinem et honorem et gloriam et benedictionem.

3) J. J. de Ayala, Pictor christ. et eruditus, III. c. 10. p. 118.

4) Eingehende Ausführungen bei Didron, Iconographie chrét. hist. de Dieu, p. 464, 469 u. ff.

5) F. Piper in Zahn's Jahrb. für Kunstwissenschaft, V. p. 126. Mittheil. der K. K. Centralcommission, XVI. 1871. p. 138. Taf. 5.

Chartres aus dem 13. Jahrhundert trägt die h. Maria sieben Scheiben in gleicher Gestaltung und Verbindung, wie auf unserm Antependium [1]), jedoch enthält die mittlere Scheibe das Bild des segnenden Christus, und es bleiben daher nur sechs fliegende Tauben, welche zum Christkinde gerichtet sind.[2]) Entweder hat, nach Didron's Annahme, der Platz für die Anordnung der siebenten Taube gefehlt, oder aber, wie Piper[3]) bemerkt, Christus nimmt mit Absicht hier die Stelle der Taube, des *spiritus sapientiae*, ein. Die Verbindung der sieben Tauben, welche also zu der göttlichen Natur Christi in Beziehung stehen, mit der h. Maria, welche, wie es hier auf dem Antependium der Fall ist, das Christkind nicht trägt, kommt im Uebrigen nicht vor; mir ist ein Beispiel wenigstens nicht bekannt; nur wird hier eine Darstellung aus einem Glasfenster des Domes zu Freiburg im Breisgau anzuführen sein, in welchem die sitzende h. Maria zwar das stehende Christkind hält, die sieben Tauben aber den Nimbus derselben und nicht den des Christkindes umgeben. Zu dieser Darstellung bemerkt Didron[4]): „*Les sept dons du St. Esprit, les sept colombes n'appartiennent qu'à Jésus; cependant l'Allemagne, qui chérit la femme plus, qu'on ne le fait dans toutes les autres contrées a presque gratifié la vierge Marie de ces qualités divines . . . . Autour de son nimbe et non pas autour de celui de Jésus s'abat une volée de sept petites colombes blanches; elles convergent au centre du nimbe de la vierge et ne se tournent en aucune façon vers Jésus. C'est donc un être divin, que Marie; elle est douée, comme son fils, des sept dons du St. Esprit. On peut bien dire, que les colombes sont là, parceque Jésus s'y trouve: mais toujours est-il, que c'est à Marie et non au fils de Dieu, que les colombes font fête et battent les ailes.*"

Diese Bemerkungen sind entschieden zu weit gehend und, sofern sie sich gegen deutsche Auffassungen wenden, hier, wie in andern ähnlichen Fällen, nicht zutreffend. Die h. Maria, die den Herrn des Himmels bei sich aufnehmen sollte, wurde, in ihrer Eigenschaft als Gottesmutter, als mit den sieben Gaben des h. Geistes geschmückt betrachtet, wie dies in mannigfacher Weise in der Theologie des Mittelalters seinen Ausdruck findet; daher konnte sie auch recht wohl, wie hier bezeichnet, dargestellt werden. Der h. Petrus Damiani bemerkt in dieser Beziehung in Ausführung der Auffassungen der h. Schrift, dass, bevor die Erlösung geschah, ein Haus gebaut werden musste, in welchem der himmlische König herabsteigend Herberge nähme, jenes Haus nämlich, von welchem Salomo (Sprichw. c. 9 v. 1) sagt: „Die Weisheit baute ihr Haus und hieb sieben Säulen"[5]), und führt dann aus, dass also das jungfräuliche Haus auf sieben Säulen ruhen sollte, wodurch bezeichnet werde, dass die Mutter des Herrn mit den sieben Gaben des h. Geistes ausgestattet sei. Albertus Magnus[6]) erkennt

---

[1] Didron, Annales archéologie, XVII. p. 180: *Devant d'autel de Soest en Westfalie*, bemerkt: *La sainte vierge par un privilège tout spécial est douée, comme le fils de dieu lui même de sept dons de St. Esprit. A la cathédrale de Chartres on voit une disposition à peu près semblable, mais les colombes appartiennent en propre au fils de dieu, que tient Marie. Ici les sept Esprits de sagesse, d'intelligence, de conseil, de force, de science, de piété et de crainte sont exclusivement l'apanage de la sainte vierge. C'est une hardiesse, que l'art chrétien s'est permise dans l'Allemagne seul du moins à notre connaissance.*

[2] Die Verbindung der Scheiben durch ein Andreaskreuz und einen eingelegten Querbalken, hier auf dem Antependium, ebenso wie in Chartres, ist eine eigenthümliche Erscheinung; es wäre denkbar in dieser Form eine Bezugnahme auf das Monogramm Christi zu finden. Die älteste Form desselben ist das griechische X (die crux decussata) und in dasselbe legte man noch ein I ein, allerdings meistens vertikal: ⨂, jedoch auch wohl horizontal: ⨁. Damit ist genau die Form der Verbindung der Scheiben gebildet; den horizontalen Strich kann man auch als den Querbalken zur Herstellung der Crux immissa betrachten. Vgl. Münz, Archäologische Bemerkungen über das Kreuz, p. 57. Tafel I. —

[3] Jahrb. für Kunstwissenschaft von A. v. Zahn (Abhandlung über ein westfälisches Gemälde aus dem Kloster Wormeln, Maria als Thron Salomonis), V. p. 127.

[4] Annales archéologie, p. 481.

[5] *Sapientia aedificavit sibi domum, excidit columnas septem.*

[6] De laudibus Mariae tom. XXV. lib. X. cap. 30 nr. 5: *Excidit, ut supra expositum est columnas septem, quibus semper firma stetit haec domus. Hae septem columnae, septem dona spiritus sancti, quae requieverunt in Christo, quiescente in Maria, et quam nunquam deseruerunt, per quae stetit firmiter et perseveranter in omni gratia et virtute.* —

gleichfalls in dem Hause, welches die Weisheit sich baute, die h. Maria und in den sieben Säulen die sieben Gaben des h. Geistes; erläuternd fügt er hinzu: *dona, quae requieverunt in Christo, quiescente in Maria.* —

Nach vorstehenden Ausführungen kann es wohl nicht mehr zweifelhaft sein, dass in der bezeichneten Figur nur die h. Maria erkannt werden kann, und nicht die h. Helena: ausser den speciell angeführten Gründen würde dies aber schon deshalb nicht ungewiss erscheinen können, weil links neben dem Heilande der h. Johannes der Täufer steht, also rechts nicht irgend eine andere Heilige, sondern nur die h. Maria gestellt sein kann, da sie allein dem h. Johannes Baptista vorangeht, und die Anordnung dieser beiden Heiligen neben dem segnenden oder thronenden Heiland eine sehr gebräuchliche war.

e) DIE H. WALBURGIS.

Zumeist links, an der rechten Seite der h. Maria, steht die h. Walburgis nach innen gewendet; das Gesicht ist gleichfalls, wie bei der vorgenannten Figur, in scharfer, aber nicht lebloser Weise in derben Linien gezeichnet, mit dunkler Färbung und stark getrötheten Wangen. Sie trägt ein weisses Gewand (Tunika) mit blauen Schatten, unter welchem noch ein Untergewand[1]) mit tief bräunlichen Schatten sichtbar wird, und zwar sowohl an der rechten Hand ein kleiner Theil eines engen Aermels, als auch unterhalb des Randes der Tunika; dort fällt es faltig auf die mit Schuhen bekleideten Füsse herab. — Die Tunika ist unten, wie bei der h. Maria, mit einem breiten grünen Rande abgeschlossen, auf welchem ein reicher Schmuck durch Edelsteine angedeutet ist. Der in Form einer faltigen Gugel (Kapuze) auch den Kopf umgebende Mantel ist von blassrother Farbe mit tiefrothen Schatten und wird auf der Brust durch eine runde Spange (Tassel) zusammengehalten; über denselben ist noch ein faltiges Kopftuch von grünlicher Farbe gelegt, welches auf die rechte Schulter herabfällt. Der Nimbus, welchen die h. Walburgis trägt, ist mit gleichen Verzierungen wie derjenige der h. Maria belegt, jedoch nicht goldig, sondern von hellgrauer Farbe. In der linken, von dem Mantel bedeckten Hand trägt die Heilige ein geschlossenes Buch und noch einen nicht mehr erkennbaren Gegenstand; auch scheint dieselbe in der halbgeöffneten, rechten Hand noch ein anderes Attribut gehalten zu haben, welches gleichfalls nicht mehr zu sehen ist. — Die h. Walburgis, nach der Legende die Tochter des h. Richard, Königs der Angelsachsen, war die Schwester des h. Willibald, Bischofs von Eichstädt, und des h. Wunnibald, Abtes zu Heidenheim in Franken, und wurde von ihren Brüdern auf Wunsch des h. Bonifatius mit noch anderen Frauen aus England nach Deutschland berufen[2]), um dieselben in den Arbeiten der Verbreitung des Christenthums zu unterstützen. Sie wurde demnächst Aebtissin des Klosters Heidenheim, wo sie im Jahre 779 am 25. Februar starb. Ihre hohe Heiligkeit, ihre grosse Liebe für Arme und Kranke und ihr Eifer für die Verbreitung und Befestigung des Christenthums finden ganz hervorragende Erwähnung, im Uebrigen aber sind uns eingehende Nachrichten über ihr Leben und Wirken nicht erhalten. Die Verehrung dieser Heiligen fand sehr bald durch ganz Deutschland eine grosse Verbreitung und hat sich durch alle Jahrhunderte lebendig erhalten. Eine grosse Zahl von Kirchen wurde ihr geweiht.[3]) — Sie

---

1) Vgl. den thronenden Christus in der Absis der Patrocli-Kirche zu Soest. ALDENKIRCHEN a. a. O. p. 9.

2) In einem Hymnus an den h. Willibald aus dem 12. Jahrhundert (Handschrift in der Trierer Dombibliothek) heisst es: *Duxit una fratrem suum Wunnebaldum dominum nec non patrem, ac sororem Waldburgam sanctissimam, perlustravit loca sancta sub oraculi gratia.* — MONE, Hymni lat. med. aevi, III. p. 561. — MABILLON, Acta S. S. B. III. II. p. 58. Otilo berichtet im Leben des h. Bonifatius, dass auf Bitten desselben: *feminae vero religiosae, matertera scilicet Sancti Lulli, nomine Chunihilt, et filia ejus Berathgit, Cunidrut et Thecla, et Walpurgis soror Willibaldi et Wunnibaldi,* nach Deutschland gekommen seien.

3) MABILLON, Acta S. S. B. Wolfhardus, Vita sctae Walburgis III. II. p. 264. Die Gebeine der h. Walburgis wurden durch den sechsten Bischof von Eichstädt Ottker oder Outkarius gegen Ende des 9. Jahrhunderts (870) von Heidenheim nach Eichstädt in die Kirche zum h. Kreuz übertragen, die später nach ihr genannt wurde. — STAMMINGER, Franconia sancta, I. p. 506 und 514: ein Theil der Reliquien der Heiligen wurde im Jahre 893 in das Kloster zu Monheim übertragen.

4*

gehört zu den wenigen Heiligen des Abendlandes, deren Ueberresten oder deren Sarg ein h. Oel entquillt, was die Legende in der griechischen Kirche von den Ueberresten mancher Heiligen erwähnt, die mit der Gesammtbezeichnung Myroblites [1]), zusammengefasst werden. Daher wurde ihr vielfach eine Flasche (Fiole) als Attribut beigegeben[2]), und ist zu vermuthen, dass sie auch hier in der rechten Hand eine solche gehalten hat.[2]) Ferner wird sie auch bezeichnet mit drei Kornähren (vielleicht in symbolischer Bedeutung[3]) oder mit einer Krone zu ihren Füssen, im Hinweis darauf, dass sie die Tochter eines Königs war, oder endlich mit einem Stabe, als Aebtissin.[5]) — In der linken Hand trug die Heilige ausser dem Buche noch ein in die Höhe ragendes Attribut, vermuthlich eine Palme (als Siegeszeichen), vielleicht aber auch einen Zweig oder Aehren; aus den wenigen Resten ist etwas Bestimmtes nicht mehr zu erkennen. Die auf dem Bilde hergestellten Linien sind zum Theil neueren Ursprungs und bieten daher keinen sicheren Anhalt, begründen aber die Annahme, dass es nicht ein Stab gewesen ist. — Darüber, dass diese Figur die h. Walburgis darstellen soll, ist niemals Zweifel erhoben und dies ist daher um so mehr als sicher anzunehmen, da die Kirche und das Kloster der h. Walburgis geweiht war und die letzten Buchstaben der jetzt noch sichtbaren Namensbezeichnung deutlich als *rgis* zu erkennen sind, auch das dem *r* vorhergehende Zeichen wohl als ein *u* zu deuten ist. —

f) DER H. JOHANNES DER TÄUFER.

An der linken Seite Christi steht zunächst der h. Johannes der Täufer, welcher ungewöhnlicher Weise nicht in härene Kleider oder Thierfelle, sondern in reiche, lange Gewänder gekleidet, aber an dem Lamme, welches er trägt, und an den unbekleideten Füssen bestimmt erkennbar ist.[1])

Der h. Johannes nimmt, sowohl in der Kirche, als auch in der allgemeinen Verehrung und in der christlichen Kunst eine ganz hervorragende Stellung ein, so dass er in den altchristlichen Jahrhunderten mit besonderer Liebe und in mannigfachster Weise dargestellt, und auch eine grosse Zahl von Kirchen und Altären ihm zu Ehren geweiht wurde.[2]) Selbst die bischöfliche Kirche des Papstes, als Bischof von Rom, die erste Kirche der Christenheit, S. Giovanni in Laterano zu Rom, *(mater et caput omnium ecclesiarum)* hatte den h. Johannes zum Patron. Unter allen vom Weibe Geborenen steht keiner höher als er (Lucas VII. 28), und nach den eigenen Worten Christi (Lucas VII. 26) ist er mehr noch als ein Prophet.[8]) Er war von Gott besonders ausgezeichnet und

---

1) CAHIER, Caract. des Saints, p. 128 und 413. — STAMMINGER a. a. O. I. p. 517 auch Elaeophori genannt.

2) Das alte Siegel des Walburgis-Klosters zu Soest zeigt das Brustbild der Heiligen, welche in der einen Hand einen grünen Zweig, und in der andern einen Kelch hält. WILDDIGEN a. a. O. II. p. 281. Vermuthlich soll dies als Kelch angesehene Gefäss eine Fiole darstellen.

3) Auch wurde sie vielfach mit dem h. Richard, dem h. Wunnibald und dem h. Willibald, ihren Brüdern, zusammen dargestellt. CAHIER a. a. O. p. 462, oder auch mit den Aposteln Philippus und Jacobus dem Jüngern und dem h. Sigismund. CAHIER a. a. O. p. 467. — OTTE, Handbuch der christl. Archäologie, II. p. 950. — WESSELY, Iconographie, p. 399.

4) CAHIER a. a. O. p. 373. — WESSELY a. a. O. p. 399. — MENZEL, Symbolik, I. p. 37.

5) CAHIER a. a. O. p. 267 und 403.

6) Eine Handschrift des 14. Jahrhunderts aus dem Kloster Engelberg (MONE, Hymni lat. med. aevi III. p. 39) enthält folgenden Hymnus:

„Alte ad vocem exultavit,	*trinitatis mysterium*
redemtorem nunciavit	*primus tenuit hic omnium*
stantibus in tenebris;	*salvatoris angelus.*
regem coeli baptizavit,	*heremi cultor nobilis,*
agnum dei demonstravit	*camelorum tectus pilis,*
tam propheta celestis.	*verbi vox et bajulus."*

7) Alle Tauf-Kirchen und -Kapellen waren ihm geweiht.

8) Lucas VII. cap. 28: *Inter natos mulierum non surrexit major Johanne Baptista.* — HONORIUS AUGUSTOD., Speculum ecclesiae sagt: *„Ideo ecclesia nullius sancti natalem diem celebrat, praeter diem domini, sanctae Mariae et s. Johannis Baptistae. Johannes quippe, quasi Lucifer oritur, ex quo vicinitas solis noscitur"*; und ferner p. 966: *„Johannes Baptista omnibus sanctis major affirmatur, solis angelis aequiparatur, unde et angelus non immerito appellatur."*

geheiligt [1]), und steht als Vermittler zwischen dem alten und neuen Testamente. Nur die h. Maria [2]) steht ihm voran und mit derselben finden wir ihn in vielfacher Darstellung zunächst dem thronenden Heiland oder dem Weltrichter, fürbittend für die sündige Welt, oder anbetend Gott den Erlöser. — Zwar hält Molanus [3]) eine Darstellung der Fürbitte beim Weltgerichte für unzulässig, da die Zeit der Gnade abgelaufen und somit die Fürbitte nicht berechtigt sei, aber dessungeachtet scheint der Tadel nicht begründet zu sein, da der Gedanke, beim Weltgerichte die der Vollführung der Erlösung durch Christum auf der Erde am nächsten stehenden Personen darzustellen, gewiss ein hoher und schöner ist, und einen geeigneten Hinweis auf die mit der Gerechtigkeit doch auch waltende Barmherzigkeit Gottes in vermittelnder Weise bietet; im Uebrigen können ja auch die beiden Gestalten in der Darstellung als den allmächtigen Gott anbetend und verehrend oder danksagend aufgefasst werden.[4]) Letztere Auffassung wird auch von Molanus als eine zulässige bezeichnet.[5])

Die Gesichtszüge des h. Johannes sind auf dem Antependium, wenn auch entschieden individualisirt, doch herbe und schwer in ihrer Behandlung, die Farbe des Gesichts ist noch dunkler als die bei den andern Heiligen, die Wangen sind stark roth, und die Lippen zinnoberroth; das krause Haar ist, wie der Bart, dunkel. Er trägt ein langes, blassrothes, mit tiefrothen Schatten gezeichnetes Untergewand, welches unten in derselben Weise, wie bei den übrigen Heiligen, mit einem breiten grünen Rande abschliesst, und ein olivengrünes, faltiges Obergewand. Ueber die rechte Schulter fällt noch ein Mantel oder Tuch von blaugrauer Farbe in scharfen, tief und dunkel schattirten Falten herab und bedeckt zum Theil auch die rechte Hand, in welcher er eine Scheibe trägt, die das Lamm Gottes enthält. Der Nimbus ist behandelt wie bei der h. Walburgis, das Lamm Gottes aber scheint ohne Kreuznimbus dargestellt zu sein, eine auffallende Abweichung von der ikonographischen, in jener Zeit überall inne gehaltenen Regel; zwar kann man die Scheibe selbst, oder den gefärbten Rand derselben vielleicht als Nimbus gelten lassen, jedenfalls aber fehlt die Kreuztheilung.

Die ältesten Darstellungen des h. Johannes, von dem Bilde aus den Katakomben des h. Callistus aus dem 2. Jahrhundert (Rossi, Roma Sotterranea pl. XIV) bis zu den verschiedenen Mosaiken in Ravenna und Rom vom 5. bis zum 9. Jahrhundert sind nicht bestimmend für die Entwickelung des Typus und die Festsetzung der Attribute, da sie sämmtlich (etwa mit Ausnahme des Bildes im

---

1) JAC. A. VORAGINE sagt in der Legenda aurea, p. 568: *„Johannes major homine, par angelis, legis summa, evangelii sanctio, apostolorum vox, silentium prophetarum, lucerna mundi, praecursor judicis, totius medius trinitatis."*

2) DURANDUS a. a. O. lib. VII. c. XIII.: *Quia inter natos mulierum non surrexit major Joanne Baptista, merito ecclesia celebrat festum de illo et facit ei duplex festum se. nativitatis et decollationis . . . ., quarto, quia ipse primus annuntiavit gaudia eterna, et ideo dicitur lucifer et turtur. Unde in canticis: vox turturis audita est in terra nostra; et Job, 38. cap.: nunquid duces luciferum in tempore suo; et eius nativitas fuit per Gabrielem nuntiata. Ideo autem Joannes dictus est Lucifer, quia obtulit novum tempus. Et inde est, quod in quibusdam ecclesiis habet missam in novo, quia nativitas fuit quasi aurora; nativitas vero Christi fuit quasi ortus solis.* nr. 4: *fuit enim Joannes quasi lapis angularis, id est. vetus et novum testamentum coniungens, unde tunc magis solemnisatur propter mysterium, quam propter personam ipsam, et quoniam ipse fuit medius inter utramque testamentum, quia fuit finis veteris et initium novi testamenti.* — Auch die Anordnung des Festes der Geburt des h. Johannes zur Zeit des Sommersolstitiums, also des Zurückgehens der Sonne, deutete man symbolisch, als einen Hinweis auf das in ihm repräsentirte Ende des alten Bundes; im Gegensatz hierzu werde das Weihnachtsfest, die Geburt Christi, im Wintersolstitium gefeiert, also mit dem Aufsteigen der Sonne, nämlich der Sonne des neuen Bundes, der Sonne der Gerechtigkeit, des wahren Lichtes. In nativitate Christi dies crescit, in Johannis nativitate dies decrescit. — AUGUSTI, Handbuch der christl. Archäologie I, p. 571. — MENZEL a. a. O. I, p. 446 und 450.

3) MOLANUS, de Pict. et imag. cap. XVI.: *In extremo judicio aliqui apponunt B. Virginem et Joannem Bapt. orantes, quae pingendi ratio videtur sapere Origenicum dogma de salvatione daemoniorum; et directe repugnare illi, quod ex Hieronymo citare se dicit Gratianus: „In praesenti seculo scimus orationibus invicem nos posse juvare: cum autem ante Christi tribunal venerimus, nec Job, nec Daniel, nec Noe rogare poste pro quoquam.* Vgl. AVALA, Pictor christ. III. c. 10 und I. c. 7.

4) MENZEL, Symbolik, I. p. 445. — KREUSER, Der christl. Kirchenbau, p. 56.

5) MOLANUS a. a. O. cap. XVIII.: *Per hoc quod Maria et Baptista flexis genibus pingentur in judicio conscede intelligitur. quod Maria et Baptista et reliqui sancti tunc gratias acturi sint Christo pro adventu regni ejus, et pro aliis innumeris acceptis beneficiis.* — In weiterer Ausführung bemerkt er wiederholt, dass eine solche Darstellung nicht als eine Zustimmung zu den Irrthumern des Origenes angesehen werden solle.

Oratorium des h. Venantius) den Heiligen vorführen, wie er den Heiland im Jordan tauft. Ein besonderes Attribut ist ihm in dieser Zeit daher nicht beigegeben, jedoch kann im Allgemeinen bis zum 10. Jahrhundert schon als Regel gelten, dass der h. Johannes, jugendlich, mit Bart und langem Haar in einer gewissen Aehnlichkeit mit Christus dargestellt, und gekleidet wird in Thierfelle oder in ein härenes, meistens kurzes Gewand von grobem Stoff, mit ledernem Gürtel, in langem, faltigem umgelegten Mantel, oder endlich auch blos mit einem schräg über die Schulter und um den Körper gelegten Tuche, z. B. auf dem Mosaik in S. Giovanni in fonte in Ravenna aus dem 5. Jahrhundert.[1]) Die Gewandung aus grobem Stoff mit ledernem Gürtel entspricht den Worten der h. Schrift, Mathaeus c. III. v. 4: „Johannes aber trug ein Kleid von Kameelhaaren, und einen ledernen Gürtel, um seine Lenden"[2]), und weiset zugleich auf das Leben voll Abtödtung und Busse hin, welches derselbe geführt, und auf seinen langen Aufenthalt in der Wüste.[3] Dagegen wird die Bekleidung durch rohe Thierfelle, wie sie in späterer Zeit beliebt wurde, mit Recht an sich und auch, als den Worten der Bibel nicht entsprechend, getadelt.[4] Vielfach aber erscheint der Heilige auch in einem mit Pelz gefütterten und verbrämten Ueberwurf, welcher bis ungefähr an die Kniee reicht und nach hinten in einer Spitze zuläuft, z. B. auf einer Emailplatte des Altaraufsatzes zu Klosterneuburg von Nikolaus von Verdun 1181, auf welcher der h. Johannes aus einer Fiole Wasser auf das Haupt Christi giesst.[5] Eine ähnliche Art der Bekleidung findet sich auf dem bekannten ehernen Taufbecken in St. Barthélemy zu Lüttich aus dem Anfange des 12. Jahrhunderts[6]), und auf dem Taufstein der Kirche zu Freckenhorst vom Jahre 1129; das Pelzwerk ist flechtenartig verbrämt und ausser diesem spitz zulaufenden Ueberwurf der h. Johannes nicht bekleidet. Auch hier schwillt das Wasser um den in demselben stehenden Heiland herauf und bedeckt einen Theil seines Körpers. — Eine sehr interessante Statue aus der Janskerk zu Utrecht (jetzt im städtischen Museum daselbst) aus dem 11. Jahrhundert stellt den h. Johannes gleichfalls im Pelzgewande dar, welches mit einer geflochtenen Verbrämung, wie bei den zuerst genannten, eingefasst ist und bis über die Kniee reicht; auf der Brust trägt derselbe eine Tafel mit den Worten: „Parate viam domino." Besonders häufig erscheint jedoch der Heilige in früher Zeit, wie es auch hier auf dem Antependium der Fall ist, mit einer Tunika versehen und in lange und reiche Gewandung gehüllt[7]); jedoch bleiben die Füsse, wie schon oben bemerkt, nackt und das Haupt unbedeckt. Das einzige Attribut, welches ihm etwa bis

1) PIPER, Der christl. Bilderkreis. p. 22.

2) MARCUS I. 6: Erat vestitus pilis cameli, et zona pellicea circa lumbos ejus.

3) DURANDUS a. a. O. l. c. 3 und 13: Johannes vero Baptista quandoque depingitur, ut eremita. — Das abgetödtete Leben des Heiligen wird stets besonders hervorgehoben: z. B. sagt der h. Gregor v. Nazianz:

> Melle favum, agresti repulto, tiليque locustis
> Baptismo genitori suaves, textique cameli
> Membra pilis, habitusque domans venabile coelum;
> Atque ita tumens dura corpus dabat igne saperi.

und Paulus Diaconus:

> Antra deserti teneris sub annis,
> Civium turmas fugiens, petisti,
> Ne levi posses maculare vitam
> Crimine lingua.

Vgl. auch AYALA a. a. O. III. c. 6. nr. 3.

4) MOLANUS a. a. O. c. 65.   5) HEIDER und CAMESINA, Der Altaraufsatz zu Klosterneuburg.

6) SCHNAASE a. a. O. IV. p. 672. — CAHIER a. a. O. p. 118.

7) Z. B. auf dem prächtigen Taufstein des Domes zu Hildesheim (KRATZ, Der Dom zu Hildesheim, II. p. 199, und Organ f. christl. K. 1862 p. 280), ebenso in dem sein Leben darstellenden Cyclus von Wandgemälden an der Nordseite des Chores des Domes zu Braunschweig aus dem Ende des 12. Jahrhunderts, und auf einer Emaille des Kreuz-Reliquiariums zu Limburg aus dem 10. Jahrhundert (E. AUS'M WEERTH, Das Siegeskreuz der Kaiser Constantin und Romanus). Auf einer Miniatur des Psalteriums des Landgrafen Hermann von Thüringen (in der K. Handbibliothek zu Stuttgart) zwischen 1190 und 1215 trägt der Heilige, den Heiland taufend, über einem langen, rothen Gewande einen hellblau gefärbten Pelz, und dagegen auf einer Miniatur eines Antiphonariums im Stifte St. Peter zu Salzburg aus dem Ende des 11. Jahrhunderts ein regenbogenfarbiges Thierfell, ohne andere Bekleidung. (Mittheil. der Central-Commission 1869. p. 178). — In den Miniaturen

zum 11. Jahrhundert mehrfach beigegeben wird, ist ein in verschiedener Weise gestaltetes oder geziertes Kreuz[1]), wohl mit Rücksicht auf seine nahen Beziehungen zum Leben und Leiden Christi, oder auf seinen eigenen Tod als Martyrer, oder auch ein langer Stab, oben mit einem kleinen Kreuz versehen, ohne Zweifel eine Andeutung auf seine Stellung als Vorläufer Christi. Auch früh kommt schon ein Rohr, in Veranlassung der Worte Christi (Lucas VII. v. 24), oder ein von Rohr gebildetes Kreuz vor.[?]) In der griechischen Kirche findet man ihn in frühester Zeit wohl mit Flügeln, gewissermassen als Engel gebildet[?]), eine Darstellung, zu welcher die Worte der h. Schrift: Mathaeus XI. v. 10: *„Ecce, mitto angelum meum ante faciem tuam, qui praeparabit viam tuam ante te“*, Veranlassung geboten hatten, die aber dem Abendlande im Allgemeinen fremd geblieben ist. — Noch ist zu erwähnen, dass seit frühester Zeit sich vielfach eine Darstellung des h. Johannes findet, zwar ohne ein besonderes Attribut, aber, abgesehen von der Kleidung, dadurch besonders gekennzeichnet, dass er mit dem Finger zeigt; er weiset, sowohl an sich als der Vorläufer Christi auf diesen hin, als auch geradezu in den Worten der h. Schrift, welche er sprach, als er vor der Taufe den Erlöser kommen sah: *„Ecce agnus dei, ecce, qui tollit peccata mundi“*[4]), und dieser Ausspruch hat wohl die Anregung zu einer solchen Darstellung gegeben, welche auch spät im Mittelalter noch vereinzelt vorkommt. Z. B.: Auf der inneren Seite der Flügel des Genter Altares der Brüder van Eyck[5]) sitzt der h. Johannes an der linken Seite des thronenden Heilandes, trägt ein offenes Buch und hält die rechte Hand mit erhobenem Zeigefinger in auf Christus zeigender Richtung; über eine Bekleidung von Thierfellen ist ein langer und prächtiger Mantel gelegt, der faltig herabfällt.[6])

Seit dem 12. Jahrhundert, vielleicht in einzelnen Fällen, besonders in Miniaturen, auch schon früher, erscheint aber im Anschlusse an die vorhin angeführten Worte bei der Taufe Christi, als allgemeines, und bestimmt charakteristisches Attribut, das Lamm, welches streng stilisirt und durch den Kreuznimbus, oder eine Fahne als Lamm Gottes bezeichnet ist. Eins der ersten bedeutenden Beispiele der Beigabe eines goldnen Lammes in einer Scheibe, welche der Heilige trägt, ist nun gerade unser Antependium; auch der Comte de Grimouard de St. Laurent bemerkt in seiner Ikonographie des h. Johannes[7]) ausdrücklich, dass ihm ein früheres Beispiel nicht bekannt sei. — Seit dieser Zeit, im 13. und 14. Jahrhundert findet sich nun diese Darstellung des Lammes in einer Scheibe

---

des Corvey'er Fraternitätsbuches (im Staats-Archiv zu Münster), kurz nach 1158 gemalt, erscheint der h. Johannes verschiedenartig dargestellt, einmal mit einem Kreuz in der Hand und blos in ein Thierfell gekleidet, dann mit einer Palme, das Thierfell über reiche Gewandung gelegt, und endlich auch mit einer grossen blauen Scheibe, auf welcher das Lamm Gottes mit Kreuznimbus sich befindet.

1) Revue de l'art chrétien X. GRIMOUARD DE ST. LAURENT, De l'iconographie de St. Jean, p. 5 und 103. — MARTIGNY, Dictionaire des antiq. chrét., p. 384. — In S. Giovanni in fonte in Ravenna findet sich in dem Mosaik der Heilige auch mit einem solchen Kreuz.

2) MENZEL, Symbolik, I. p. 445.

3) CAHIER, Caract. des Saints, p. 26. — BORGIA, De Cruce veliterna, cap. 27 p. 100. — Revue de l'art chrét. X. GRIMOUARD a. a. O. p. 20. — SCHÄFER, Handbuch der Malerei vom Berge Athos, p. 103. Z. B. im Kloster Kaïçariani ein Mosaik. — DIDRON a. a. O. p. 48.

4) Johannes I. v. 29. — MOLANUS a. a. O. c. 7.

5) Vgl. CROWE und CAVALCASELLE, Geschichte der altniederländischen Malerei, p. 50.

6) CAHIER, Caract. des Saints, p. 222 gibt an, dass auch eine vierfache Kerze oder leuchtende Fackel *(cierge quadruple, flambeaux ardente et lumineux)* als Attribut vorkomme. Es wird dies jedoch wohl nur in einem ganz vereinzelten Falle nachweisbar sein, kann aber seine Erklärung in den Worten Christi, Johannes c. V. v. 35, finden: „Er war ein brennendes, Licht gebende Leuchte und ihr wolltet frohlocken zur eine Stunde in dessen Lichte.“ Ebenso führt MENZEL, Symbolik, I. p. 515 ein Kreuz von Rohr an, von welchem Licht ausstrahlt.

7) Revue de l'art chrét., GRIMOUARD, p. 14: *„Le plus ancien exemple, que nous en puissions citer est donné au XII. siècle par le devant d'autel primitivement rétable de Ste. Walburge, maintenant au musée épiscopal à Munster.“* Etwas jünger ist die Darstellung des h. Johannes in langem Gewande mit einem eine Fahne haltenden Lamm in einer Scheibe in der Wandmalerei der Absis des Mittelchores der Kirche zu Brauweiler. AUS'M WEERTH, Mittelalterl. Denkmäler des Rheinlandes, p. 7, Taf. XV. und XVI. — In der Absis der Oberkirche zu Schwarz-Rheindorf in langem haarenem Gewande, aber ohne Lamm, (AUS'M WEERTH a. a. O. p. 13 Taf. 33) mit erhobenen Händen.

als Attribut ganz ausserordentlich häufig; um einige Beispiele anzuführen, ist zunächst hinzuweisen auf die Malereien in der nördlichen Seiten-Absis der Kirche zu Methler in Westfalen aus der zweiten Hälfte des 13. Jahrhunderts, in welchen das in der Scheibe befindliche Lamm mit einem Fusse ein Kreuz hält[1]), ferner auf das Antependium aus der Wiesenkirche zu Soest aus dem 14. Jahrhundert, zur Zeit im Museum zu Münster, auf eine Statue an dem Dome zu Chartres aus dem 13. Jahrhundert[2]), und eine solche an der goldnen Pforte zu Freiberg, und auf die Wandmalereien in der Taufkapelle von St. Gereon zu Cöln.

Später legte man das Lamm vielfach auf ein Buch — wohl das mit 7 Siegeln verschlossene, vom Lamm zu öffnende Buch der Apocalypse, — welches der Heilige dann in der Hand hält, z. B. auf dem bereits angeführten herrlichen Altar der Brüder van Eyck zu Gent auf der Aussenseite der Flügel.[3]) Gar bald aber und noch im Laufe des Mittelalters erscheint schon das einfache, naturalisirte Lamm neben dem Heiligen; z. B. steht ein solches Lamm zu den Füssen des Heiligen auf dem Johannesaltar zu Brügge von H. Memlink, der allerdings dem h. Johannes noch einen langen, oben mit einem kleinen Kreuz versehenen Stab gibt. — Allmählich schwand in der Darstellung hier, wie in so vielen anderen Fällen der Ernst und die Strenge der alten Zeit gänzlich[4]), und man vergass völlig, dass der h. Johannes der Vorläufer Christi war, welcher durch ein strenges Leben der Abtödtung auf seine Aufgabe sich vorbereitet hatte und dann als der grosse Prediger in der Wüste die Welt zur Busse aufforderte. Zwar gab man ihm noch ein Kreuz mit Fahne oder Spruchband, aber man stellte ihn dar, als einen anmuthigen Jüngling mit einem Lamme in schöner, waldiger Gegend, oder als Knaben, möglichst wenig bekleidet, mit dem Jesukind oder dem Lamme spielend, oder in ähnlicher Weise. Manche solcher Darstellungen der h. Familie mit den spielenden Kindern sind in einer gewissen harmlosen Frömmigkeit und Naivetät der Auffassung ohne Zweifel von besonderer Schönheit und innerem Werth und verdienen keinen Tadel. Aber bei einer solchen Entwickelung der religiösen Kunst ist eine grosse Gefahr gewiss nicht zu verkennen.[5]) Sobald die naive Frömmigkeit die Darstellung nicht mehr in dem Masse durchweht oder beherrscht, dass dieselbe aus dem gewöhnlichen Leben heraus gehoben und vergeistigt wird, und die religiöse Idee in dem Gegenstande sich als herrschend geltend macht, sobald der Beschauer die Empfindung empfängt, es handle sich zunächst um die Darstellung einer nach den Regeln des Schönen gebildeten und gefällig behandelten Gruppe, die religiöse Idee aber, die den ernsten Inhalt bilden sollte, stelle sich nur als Nebensache dar, oder biete nur eine äussere willkommene Veranlassung zu dieser Darstellung, so hat die religiöse Kunst eine gefährliche Grenze überschritten und eilt ihrem Verfall entgegen.

Zum Schlusse ist noch darauf hinzuweisen, dass bei der grossen Verehrung, welche dem h. Johannes zu allen Zeiten und in allen Ländern zu Theil geworden, das Andenken desselben besonders reich mit frommen Sagen und Legenden umwoben ist, welche grossentheils der innigen und glaubenstreuen Denk- und Fühlweise der frühen Mittelalters entsprossen, dargemäss auch durch zarte Frömmigkeit und besondere Naivetät ausgezeichnet sind. Dieselben bringen den Heiligen in vielfache Beziehung zur Natur, vorzugsweise zur Pflanzenwelt.[6]) und in mannigfache Verbindung mit vielen Sitten und Gebräuchen des Volkslebens, auch mit verschiedenen Volksfesten.[7]) Da jedoch die

1) LÜBKE a. a. O. p. 330. Taf. 30. — NORDHOFF, Kunstdenkmäler des Kreises Hamm. p. 38.
2) DIDRON, Histoire de Dieu, p. 304. Vgl. auch den Mosaik an der Front von S. Paolo fuori le mura zu Rom. NIKOLAI, Basilika di S. Paolo pl. VI.
3) Desgleichen auf einem Altarbilde der Kirche zu Alverskirchen vom Ende des 15. Jahrhunderts, jetzt im Museum zu Münster, und auf einem ebendaselbst befindlichen Altarbilde aus der Walburgis-Kirche zu Soest aus ungefähr derselben Zeit. — Die Darstellung, dass der Heilige sein Haupt auf einer Schüssel trägt, kommt nur vereinzelt vor; dagegen findet sich häufig die Tochter des Herodes, Salome (Herodias) in solcher Weise bezeichnet.
4) DIDRON, Iconogr. chrét. Histoire de Dieu, p. 305.   5) J. J. DE AYALA, Pictor christianus eruditus, VI. c. 12. p. 304.
6) FRIEDREICH, Symbolik und Mythologie der Natur, p. 199 und 241 u. A. — MENZEL, Symbolik, I. p. 449.
7) MENZEL a. a. O. p. 447. — FRIEDREICH a. a. O. p. 64 und 261. — Vgl. DURANDUS a. a. O. VII. cap. 14. — AUGUSTI, Handbuch der christl. Archäologie, I. p. 572.

Darstellung des h. Johannes in der Kunst durch jene Legenden wenig, oder gar nicht berührt wird, so würde es ausserhalb des Bereiches der gegenwärtigen Aufgabe liegen, weiter auf dieselben hier einzugehen. —

g) DER H. AUGUSTINUS.

Links neben dem h. Johannes sehen wir die Gestalt eines Bischofs, welcher ein geschlossenes Buch und einen Stab hält. Das Gesicht desselben von dunkler Färbung ist gleichfalls scharf und herbe gezeichnet und sehr individuell charakterisirt. Haare und Vollbart sind hellgrau, und der Nimbus ist in gleicher Weise gefärbt und gezeichnet, wie bei der h. Walburgis. — Die Tunika des Heiligen ist von weisslich blauer Farbe mit tiefblauen Schatten, und unten, wie bei den übrigen Heiligen, mit einem breiten, grünen Saume versehen. Unter derselben wird ein auf die Füsse in reichem Faltenwurf herabfallendes Untergewand mit bräunlichen Schatten sichtbar, von welchem auch an der linken Hand ein kleiner Theil des Aermels sich zeigt. Ueber die Tunika ist eine blassrothe Casula *(paenula)* gelegt, welche, in der alten Glockenform gebildet[1]), mit den beiden Händen, oder vielmehr Armen aufgehoben wird und neben denselben in reichen tiefrothen Falten, zwischen beiden aber in einem spitzen Zipfel herabfällt[2]); am Hals ist die Casula mit einer Spange in Form eines Dreiblattes geziert. Ueber der Kasel trägt der Heilige das mit drei schwarzen (purpurfarbigen) Kreuzen bezeichnete, um die Schultern gelegte Pallium, welches in einem langen Streifen beinahe bis zu den Füssen herabreicht.

Das Pallium ist im Allgemeinen eine Auszeichnung, welche nur den Erzbischöfen zukommt, jedoch wurde es bereits in früher Zeit ausnahmsweise auch Bischöfen, welche hervorragende Sitze inne hatten, durch besondere Gnade oder als bestimmte Auszeichnung verliehen, z. B. trugen die Bischöfe von Lüttich, früher in Tongern und Maestricht, seit der Zeit des h. Lambertus das Pallium[3]), und ebenso die Bischöfe von Würzburg, Halberstadt, Minden u. a.

Die Entstehung des Palliums reicht in die frühesten Zeiten der Geschichte der Kirche zurück. Im heidnischen Alterthum wurde von den Hohenpriestern und Kaisern ein Schulterkleid getragen, welches nach allen Seiten bis zu den Knöcheln herunter fiel und rund um geschlossen war; wahrscheinlich übertrug man dieses Gewand auf kirchliche höhere Würdenträger,[4]) und bereits zu Constantin's Zeit wird dasselbe bei einzelnen Bischöfen erwähnt[5]). Der Bischof von Ostia, welcher dem Papste die bischöfliche Weihe zu ertheilen das Recht hat, trug bereits im 4. Jahrhundert bei Vornahme dieser kirchlichen Handlung das Pallium. Die Form desselben änderte sich allmälig, ohne dass ein bestimmter Nachweis dafür zu erbringen ist: es bildete sich bald zu einem schmalen, die Schultern umgebenden und früher auf der linken Seite doppelt liegenden Bande aus, welches nach vorn und rückwärts in einem langen Streifen herabreichte und mit einem Kreuze oder später mit vier Kreuzen bezeichnet war.[6]) Bereits im 8. oder 9. Jahrhundert hatte es, wie nach einzelnen Bildwerken anzunehmen ist, ungefähr die jetzt übliche Form, die seitdem sich nur noch wenig verändert hat; es wurde über der *paenula* getragen und auf derselben mit drei Nadeln befestigt.[7]) Mag es

---

1) Bock, Geschichte der liturg. Gewänder, II. p. 190.   2) Casula, inter brachia plicata.
3) Vgl. P. Ch. Cahier, Nouv. mélanges archéolog., II. p. 183.
4) Bock, Geschichte der liturg. Gewänder, I. p. 360 führt die Beziehung des Palliums zu der Bekleidung der jüdischen Hohenpriester aus.
5) Die Legende, dass der h. Marcus das Pallium, welches er als Bischof von Alexandria vom h. Petrus empfangen, dieser Kirche zurückgelassen habe, kann wohl auf historische Wahrheit keinen Anspruch erheben.
6) Auf dem Mosaik des Tricliniums Leo's III. (795—816) am Lateran trägt der h. Petrus ein derartiges Pallium. — Grimouard a. a. O. p. 106. — v. Hefele, Beiträge zur Kirchengeschichte, Archäologie und Liturgik, II. p. 214. — Gretser, De S. Cruce, II. c. 34. p. 452.
7) Bock, Geschichte der liturg. Gewänder, II. p. 186. — Viollet-le-Duc, Dict. du mobil., IV. p. 165.

nun auch in der orientalischen Kirche allgemein von den Bischöfen als ωμοφοριον, Schulter-
gewand, getragen und vielfach von den byzantinischen Kaisern als Auszeichnung Bischöfen
besonders zugetheilt sein, so ist doch ausser Zweifel, dass es in der abendländischen Kirche
vom Papste[1]), der es selbst trug, im Allgemeinen den Erzbischöfen verliehen wurde, und
diesen seit dem 9. Jahrhundert, wie durch das S. ökumenische Concil (zu Constantinopel 869)
bestimmt wurde, die Pflicht oblag, dasselbe vom Papste zu empfangen, vor Inempfangnahme
desselben aber sich jeder Ausübung der Jurisdiction zu enthalten.[2]) Die Bedeutung des
Palliums ist im Anschluss an die symbolischen Beziehungen der Art der Herstellung[3]) sowie
der Weihe desselben vielfach eingehend erörtert[4]); in kurzer Zusammenfassung ist anzuführen,
dass es äusserlich die in der betreffenden Stellung liegende Wichtigkeit der kirchlichen Würde
andeuten soll und ferner einerseits das innige Band mit dem römischen Stuhle versinnbildet,
andererseits erinnernd an das verlorne Schaf, welches der gute Hirt auf den Schultern zurück-
bringt, den Träger auf die Pflicht der Demuth, des Eifers, der Liebe und der Unschuld hinweisen soll, welche sein Amt von ihm erfordert. Noch weiter führt dies G. Durandus im
Rationale officiorum divinorum, die einzelnen Beziehungen berührend, aus, worauf einzugehen
hier wohl zu weit führen würde; nur mag noch unten verzeichnet werden, was er bezüglich
des Stoffes, der vier Kreuze und der drei Nadeln bemerkt.[5])

In der rechten, wie es scheint zusammengelegten Hand trägt der Heilige ein geschlossenes
Buch und in der linken einen blaugrauen Bischofsstab, welcher oben mit einer Kugel als Knopf
(nodus) und mit einem einfach eingekrümmten Haken *(curvatura)* ohne Verzierungen versehen ist.
Dieser obere Theil des Stabes mit Knopf und Krümmung, wie er sich jetzt auf dem Bilde zeigt,
scheint allerdings durch Striche hergestellt zu sein, welche in neuerer Zeit, vermuthlich zur Zeit,
als das Bild in das Museum gelangte, aufgetragen sind. Es ist aber anzunehmen, dass zu jener
Zeit noch leise Spuren der ursprünglichen Gestaltung erkennbar waren, die jetzt nicht mehr vorhanden sind, nach welchen aber die Ergänzung treu erfolgen konnte.[6]) Auch würde diese Form

---

1) HONORIUS AUGUSTODUN., Gemma animae, I. cap. 222: „*Pallium autem a solo apostolico datur, quia haec dignitas a
romano pontifice iure accipitur.*“

2) WETZER und WELTE, Kirchenlexicon. — MARTIGNY, Diction. des antiq. chrét. — Der h. Bonifatius erhielt 732
das Pallium vom Papste Gregor III.

3) Nach ritueller Vorschrift werden die Pallien gefertigt aus der Wolle von Lämmern, welche in S. Agnese fuori
le mura besonders zu diesem Zwecke gepflegt werden. Nach der Anfertigung werden dieselben in der Confessio des h.
Petrus niedergelegt.

4) Vgl. DURANDUS a. a. O. lib. III. c. 17 und lib. III. c. 1. nr. 3: *Episcopus pallium superponit, ut ostendat se imitatorem
Christi, qui languores nostros tulit.*

5) Lib. III. cap. 17. nr. 3: *Nam (ut scriptura testatur) in thesauris sapientiae, significatio disciplinae, in lana quippe
asperitas, in candore benignitas designatur. Nam ecclesiastica disciplina contra rebelles et obstinatos severitatem exercet, sed ergo
poenitentes et humiles exhibet pietatem. Propter quod de lana non cujuslibet animalis, sed ovis damascal efficitur, quae est animal
mansuetum, unde Proph.: languorem ovis ad occisionem ductus est et sicut agnus coram tondente se non aperuit os suum.*

und ferner: *Item fit de vili materia, scilicet lana, et habent pretium non a se, sed ab eo, quod significatur in se, ut
non oculis, sed menti spectabile sit, ut non ad ornandum, sed ad significandum indui intelligatur.*

nr. 4: *Circulus pallei, per quem humeri constringuntur, est timor domini, per quem opera exercentur, ne vel ad illicita
defluant, vel ad superflua eloxcatur, quoniam disciplina sinistram cohibet ab illicitis, formidine poenae; dextram vero temperat a
superfluis iustitiae amor.*

nr. 8: *Quatuor cruces purpureas sunt quatuor virtutes politicae, scilicet institia, fortitudo, temperantia et prudentia, quae,
nisi in crucis Christi sanguine purpurentur, falsum sibi nomen virtutis usurpant, et ad veram beatitudinis gloriam non perducunt.*

nr. 9: *Tres autem acus in pallio insignantur, scilicet ante pectus et super sinistrum humerum et post tergum.... Possumus
tamen per tres acus, fidem, spem et charitatem intelligere, sine quibus pallium ab episopo rite teneri non potest.*

nr. 10: *Acus vero aurea esse debet; sed inferius est acuta, et superius rotunda, lapidem continens pretiosum, quia
nimirum bonus pastor propter curam ovium in terris affligitur, sed in coelis coronabitur, ubi illam pretiosam margaritam habebit,
de qua dominus inquit in evangelio* (Matth. c. 13).

Vgl. auch: HONORIUS AUG. a. a. O. I. cap. 222, und ferner von demselben Verfasser: Sacramentarium cap. 27.

6) Auf der Nachbildung Tafel I. sind diese Ergänzungen, sowie alle als neu erkennbaren Striche fortgelassen.

des Stabes in so einfacher Behandlung dem Ende des 12. Jahrhunderts durchaus entsprechend[1]), während schon im 13. Jahrhundert andere Formen und gewisse Verzierungen als Regel eintreten. Die Krümmung des Hakens müsste der liturgischen Regel folgend nach Aussen gerichtet sein[2]), ist aber hier, wie es sich allerdings mannigfach findet, nach Innen gewendet, vielleicht in Berücksichtigung der räumlichen Verhältnisse. —

Wenn es auch wohl nicht zweifelhaft ist, dass die Bischöfe seit der frühesten Zeit einen Stab geführt haben, so war doch eine feststehende oder allgemeine Norm bezüglich desselben nicht vorhanden; der Stab hatte einen langen Schaft, im Uebrigen aber war die Form des Stabes, und insbesondere die Bildung des oberen Theiles desselben durchaus verschieden. Die bildlichen Darstellungen der ältesten Zeit zeigen dies hinreichend, jedoch ist hierbei in Betracht zu ziehen, dass es in manchen Fällen sehr zweifelhaft erscheint, ob ein besonders geformter Stab, den eine dargestellte Person trägt, auch in der That gerade die bischöfliche Würde bezeichnen, also ein Bischofsstab sein soll.[3]) In den ersten Jahrhunderten finden sich nun bischöfliche Stäbe, welche oben mit einem kleinen Kreuz oder mit einem Knopf besetzt sind[4]), und andere, deren oberer Theil in einer kleinen Umbiegung, nach Art der Stäbe der Hirten des Orients[5]); oder in einer Krücke, in einem kleinen Querbalken endigt, dessen äussere Enden oft nach unten gebogen und mannigfach verziert sind.[6]) Diese letztere Form, welche im Abendlande überhaupt nur selten vorkommt, und im 12. Jahrhundert wohl schon gänzlich aus dem Gebrauch geschwunden war[7]), hat sich in der morgenländischen Kirche erhalten, allerdings mit erheblichen Modifikationen. In der lateinischen Kirche wurde dagegen die Form mit dem oberen umgebogenen Theil weiter entwickelt, und war mindestens seit dem 11. Jahrhundert bereits die allgemein übliche; die Krümmung wurde stärker eingebogen und am Ende des Schaftes, unter den gekrümmten, oberen Theil, ein Knopf, eine Kugel eingesetzt, welche als ein wesentlicher Bestandtheil galt. Die Art der Ausführung dieser einzelnen Theile und der Verzierung derselben wechselte demnächst mit den Formen des herrschenden Stiles. —

Der Stab hatte schon bei den Völkern des heidnischen Alterthums die symbolische Bedeutung der Macht, der Herrschaft, und derjenige, der ihn führte, galt als mit einer besonderen Gewalt oder Würde ausgestattet. Diese Idee behielt auch alle Jahrhunderte hindurch ihre Geltung, bis zur Gegenwart hin. Daher das Scepter der Könige und Herrscher, die Stäbe der Herolde, Marschälle oder Richter u. dergl.[8]) Dieser Auffassung entsprechend ist der bischöfliche Stab, *pedum pastorale (ferula, baculus past.)*, daher das Zeichen der

---

1) Vgl. die Stäbe der h. Bonifatius, Liborius und Remaclus in dem unten (nr. 7) bezeichneten Corvey'er Manuscript

2) Bock, Die liturg. Gewänder, II. p. 230.

3) Vgl. die umfassende Abhandlung bei Cahier und Martin, Mélang. d. archéol., IV. p. 161 u. ff. Siehe dort die bildl. Darstellungen aus den Katakomben.

4) Der in dem Domschatz zu Limburg beziehungsweise zu Cöln befindliche Stab des h. Petrus, welchen derselbe der Legende nach dem h. Eucharius, dem ersten Bischofe von Trier sandte, als er ihn mit den heiligen Valerius und Maternus beauftragt hatte, den Germanen das Evangelium zu predigen, hatte oben einen runden Knopf. Eine kritische Beleuchtung dieser Legende gibt Kraus, Beiträge zur trier'schen Archäologie, der h. Nagel zu Trier, p. 117 u. ff. — Vgl. auch E. aus'm Weerth, Das Siegeskreuz der Kaiser Constantin und Romanus, p. 15.

5) Vgl. Mittheilungen der K. K. Centralkommission, Neue Folge III, Stab im Schatze der Marcus-Kirche zu Venedig. Auch Cahier et Martin a. a. O. p. 164, Stab in Montreuil-sur-mer.

6) Dr. K. Lind, Ueber den Krummstab. Archäolog. Skizze, p. 32. Krückstab im Schatze des Benedictiner-Stiftes St. Peter in Salzburg, angeblich vom h. Rupertus. — Bock, Das h. Cöln, Stab des h. Heribertus zu Deutz aus dem 10. Jahrhundert. Taf. 23. nr. 85, und aus'm Weerth a. a. O. III. p. 7. Taf. 42. — Cahier et Martin a. a. O. IV. p. 177.

7) Auf einer Miniatur des Fraternitäts-Buches des Klosters Corvey, jetzt im Staats-Archiv zu Münster, kurz nach der Mitte des 12. Jahrhunderts gemalt, trägt der h. Ludgerus einen goldnen Bischofsstab in Kruckenform.

8) Kreuser, Der christl. Kirchenbau, II. p. 223.

priesterlichen Gewalt[1]) und des Amtes, als Hirt die Seelen zu führen, und in solchem Sinne sagt der Bischof, wenn er die bischöfliche Weihe ertheilt, dem zu Weihenden: *Accipe baculum pastoralis officii, ut sis in corrigendis vitiis pie saeviens, judicium sine ira tenens, in fovendis virtutibus auditorum animos demulcens, in tranquillitate severitatis censuram non deserens.* Hierbei bemerkt Durandus a. a. O.: *Virga igitur pastoralis, potestas intelligitur sacerdotalis, quam Christus ei contulit, quando apostolos ad praedicandum misit praecipiens eis, ut baculos tollerent, et Moses cum virga missus est in Egyptum.*

Wie man seit dem Ende des 11. Jahrhunderts der Einrichtung der kirchlichen Gebäude, den kirchlichen Geräthen und Paramenten und allen dem Kirchendienst gewidmeten Gegenständen, je nachdem in den liturgischen Handlungen selbst, und in ihrer Erklärung und Bedeutung ein Anhalt gefunden wurde, eine bestimmte Symbolik beizulegen sich bemühte, und dieselbe oft sehr tiefsinnig und durchaus zutreffend erfasste, oft aber auch in Gedanken und Betrachtungen sich erging, die fern lagen, oder gesucht erscheinen müssen, so ist dies auch bezüglich des *baculus pastoralis* und auch aller einzelnen Theile desselben *(curvatura, nodus, acus)* der Fall gewesen[2]; auch sowohl das Material und die Verzierung derselben, wie die Verbindung der einzelnen wesentlichen Theile bot hier Anlass zu solchen Erwägungen. Für die Art und die Richtung, in welcher dies geschehen, mag die unten angegebene Ausführung des Honorius Augustodunensis (Honoré d'Autun) in der *Gemma animae* lib. I[3]) aus der Mitte des 12. Jahrhunderts als Beispiel dienen, welche sich in gewisser Weise an die angeführten, bei der Weihe rituell vorgeschriebenen Worte anschliesst. Wie aber diese Auffassungen auch dem praktischen Leben in der Kirche nicht fern lagen, zeigt wohl die Inschrift des Stabes des Bischofs Otto's I. von Hildesheim aus dem 13. Jahrhundert, welche lautet:

„*Collige sustenta, stimula vaga, morbida lenta, Collige per summum, medio rege, punge per imum.*"[4])

Endlich ist noch zu erwähnen, dass an dem Stabe vielfach ein kleines Tuch von dünnem Stoff sich befand, welches an der Curvatura oder dem nodus in der Weise mit einer besonderen, in der Regel reich verzierten Vorrichtung befestigt war, dass es leicht abgenommen werden konnte. Es wurde *orarium* oder *velum*, meistens aber *sudarium* oder *panisellus* genannt und diente, nicht, wie wohl behauptet worden, zum Schutze der Hand gegen die Kälte des Metalles des Stabes, sondern als Schweisstuch für den Bischof bei kirchlichen Handlungen. In Veranlassung der Beschlüsse einer Synode zu Mailand am Ende des 16. Jahrhunderts: „*sudario non ornatus (baculus), sc. episcopalis est, quo insigni abbatialis ab illo distinguitur*" ist vielfach angenommen worden, das *sudarium* finde sich nur an den Stäben

---

1) DURANDUS a. a. O. lib. III. c. 1: *Episcopus baculum (sc. accipit,) id est auctoritatem potestatis et doctrinae.*

2) K. LIND a. a. O. p. 8 u. ff. — DURANDUS a. a. O. III. c. 15.

3) Gemma animae lib. I. Migné, Patrologiae tom. CLXXII. p. 610. c. 218: *Per baculum, quo infirmi sustentantur, auctoritas doctrinae designatur. Per virgam, qua improbi emendantur, potestas regiminis figuratur. Baculum ergo pontifices portant, ut infirmos in fide per doctrinam erigant; quae virga, vel baculus est recurvus, ut aberrantes e grege, doceudo ad poenitentiam trahat; in extremo est acutus, ut rebellos excommunicando retrudat, haereticos velut lupos ab ovili Christi potestative exterreat.* cap. 219: *Hic baculus ex osse et ligno efficitur, crystallina vel deaurata sphaerula conjunguntur, in supremo capite insignitur, in extremo ferro acuitur. Per durum ex duritie legis, per lignum mansuetudo Evangelii insinuatur; per germanam sphaerulae divinitas Christi, per supremum caput regnum coelorum, per extremum ferrum ultimum judicium denotatur.* cap. 220: *Per sphaerulam enim dilectio intelligitur, qua severitas vel lenitas pontificis complectitur. Oportet enim, ut doctrina episcopi ex utraque lege sic dilectione copuletur, ut ecclesiam Christo conjungere per charitatem cogatur.* Dann bemerkt er noch unter Erläuterung der nahe liegenden Bedeutung, dass in die curvatura eingeschrieben sei: „*Dum iratus fueris, misericordiae recordaberis*" auf die Sphaerula: „*Homo, quatenus te hominum memoreris*", und auf das Eisen der Spitze: „*Feri*".

4) KRATZ, Dom zu Hildesheim, II. p. 85. Taf. 8. An dem Stabe des h. Bernward, Bischofs von Hildesheim († 1022), befindet sich die Inschrift: „*Collige per summum, medio rege, punge per imum*".

der Aebte und Aebtissinnen.[1]) Dies ist jedoch allgemein als Regel nicht aufzustellen, und die bildlichen Darstellungen widersprechen häufig dieser Annahme. Mit dem 16. Jahrhundert verschwindet im Allgemeinen dieses *sudarium*.[2])

Die Mitra des Heiligen von weisslicher Farbe ist der Form der Zeit entsprechend einfach zugespitzt und mit Stirnband *(circulus)* und aufrechten Streifen *(titulus)* versehen, welche, wie es scheint, von grauer Farbe und mit Edelsteinschmuck bezeichnet waren. Die Zuspitzung der Mitra beginnt, ohne Erweiterung der letzteren, sofort vom Stirnbande an, wie solches im 12. Jahrhundert gebräuchlich war, während im 13. Jahrhundert bereits die Mitra eine breitere Form erhält und nach den Seiten ausladet; auch pflegt die Zuspitzung nicht mehr am Stirnbande, sondern mehr oberhalb desselben zu beginnen.

Die mit zwei Spitzen (vorwärts und rückwärts[3]) zugespitzte Mitra wurde im 11. Jahrhundert als römische bischöfliche Kopfbedeckung allgemeiner verbreitet[4]), und eine solche Form in der abendländischen Kirche seit dieser Zeit im Wesentlichen beibehalten, wenn freilich auch die Höhe, die Weite und der Schnitt derselben, ebenso wie die Verzierungen in den verschiedenen Jahrhunderten gewechselt haben. Vor dem 11. Jahrhundert dagegen zeigt sich nach Zeiten und Ländern, von der einfachen Stirnbinde, die an die priesterliche Kleidung des alten Testaments anzuschliessen scheint, oder von dem *sertum* des h. Ambrosius, bis zu der runden *(corona)*, oder der hohen zugespitzten, oder niedrigen zweizackigen Kopfbedeckung[4]) hin, wie wir sie in einzelnen bildlichen Darstellungen der früheren Zeit antreffen, eine grosse Verschiedenheit.[5])

Mit der Mitra als der bestimmten Kopfbedeckung des Bischofs[6]), welche er bei vielen kirchlichen Amtshandlungen zu tragen verpflichtet ist, sind gleichfalls mancherlei symbolische Beziehungen verknüpft; in Erinnerung an die beiden cornua des Moyses, als er auf dem Sinai die Gesetzestafeln empfangen hatte, bezog man die beiden Spitzen (cornua) der Mitra auf die beiden Testamente und die dem Bischof nothwendig innewohnende Kenntniss derselben, und fand in der Farbe und Form der Kopfbedeckung den Hinweis auf verschiedene Tugenden, auf hervorragende theologische Wissenschaft und endlich auf die Krone des ewigen Lebens, welche zu erlangen der Bischof bestrebt sein solle. Einige Bemerkungen des Durandus mögen hier unten Platz finden.[7]) —

Auf dem Antependium ist auf der linken Schulter ein Theil des einen der Bänder *(stolae, fanones, pendilia)* der Mitra sichtbar.

---

1) MOLANUS a. a. O. cap. 41 tritt dieser Auffassung bei.   2) BOCK, Die liturg. Gewänder, II. p. 228.

3) v. HEFELE, Beiträge zur Kirchengeschichte, Archäolog. etc. II. p. 223. — OTTE, Handbuch der Kunstarchäologie, II. p. 853. — J. J. DF AVALA, Pictor christ. erud. VI. cap. 7. p. 276. — BOROLA, De cruce veliterna cap. 21. p. 72. — REUSENS a. a. O. I. p. 440.

4) BOCK, Geschichte der liturg. Gewänder, II. p. 148 u. ff. — VIOLLET-LE-DUC, Diction. d. mob., IV. p. 138.

5) Die niedrige zweizackige Mitra findet sich im 12. Jahrhundert häufig in den Miniaturen. Z. B. in dem schon mehrfach genannten Fraternitätsbuch aus Corvey bei den Heiligen Bonifatius, Liborius, Remaclus u. A. Der h. Petrus erscheint dort auch einmal mit einer niedrigen, einfach zugespitzten Kopfbedeckung.

6) Ueber die vier wesentlichen Bestandtheile der Mitra, wie sie im 12. Jahrhundert bereits als feststehend anzusehen sind, vgl. BOCK a. a. O. p. 164.

7) G. DURANDUS a. a. O. lib. III. cap. XIII. nr. 2: *Mitra autem scientiam utriusque testamenti designat: Duo namque illius cornua, duo sunt testamenta, anterius scirum, posterius vetus, quae duo episcopus memoriter debet scire, et illis, tanquam duplici cornu fidei inimicos ferire. Videri debet quidem subditis episcopus cornutus, sicut et Moses de monte Sinai descendens, et duas tabulas testimonii tenens, apparebit cornutus.* nr. 5: *Mitra etiam, quia quandoque linea est et alba castitatis candorem, munditiamque significat. Unde hoc ornamentum multum capiti necessarium erat, in quo quinque sensus corporis vigent, quibus corruptis facile castitas violatur. Duo cornua sunt duo charitatis praecepta. Pontifex igitur mitram accipit intelligens, quod quinque sensus a mundi illecebris custodire debet, ut duorum testamentorum praecepto servet, et duo charitatis praecepto compleat, ut coronam percipere mereatur aeternam.* nr. 4: *Non incompetenter etiam mitra, quae in altum de sui forma producitur, altitudinem sapientiae designat; debet enim episcopus sic subditos scientia excellere, ut ipsius comparatione caeteri merito grex dicantur.*

lib. 1. c. 1. nr. 3: *Episcopus mitram (sc. sibi imponit) ut sic agat, quod coronam mereatur percipere aeternam.* — Aehnliche Ausführungen sind auch enthalten in der Gemma animae des Honorius Augustod. cap. 214, und gleichfalls bei MOLANUS a. a. O. cap. 41, welcher zugleich auf die bei der Bischofsweihe vorgeschriebenen Worte Bezug nimmt.

Die Namensbezeichnung, welche sich neben der Figur des Heiligen vorfand, ist leider nicht mehr zu sehen; jedoch scheint es, als ob in den spärlichen Resten die Schlussbuchstaben des Namens sich als *NVS* entziffern liessen.

Es ist mehrfach die Vermuthung ausgesprochen, es sei hier nicht der h. Augustinus dargestellt, sondern der h. Bonifatius, dessen Attribut in der Regel, anschliessend an die Legende, ein von einem Schwerte durchbohrtes Buch oder auch wohl eine Axt bildet.[1] Für diese Auffassung wird insbesondere auch die Verwandtschaft des h. Bonifatius mit der h. Walburgis angeführt, welche sich gleichfalls auf dem Antependium befindet. Aber abgesehen von dem Fehlen des Schwertes[2] scheint doch die nächstliegende Deutung hier für den h. Augustinus zu sprechen, als den Patron des Ordens der Klosterfrauen, für deren Kirche das Antependium gemalt wurde; und hieran schliesst sich das weitere Moment, dass er gerade der h. Walburgis, der Patronin der Klosterkirche, gegenüber gestellt ist. Zudem wird der h. Augustinus, namentlich in früher Zeit mehrfach mit Buch und Bischofsstab und ohne das flammende[3] oder von einem Pfeile durchbohrte Herz dargestellt[4], während die Bezeichnung mit dem schöpfenden Engel erst in viel späterer Zeit vorkommt.[5] Gegenüber den Beziehungen auf den Patron des Ordens und auf die Patronin der Klosterkirche und des Klosters kann es wohl nicht bezweifelt werden, dass hier der h. Augustinus zu erkennen ist, und es ist im Allgemeinen auch diese Annahme geltend gewesen. So bei Lübke u. A. Wenn Didron[6] bemerkt, der dargestellte Bischof müsse der h. Bonifatius sein, als Zeitgenosse und Verwandter der h. Walburgis, mit welcher er vieles zur Bekehrung Deutschlands gewirkt habe, so kann dieser Vermuthung in Betracht der angeführten besonderen Gründe, die für den h. Augustinus sprechen, eine weitere Bedeutung nicht beigemessen werden; noch weniger Gewicht wird der Annahme A. de Caumont's[7], dass ein h. Erzbischof der Erzdiöcese Cöln dargestellt sei, oder der Bemerkung Becker's[8], der in der Gestalt des Bischofs den h. Nikolaus erkennen will, zuzuweisen sein, da für die erstere Annahme nur anzuführen ist, dass Soest zu jener Zeit zur Erzdiöcese Cöln gehörte, für die letztere aber jegliche Begründung fehlt; wohl steht derselben jedoch entgegen, dass dem h. Nikolaus von Myra, der als Patron der Kaufleute und Seefahrer in allen Handel treibenden Städten besondere Verehrung genoss, und in der frühmittelalterlichen Kunst sich sehr vielfach dargestellt findet (auch in Soest in der ihm geweihten Kapelle), stets andere Attribute beigegeben werden.

Endlich aber ist noch hervorzuheben, dass das Vorhandensein des erzbischöflichen Palliums, während der h. Augustinus Bischof von Hippo, und nicht Erzbischof war, eine entgegenstehende Folgerung nicht begründen kann. Nicht blos trugen, wie oben ausgeführt, viele Bischöfe hervor-

---

1) Wessely a. a. O. p. 107. — Menzel, Christl. Symbolik, I. p. 159.

2) Jedoch auch schon in früher Zeit findet man Darstellungen des h. Bonifatius ohne Schwert, blos mit Buch und Bischofsstab. Vgl. Superhumerale (rationale) zu Eichstedt (einem vom h. Bonifatius gestifteten Bischofssitze), auf welchem er in trefflicher Stickerei dem h. Willibald gegenüber gestellt ist. — Cahier, Nouv. mélanges d'archéologie, II. p. 184.

3) J. J. de Ayala a. a. O. VII. c. 6, p. 342. Bezüglich des in Liebe zu Gott flammenden Herzens. *Quare Augustini portatis imago, ubicumque celebrata, et, quae mihi magis arridet, ea est, ubi describitur consuetis ornamentis, altera manu gerens cor flagrans, multisque ignitum flammis, vulneratum etiam amoris et charitatis jaculis: altera vero, hoc est dextra, teneas pennam illam, quam non secus ac gladium aut fulmen strinxit, in haereticos simulque in Dei gloriam atque amorem tuam dextram commovit.* — Menzel, Symbolik, I. p. 492.

4) Wessely a. a. O. p. 88. — Cahier, Caract. des Saints, p. 236, 240, 252. Das flammende oder von einem Pfeile durchbohrte Herz als ein Zeichen seiner grossen Liebe zu Gott steht wohl in Beziehung zu seinen Worten Confess. IX. 2: *Sagittaveris tu cor nostrum charitate tua et gestabamus verba tua transfixa visceribus.* — Auch wird er mannigfach gemeinsam dargestellt mit dem h. Ambrosius, welcher ihn unterrichtet und getauft hatte, insbesondere mit Beziehung auf das bei der Taufe der Ueberlieferung nach von den beiden Heiligen gemeinschaftlich verfasste Te Deum. — Cahier a. a. O. p. 454.

5) Auf einem Antependium aus der Wiesenkirche zu Soest (jetzt in Münster) aus dem 14. Jahrhundert ist dem h. Augustinus ein Buch und ein Herz beigegeben, welches aber nicht von einem Pfeile durchbohrt ist.

6) Ann. archéolog. t. XVII. p. 180.

7) Abécédaire d'archéologie, I. p. 298. — Bulletin Monumental (p. A. de Caumont). Notice sur un devant d'autel p. Msgr. J. G. Müller, Evêque de Münster, tom XVIII. 1852. p. 280.

8) Kugler's Museum, III. p. 374.

ragender Sitze das Pallium, sondern es lag anderseits auch nahe, dass einem Heiligen, der mit den Heiligen Hieronymus, Gregor und Ambrosius die hohe Ehrenstellung eines Kirchenvaters der lateinischen Kirche einnimmt, auch eine besondere äussere Auszeichnung und Ehre in der bildlichen Darstellung zugewiesen wurde. —

4. SCHLUSSBEMERKUNGEN.

Die Eintheilung der Tafel in drei Abtheilungen, die Anordnung des thronenden Heilandes in dem Vierpass, wie auch der vier Heiligen zwischen den Säulen in den Rundbogenfeldern, und die Ornamentirung aller einzelnen Theile ist, wie besonders bemerkt werden muss, als eine durchaus zweckentsprechende, zugleich aber künstlerisch schöne anzusehen, und zwar in solchem Maasse, dass die Grundlagen der Eintheilung und Ausschmückung als mustergültige gelten, und auch jetzt noch im Allgemeinen den Künstlern bei ähnlichen Aufgaben als Anhalt dienen können.

Nach dieser spezialisirten Beschreibung der kunstreichen Tafel ist noch in einigen Worten auf die schon bezeichnete Annahme über das Alter zurückzukommen, dass nämlich dieselbe noch im 12. Jahrhundert, entweder gegen 1165, oder spätestens in den letzten Decennien des Jahrhunderts geschaffen worden sei.

Da die alte Walburgiskirche im Jahre 1165 unter Erzbischof Reinald von Dassel vollendet und von ihm reich ausgestattet und dotirt wurde, so spricht daher schon die Vermuthung dafür, dass dieser hervorragende Schmuck des Hauptaltares derselben zu gleicher Zeit, oder doch in unmittelbarem Anschluss an die Vollendung des Baues dem Altare eingefügt worden ist. Urkundliches Material ist nicht vorzuführen, die Behandlung aber der Darstellung an sich, sowohl der figürlichen Theile, als der Ornamente in ihrer strengen Stilisirung weiset mit Entschiedenheit auf den Schluss des 12. Jahrhunderts hin.[1] Insbesondere die Ornamentirung des Randes durch romanische Doppelblätter, und die Architekturornamente in den Bogenzwickeln sind in Farbe und Zeichnung so streng romanisch stilisirt, dass auch eine leise Andeutung an die späteren romanischen Formen des 13. Jahrhunderts sich nicht zeigt. Ebenso bezeichnend für die Zeit ist die Behandlung der Basen in der Form umgekehrter Würfelkapitäle und der Kapitäle der Säulen in abgeschrägter Becherform mit strengem aufrechten Blattschmuck. Nicht minder streng sind die Figuren behandelt; die Gewandung schliesst sich streng an die Bewegung des Körpers an mit schmalen, scharfen Falten, die vielfach nahe aneinander laufen und in der Farbe mehr durch tiefgefärbte Striche gezeichnet, als in abgetonter Farbengebung gemalt sind. Auch fehlen noch gänzlich die willkürlichen bauschigen Falten und Zipfel in der Gewandung, welche sich den Körperformen nicht anschliessen und im 13. Jahrhundert mit dem Herannahen des Uebergehens zum gothischen Stil überall sich bemerklich machen. Der breite mit Edelsteinverzierung belegte untere Saum der Gewänder schneidet auch noch in gerader Linie ab, ohne sich nach den Falten derselben zu biegen und zu richten, ein Mangel der Behandlung, der in den Malereien des 13. Jahrhunderts selten und in der Regel nur dann vorkommt, wenn das Gewand selbst, wie z. B. eine Dalmatika beim h. Laurentius, ohne Falten herabfällt. — Endlich spricht aber der Vergleich mit andern Schöpfungen der Malerei zu Soest ganz entschieden für das bezeichnete Alter; namentlich die Wandmalereien der Chor-Absis der Patroklikirche[2], welche für das Jahr 1166 datirt sind, lassen mit Bestimmtheit erkennen, dass die Tafel ungefähr derselben Zeit entstammen muss. Die grossartige und edle Auffassung, die statuarische Behandlung der Gestalten,

---

1) Vgl. auch Didron, Annal. archéol., t. XVII. p. 180. — Bulletin Monumental p. A. de Caumont. t. XVIII. 1852. p. 276.
2) Lübke a. a. O. p. 321. — Aldenkirchen a. a. O. p. 8. Taf. Ia und Ib. — Nordhoff a. a. O. p. 113.

die schwere und herbe Art der Zeichnung der Gesichtszüge und des Faltenwurfes weisen auf dieselbe Zeit und Entwickelung der Kunst hin und dies um so mehr, da anzunehmen ist, dass man bei
einem Tafelgemälde auch wohl schon in jener Zeit eher eine leichtere oder feinere Behandlung eintreten zu lassen geneigt war, als bei der Wandmalerei der grossen Absis der Patroklikirche mit
ihren grossartigen Gestalten. Noch unzweifelhafter wird aber die Frage der Zeit der Entstehung,
wenn man die weitere Entwickelung der Malerei in Soest in Betracht zieht. Nicht blos die erheblich späteren, leider zu stark restaurirten Malereien im Marienchor der Patroklikirche,[1] sondern
vorzugsweise auch die der ersten Hälfte des 13. Jahrhunderts angehörenden Malereien in der Nikolai-
Kapelle[2] und ferner auch die noch späteren Wandmalereien der Kirche zu Methler[3] bekunden
bereits in der unzweifelhaftesten Weise eine spätere Zeit, in welcher schon eine weitere Entwickelung
in der Zeichnung der Gestalten und in der Gewandung, wie auch in der Ornamentirung eingetreten
war. Die ganze Auffassung und Formengebung ist freier, die Bewegung der Gestalten lebendiger
und insbesondere in der Nikolai-Kapelle zeigt sich bereits in der Gewandung eine gewisse Unruhe
mit willkürlichen Querfalten und Zipfeln, die die Vorbereitung zum Beginne der gothischen Stilweise
fühlen lässt. —

Es dürfte daher unseres Erachtens keinem Zweifel mehr unterliegen, dass wir in diesem
Antependium ein altehrwürdiges Werk des Endes des 12. Jahrhunderts vor uns sehen, welches für
die derzeitige hohe Entwickelung der Malerei in Westfalen ein glänzendes Zeugniss gibt, und
welchem nach seinem Alter als Tafelgemälde in Deutschland Nichts an die Seite gesetzt werden kann.

1) LÜBKE a. a. O. p. 322.   ALDENKIRCHEN a. a. O. p. 7. — KAISER a. a. O. p. 15.
2) LÜBKE a. a. O. p. 322. — ALDENKIRCHEN a. a. O. p. 17.   NORDHOFF a. a. O. p. 113. — Organ für christl.
Kunst 1861, p. 266. — KAISER a. a. O. p. 44.
3) LÜBKE a. a. O. p. 327. — NORDHOFF, Denkmale des Kreises Hamm, p. 38. Im Organ für christl. Kunst 1851
p. 62 werden diese Malereien durchaus irrthümlich noch dem 12. Jahrhundert zugeschrieben.

II.

DAS RETABULUM DER KIRCHE DER H. MARIA ZUR WIESE IN SOEST.

„Die Religion ist die Seele der Kunst."

F. v. Lassaulx.

Tafel III.

1. EINLEITUNG.

Dieses Tafelgemälde steht dem zuvor unter nr. I. eingehend beschriebenen Antependium der Walburgiskirche im Alter nahe, aber an malerischer Bedeutung und künstlerischem Werth wohl noch voran; es stammt gleichfalls aus Soest, und zwar aus der Marienkirche zur Wiese und befindet sich zur Zeit im Königl. Museum zu Berlin (nr. 1216 A.). Urkundliche oder andere Nachrichten über die Zeit seiner Entstehung sind nicht vorhanden, nach der Art der Behandlung und den stilistischen Kennzeichen ist es aber, wie auch von F. v. Quast, und gewiss mit Recht, geschehen, den ersten Decennien des 13. Jahrhunderts zuzuschreiben; in den amtlichen Berichten der Königl. Kunstsammlungen zu Berlin (Heft 2 und 3 vom Juli 1880 pag. XXIII) wird die Zeit vom Jahr 1200 bis 1230 angenommen; die Bestimmung des Alters ist unzweifelhaft richtig, danach wird die Bezeichnung desselben, als des ältesten Tafelgemäldes, der allerdings ein ? beigefügt ist, aber mit Rücksicht auf das unter nr. I. behandelte Antependium zu rektificiren sein.

Wenn auch zunächst für ein Antependium gehalten, vielleicht auch einmal zeitweise als solches benutzt, ergibt doch die Form desselben mit den aufstehenden Spitzen, den Ausschnitten und der mittleren Rundung am oberen Rande, welche an die Form eines geöffneten Triptychons erinnern, dass es ursprünglich nicht zu diesem Zweck bestimmt worden, sondern als ein Altaraufsatz, ein superfrontale gefertigt ist. Darf es schon im Allgemeinen als Tafelgemälde aus dieser frühen Zeit ein hervorragendes Interesse in Anspruch nehmen, so gewinnt es aber noch um so höheren Werth, als ein gemalter Altaraufsatz aus dieser Zeit im Uebrigen nicht vorhanden ist, und als ferner auch die künstlerische Ausführung, die Eintheilung und Behandlung desselben an sich in hohen Grade bedeutsam erscheint. Daher wird es begründet sein, hier noch eine eingehende Beschreibung nebst einer Nachbildung zu liefern, obschon bereits die Zeitschrift f. christl. Archäologie vom Jahre 1858 Bd. II, p. 281, (F. v. Quast) und die Denkmale deutscher Kunst Bd. VIII. Abth. III, p. I (Förster) dasselbe besprochen, auf seinen Werth aufmerksam gemacht, und auch Abbildungen, die freilich etwas dürftig sind, gebracht haben. Auch Nordhoff in der „Soester Malerei unter M. Conrad" I, p. 120 weist auf die Bedeutung dieses Kunstwerkes näher hin[1]), und Aldenkirchen in der „mittelalt. Kunst in Soest," gibt gleichfalls eine nicht ganz genaue Abbildung in Umrisszeichnung; Woltmann

---

1) Nordhoff l. a. a. O. p. 120 bemerkt, das Bild sei dem Maler Everwin vielleicht zuzuschreiben, der im Jahre 1231 mit seiner Hausfrau Elisabeth gegen einen Jahreszins vom Kapitel des h. Patroklus ein Haus erwirbt. Urkunden bei Tross, Westfalia 1825 nr. 35, p. 80. — Im Kunstblatt, 1841 nr. 100, p. 413 ist die Urkunde gleichfalls abgedruckt.

bringt in seiner Geschichte der Malerei Bd. I. p. 305 die Umrisszeichnung eines Theiles des Bildes, ebenso auch Schnaase.[1]) Für welche Kirche das Retabulum ursprünglich gefertigt und auf welche Weise es in die Wiesenkirche gelangt ist, war nicht festzustellen; ohne Zweifel ist es für eine der alten romanischen Kirchen Soest's gearbeitet, und die Vermuthung liegt nahe, dass es in der früheren Kirche zur Wiese sich befunden hat. Bereits im 12. Jahrhundert bestand in Soest eine Kirche der h. Maria zur Wiese (oder zum Sumpfe), welche gegen Ende desselben Jahrhunderts unter Erzbischof Philipp v. Heinsberg (1179—1191) zur Pfarrkirche erhoben wurde[2]); diese enthielt ein sehr verehrtes Marienbild, welches im Jahre 1661 durch den Kurfürsten Maximilian Heinrich von Cöln in die Kirche der Kapuziner zu Werl gelangte.[3]) Weshalb die alte Wiesenkirche beseitigt, ob sie zu klein oder baufällig geworden, oder andere Gründe Veranlassung boten, ist nicht bekannt. An Stelle derselben und auf demselben Platze wurde aber im Anfange des 14. Jahrhunderts der Bau der neuen Kirche begonnen, und zwar vermuthlich mit erheblichen Mitteln, welche die Spenden der das bezeichnete Marienbild verehrenden Wallfahrer der älteren Kirche gebracht hatten.[4]) Das Retabulum ist daher in jedem Falle mehr als 100 Jahre älter als die Kirche, in welcher es sich zuletzt befand. Die jetzige Wiesenkirche ist ein gothischer Bau von hervorragender Schönheit und besonders ausgezeichnet durch die Höhe der Schiffe, durch schlanke Pfeiler und schöne Verhältnisse.[5]) Nach der etwas dunklen Inschrift im Chor, welche lautet:

„C. ter mille tribus I. que dies tenet ille
hujus quo primum struxit loculi apud ymum
ne deus o dempnes hunc Schendeler arte Johannes."

ist von Tappe das Jahr 1343, von Kugler (nach Passavant) das Jahr 1314, und von Lübke, und wohl mit Recht, das Jahr 1331 als die Zeit angenommen, in welcher der Baumeister Joh. Schendeler den Bau in Angriff genommen hat.[6]) Im Jahre 1369, nachdem der Chor und ein Theil der Schiffe nebst dem Südportal vollendet waren, traten Schwierigkeiten ein, und der Bau ging wohl in Folge des Mangels an Mitteln nur langsam vor sich; auch wurde die Ausschmückung, namentlich des Innern, weniger reich als Ausführung gebracht.[7]) Der Bau der Doppelthürme an der Westseite — eine bei einem gothischen Bau in Westfalen durchaus ungewöhnliche Anlage — wurde dagegen erst im Jahre 1429 begonnen[8]), gerieth aber bald, wohl durch die Ereignisse der Soester Fehde, in Stocken, und wurde dann erst in diesem Jahrhundert in neuester Zeit zur Vollendung gebracht.

Bei Gelegenheit der Restaurationsarbeiten im Jahre 1858 bemerkte man, wie F. v. Quast mittheilt, dass an dem Altare an der Südseite der Kirche hinter dem Aufsatze, welchen ein Flügelbild aus dem Ende des 14. Jahrhunderts bildete, eine andere Tafel sich befand, und entdeckte dann, als man jenes entfernte, dieses werthvolle, alte Kunstwerk. Es gelangte darauf bald nach Berlin an die Königl. Gemälde-Gallerie, welche es von den Vertretern der Kirchengemeinde (16. März 1862)

---

1) Bd. V. p. 535. STOCKBAUER, Kunstgeschichte des Kreuzes p. 289.

2) BARTHOLD a. a. O. p. 78. SEIBERTZ a. a. O. II. 414.   3) WISKOTT a. a. O. p. 27.

4) Die Sage, dass eine reiche Frau aus Soest grosse Mittel zum Baue in Reue und zur Sühne hergegeben habe, weil in Folge ihrer unwahren Beschuldigungen ein Priester mit Namen Hermannus unschuldig mit dem Tode bestraft worden (vgl. SCHMITZ, Denkwürdigkeiten aus Soest's Vorzeit p. 132), welche sich bei CAESARIUS VON HEISTERBACH lib. IV. cap. 99 (Band I. p. 338) findet, ist jedenfalls irrthümlich mit der Wiesenkirche in Verbindung gebracht, da derselbe bereits beinahe ein Jahrhundert (im Jahre 1222, vgl. lib. X. cap. 48) vor Beginn des Baues dieser Kirche schrieb. Wahrscheinlich ist mit der Kirche „in campo," welche dort erwähnt wird, die ehemalige Kapelle zu Hinderking gemeint. Vgl. KLUTE, *Sanctum Westfaliae vetus et novum,* bei SEIBERTZ Quellen. Auch bei WISKOTT a. a. O. p. 42, und STRUNCK, *Guestphalia sancta, pia, beata,* ED. GIEFERS II. p. 178. —

5) LUEBKE a. a. O. p. 263. TAPPE, Alterth. der Stadt Soest II. p. 15. NORDHOFF a. a. O. I. p. 110.

6) BARTHOLD a. a. O. p. 205 lässt es ungewiss, ob 1314 oder 1343 anzunehmen sei. SCHMITZ a. a. O. p. 63 ist wohl im Irrthum, wenn er das Wort „Schendeler" nicht als den Namen des Baumeisters gelten lassen will, sondern als die Bezeichnung für: „Werkmeister, Schindelmacher" ansieht. Zunächst würde ein solches deutsches Wort in einer lateinischen Inschrift ganz ungewöhnlich sein, dann aber auch Schindelmacher im Deutsch jener Zeit wohl nicht Schendeler, sondern etwa Sciadeler heissen.

7) BARTHOLD a. a. O. p. 206.   8) LUEBKE a. a. O. p. 264.

gegen Uebernahme der Kosten der Restauration verschiedener anderer im Besitze der Kirche be-
findlicher Gemälde, eigenthümlich erwarb. Im Königl. Museum blieb es jedoch in Nebenräumen,
welche dem Publikum nicht zugänglich, verborgen, und wurde erst im Laufe des Jahres 1880, nach
Vornahme einer vorsichtigen und gemässigten Herstellung, auf Anordnung des verdienstvollen zeitigen
Direktors der Königl. Gemälde-Gallerie im Saale der altdeutschen Malerei aufgestellt, zu dessen hervorragenden Zierden es zu zählen ist. —

Der kenntnissreiche Archäologe und eifrige Konservator der Kunstdenkmäler, Geh. Reg.
Rath F. v. Quast, hat das Verdienst, zuerst dieses Werk altwestfälischer Kunst gewürdigt und in der
Zeitschr. f. christl. Archäologie von F. v. Quast und Otte, welche leider in jener Zeit (1858) die ver-
diente Verbreitung wohl nicht gefunden hat, näher beschrieben zu haben. Die Abhandlung desselben,
der dann einige Erläuterungen und Zusätze, wie sie für den vorliegenden Zweck dienen mögen,
folgen sollen, wird nunmehr nachstehend hier zunächst zum Abdruck gebracht.

2. BESCHREIBUNG DES RETABULUMS DURCH DEN KONSERVATOR F. v. QUAST.

Zeitschrift f. christl. Archäologie und Kunst von F. v. Quast und Otte. Jahrg. II. p. 283 vom Jahre 1858,

DAS ALTARGEMÄLDE DER KIRCHE S. MARIA ZUR WIESE IN SOEST.

Bekanntlich ist die sogen. Wiesenkirche zu Soest eins der elegantesten gothischen Bauwerke
in Deutschland und dürfte namentlich in Bezug auf Leichtigkeit der Verhältnisse des Innern kaum
von einem anderen übertroffen werden. Nicht minder bekannt ist es, dass sie, weil der dazu an-
gewendete grünliche Mergelsandstein der Witterung nicht widerstanden hat, durch die Gnade Sr.
Majestät des Königs einer umfassenden Herstellung gewürdigt wurde, woran sich gegenwärtig der
Aufbau zweier Westthürme anschliesst, welche zwar beabsichtigt, aber niemals zur Ausführung gekommen waren. Auch über die reiche Ausstattung des Innern mit Altären, Tabernakeln, Candelabern,
Glasgemälden u. s. w. ist namentlich durch Lübke's Werk in weiteren Kreisen Kenntniss verbreitet
worden. Er erwähnte bereits (S. 335) eines sehr alterthümlichen Gemäldes, welches über dem
Seitenaltare der Südseite angebracht ist, dessen Hauptgemälde v. J. 1376 den ausgebildeten Styl
der Cölner Schule trägt (S. 339). Herr Baurath Buchholtz zu Arnsberg, früher Bau-Inspector zu
Soest, welcher mit dem Restaurationsbau der Kirche speciell betraut ist, fand schon vor längerer
Zeit, dass hinter dem letztgenannten Altarschreine ein anderes Gemälde so befestigt sei, dass von
dessen Inhalt oder Kunstweise nichts zu entdecken war. Mit Bewilligung des Presbyterii der Kirche
liess er es im J. 1858 durch Wegnahme des vorderen Gemäldes aufdecken und fand dahinter ein
älteres, welches wir auf Bl. 15 und 16 in etwa ein Viertheil des Original-Massstabes nach der sehr
getreuen Zeichnung des als Bauaufseher angestellten Herrn Riess aus Stuttgart wiedergeben. Das
Gemälde ist 6' 3" breit bei 2' 3" Höhe, ohne die Rundungen und Spitzen, welche oberwärts vortreten.
Ausser dem gewöhnlichen Kreidegrunde ist die Holztafel ganz mit Pergament überzogen und die
ganze Fläche vergoldet. Die Anordnung ist der Art, dass das Hauptbild, welches die Kreuzigung
darstellt, die Mitte des Ganzen einnimmt und bis in den Bogenabschnitt darüber hinaufreicht.

während die beiden Seitenbilder kreisförmig, gebildet und mit viereckigen Umrahmungen versehen, gewissermassen nur als eingefügte Nebentheile zu betrachten sind, indem die gemeinsame Umrahmung des Ganzen mit den oberen Spitzen und halben Kreisabschnitten dieselben mit umschliesst. Alle diese Einschliessungen werden, wie aus der Zeichnung zu ersehen, durch reiche vergoldete Ornamentstreifen gebildet, welche dem Grunde eingepresst sind, und romanische Verzierungen des edelsten ausgebildetsten Stiles zeigen. (S. dieses auf Bl. 16 in natürlicher Grösse.) Bemerkenswerth ist noch, dass die kreisförmigen Seitenbilder dergestalt vertieft gehalten sind, dass sie flache Kugelausschnitte bilden. Leider ist das Gemälde nach unten zu mehrfach verletzt, ohne dass jedoch wesentliche Theile der Darstellung davon betroffen wären.

Die Technik der Malerei ist der Art, dass die Contouren durchgehend scharf und bestimmt mit Schwarz aufgezeichnet sind. Der Farbenton ist durchgehend ein sehr dunkler, in den Fleischtönen bräunlich. Schatten sind nur in geringem Masse angegeben, dagegen sind Lichtpartien durch Weiss aufgesetzt. Die Gründe blieben durchgehend Gold. Das Ganze erinnert sehr an Miniaturmalereien. Das Mittelstück enthält, wie schon gesagt, die Kreuzigung Christi. Das mit den vier Buchstaben J. N. R. J. auf der Inschrifttafel versehene Kreuz reicht bis in den oberen Kreisbogen hinein und ist mit reichem romanischen Muster belegt. Christus ist nur mit einem einfachen, aber reich gefalteten Lendentuche bekleidet, das nicht bis zu den Knien hinabreicht. Der Körper ist schlank, fast mager, der Kopf fast zu klein. Nur die ausgestreckten Hände sind angenagelt, während die kreuzweise über einander gestellten Füsse, der Rechte über dem Linken, auf einem gemusterten Fussbrette stehen, ohne dass jedoch von Nägeln etwas zu entdecken wäre. Zur Rechten des Herrn stehen in zwei Reihen hintereinander Johannes, Maria und die drei anderen Frauen, auf der linken Seite fünf Männer, gleichfalls in zwei Reihen hintereinander. Einer oder zwei sind Krieger, die übrigen bärtige Juden; alle in lebhaftem Ausdrucke des Hasses oder der Verwunderung und des Schreckens, der in ihren Gesichtern nicht minder wie in den Handbewegungen sich ausdrückt, während bei den heiligen Gestalten der Gegenseite Trauer und innigste Theilnahme nicht minder bezeichnend wiedergegeben sind. Hinter beiden Gruppen befinden sich breite, marmorartige Postamente mit romanischer Blattkrönung, über denen zur Rechten die Halbfiguren der gekrönten Ecclesia, welche das Blut Christi aus der Seitenwunde in den heiligen Kelch (Graal) auffängt, und des sie hinanführenden Engels erscheinen, links aber eines anderen Engels, welcher mit seinem Stabe die fliehende Synagoge fortstösst, deren Linke die Gesetztafeln festhält, während das Gesicht durch einen wert fortwallenden Schleier verhüllt ist, und die Krone vom Haupte stürzt. Oberhalb des Kreuzes erscheinen die Halbfiguren von je sechs Engeln in zwei Reihen übereinander, alle in anbetender und theilnehmender Bewegung. Die Anordnung des Ganzen nicht minder wie der einzelnen höchst sinnreich vertheilten Gruppen gehört zu den schönsten Darstellungen dieses einzigen Gegenstandes und wird durch den lebendigsten und würdigsten Ausdruck der einzelnen Figuren, den edlen und doch höchst mannigfachen Faltenwurf der Gewänder bis ins Einzelste durchgeführt. Man fühlt hier das Kunstwerk einer Uebergangszeit, wo traditionelle Formen aufs Neue belebt werden, um andern als neue Typen zu dienen. Fast nicht weniger ausgezeichnet ist das Bild in der Rundung zur Rechten Christi. Es stellt Jesum vor dem Gerichte des Cayphas vor, der mit beigeschriebenem Namen in der Mitte thront und die aufgerollte Anklageschrift auf dem vor ihm stehenden Tische erfasst, während die vorgestreckte Rechte den Angeklagten zur Verantwortung aufzufordern scheint. Zu seiner Linken sitzt ein anderer Richter (Hannas?) auf demselben Throne, welcher, zu den links neben ihm stehenden Juden gewendet, gleichfalls auf jenen hinweist. Jesus selbst steht rechts vom Cayphas, im Vordergrunde, die Hände mit einem Stricke umwunden, den die Kriegsknechte halten. In die Tunika gekleidet, welche bis zu den Füssen herabreicht, die bei ihm allein nackt sind, und mit dem mehrfach umhergeworfenen Mantel steht er als gelassenes Opfer da, im beruhigenden Gegensatze zu den aufgeregten Richtern und Anklägern rings um ihn her. Der Kreuzesnimbus umsäumt das mit herabwallenden Haaren umgebene Haupt. Einige Juden sind mit spitzen Hüten bedeckt. Den Hintergrund bildet eine leichte mit Drapirungen durchzogene Architektur. Vor Allem ist die fast dramatische Behandlung dieser in früherer Zeit selten so ausführlich dargestellten Scene zu beachten und rühmlich hervorzuheben.

In eine ganz andere Stimmung versetzt uns das Gegenbild zur Linken der Kreuzigung. Die drei Frauen, ruhige, langgestreckte Gestalten in reicher, schöngefalteter Verhüllung, welche vom Haupt bis zu den Füssen herabfliesst, nahen mit ihren Todtengaben, Magdalena mit dem Weihrauchbecken[1] voran, dem Grabe, vor dessen abgewälztem Steine sie verwundert stehen bleiben. Denn auf ihm sitzt die mächtige Gestalt eines grossartig schönen Engels, der mit der Rechten auf das nun leere Grab hinter sich hinweist, in dem nur noch die Grabtücher zu sehen sind, während die Linke seinen Amtsstab hoch neben sich hält. Es ist nicht zu sagen, welch edelste Hoheit in der ganzen Gestalt wie in den schönen Zügen des gelockten Jünglings ausgeprägt ist, der, vom feinsten Linnen in mannigfach gefalteten Gewändern umflossen, doch der Kleidung nicht zu bedürfen scheint und auf dem Steine mehr schwebt wie körperlich ruht. Ihm zur Linken sieht man unten auf der Erde die kleinen verworren untereinander liegenden Gestalten der schlafenden oder erwachenden Krieger. Sie sind, als nebensächlich, nur Zwerge gegen die hohen Gestalten der heiligen Frauen, und diese erreichen in ihrer vollen Länge kaum die Höhe des sitzenden Engels, der hier die Hoheit dessen repräsentirt, dessen Auferstehung von den Todten er verkündet. Wir könnten vielleicht noch höheres Lob dem schon so grossen Verdienste des Künstlers hinzufügen, wenn wir ihm die erste Erfindung dieser ausgezeichneten Anordnung zuschreiben dürften. Aber wie in den meisten Fällen nicht nur jener, sondern aller grossen Zeiten, hielt der Künstler sich auch hier an die durch die Tradition überlieferten und geheiligten Formen. Sehr interessant ist es, diese in vorliegenden Falle weiter rückwärts nachweisen zu können. Wenn wir hier auch nicht alle Mittelglieder aufführen können, so werden doch zwei Beispiele genügen. Das eine befindet sich auf den chernen Thüren der Grotte des Erzengels Michael auf dem Garganus in Unteritalien, welche Pantaleon aus Amalfi in der zweiten Hälfte des 11. Jahrhunderts in Constantinopel anfertigen liess. (Vergl. das Nähere darüber oben S. 117.)

Die Tafel XXXIX des von Dr. Heinrich Schultz hinterlassenen Werkes über Denkmäler des Mittelalters in Unteritalien liefert den Beweis der Identität der Composition, obschon hier nur zwei Frauen dargestellt sind und die Krieger ganz fehlen. Die Beschränkung des Raumes erklärt hinreichend diese Weglassung. Dasselbe gilt von dem Email auf der Pala d'oro zu Venedig, wahrscheinlich an demjenigen Theile, den Doge Ordelaphus Faledrus 1105 zweifelsohne gleichfalls in Constantinopel anfertigen liess. (S. Cicognara, Fabriche di Venezia I, Tav. 8.) Die Composition ist mit der vorhergehenden identisch. In beiden sitzt der Engel in derselben mächtigen Gestalt, in derselben Haltung auf dem abgewälzten Steine und zeigt genau in derselben Weise mit der Rechten auf das leere Grab, während die Linke das schlanke Blumenscepter hält. Es ist also gar kein Zweifel vorhanden, dass diese Composition aus Byzanz stammte[2] und durch verschiedene Mittelglieder, von denen hier nur zwei namhaft gemacht wurden, in ähnlicher Weise in die Kunst des Nordens überging, wie sich dies auch von anderen Compositionen (z. B. der Kreuzesabnahme, der

---

[1] Dass die vorderste Figur mit dem Thuribulum die Magdalena, deren gewöhnliches Attribut sonst die Salbbüchse ist, ergibt sich aus andern Beispielen, wo sie, das Rauchbecken haltend, mit ihrem Namen bezeichnet erscheint, z. B. auf einem Glasgemälde im Dom zu Naumburg und auf einer ehemaligen Wandmalerei in der Klosterkirche zu Berlin, die auch in einer Zeichnung im Besitz des Unterzeichneten erhalten ist.

[2] Das Handbuch der Malerei von Berge Athos übersetzt von Schäfer S. 269 gibt den Typus der Darstellung ganz entsprechend an: „ein geöffnetes Grab und auf dessen Deckel sitzt ein Engel mit leuchtenden Gewändern; mit der einen Hand hält er einen Stab, und zeigt mit der andern das Grabtuch und das Schweisstuch in dem Grabe. Und die Salbölträgerinnen sind vor ihm und halten ihre Salben." Die Gruppe der letzteren wiederholt sich auch vollkommen identisch mit dem Soester Altar auf der in dem Jahrb. d. K. K. Centralcommission (4. 35) publicirten reichen romanischen Patene aus Stift Wilten in Tirol. Das Grab stimmt ebenfalls überein und nur die Figur des Engels weicht ab.

Höllenfahrt u. s. w.) nachweisen lässt. Es versteht sich von selbst, dass hier von einer directen Kenntniss oder Nachahmung der vorgenannten, in der Composition schon an sich beschränkteren Beispiele nicht die Rede sein kann; vielmehr muss angenommen werden, dass diese Darstellungen in jener Hauptstadt des christlichen Orients nach mustergültigen Vorbildern unendlich oft nachgebildet und durch Handel und sonstigen Verkehr verbreitet wurden, wo dann die Gleichartigkeit der Darstellung an den verschiedensten Orten nicht in Verwunderung setzen darf. Wohl aber muss hier hervorgehoben werden, in wie edelster Weise unser Künstler, bei Festhaltung alles Wesentlichen der Composition, dieselbe bis ins Einzelne hin in vollendetster Weise durchgeführt und ausgebildet hat, was schon darin zeigt, dass er die übermenschliche Grösse jener Originale wesentlich ermässigte und die Drapirung in zartester Weise durchbildete. Für die Geschichte der Entwickelung der Kunst wäre es nicht unwichtig, an einzelnen Beispielen genau nachzuweisen, wie solche Compositionen und Typen in die verschiedensten Gegenden verpflanzt, und wie sie dort nach und nach umgebildet wurden, sowie welcher Umschwung in der Kunst selbst hierdurch erlangt wurde. Ausser den vorgenannten grösseren Compositionen sehen wir die vier Zwickel, welche jedes der beiden Rundbilder mit der viereckigen Umschliessung bildet, mit ebenso vielen Medaillons besetzt, in denen kleine Halbgestalten von Propheten angebracht sind, deren Spruchbänder weit emporsteigen oder herabfallen. In jedem der kleineren oberen Spitzbögen und in jeder der Zwischenspitzen ist noch die Halbfigur eines Engels angebracht, welche durch Bewegung des Hauptes oder der Hände die Theilnahme an dem grossen Vorgange des Mittelbildes auszudrücken scheint. Betrachten wir das Ganze noch einmal, so wird es nicht unwahrscheinlich, dass auch bei den übrigen Compositionen ebenso, wie bei der einen nachgewiesen, ältere, wahrscheinlich gleichfalls byzantinische Vorbilder nachgebildet wurden. Es geschah dies aber hier jedenfalls durch einen Meister von wahrhaft künstlerischer Begabung mit der Freiheit der Darstellung, die einem solchen gebührt. Natürlich deutet dies gleichzeitig auf eine Kunstepoche hin, wo solches allein möglich war, d. h. wo die strenge Ueberlieferung durch innere Wärme der Empfindung und Studium der Wirklichkeit neu belebt wurde, ohne irgendwie in letzter Beziehung die Schranken des Schicklichen zu überschreiten. Dies wird dem Anfange des 13. Jahrhunderts entsprechen, auf welche Zeit auch andere Anzeichen hindeuten, unter denen hier nur die kreuzweise Stellung der Füsse des Gekreuzigten genannt werden soll, die damals eben anfing üblich zu werden. Für ein Staffelbild ist dies aber so früh, dass hiermit in Deutschland nur noch das schon genannte zweite Bild desselben Altars und ein anderes aus Soest stammendes, welches sich jetzt im Museum zu Münster befindet (Lübke S. 334), verglichen werden kann; doch reichen diese lange nicht an die künstlerische Bedeutsamkeit unseres Bildes heran. Von anderen etwa gleichalterigen Staffelbildern lassen sich unter den bekannt gewordenen nur die des Guido von Siena, vom Jahre 1221, nennen. Beachtenswerth ist übrigens noch der Umstand, dass beide vorgenannte Gemälde jedenfalls älter sind, als das jetzige Kirchengebäude, das bekanntlich erst am Anfange des 14. Jahrhunderts begonnen wurde, weshalb anzunehmen ist, dass sie beim Umbau der alten Kirche in die neue übertragen wurden.

F. v. QUAST.

3. KUNSTGESCHICHTLICHE BEMERKUNGEN ÜBER DEN ALTAR UND DIE ALTARAUFSÄTZE.

Wenn das unter Nr. 1 beschriebene Antependium Veranlassung geboten hat, auf die Entwickelung des Unterbaues des Altares und den Schmuck dieses Theiles zum Zwecke des allgemeinen besseren Verständnisses jenes Kunstwerkes einen flüchtigen Blick zu werfen, so mag es bei der weiteren Besprechung dieses Altaraufsatzes gestattet sein, in kurzen Zügen auch die Geschichte des Oberbaues des Altares und des Schmuckes desselben hier vorauszuschicken. In den Katakomben dienten, wie bereits bemerkt, vielfach als Altäre die Gräber der Martyrer, die sich in Arkosolien befanden, also in gewisser Weise überdeckt und überwölbt waren, und an ihrer Rückwand, in der Laibung des Bogens, oft durch Malerei, in späterer Zeit auch durch Mosaik, geschmückt waren.[1]) Sowohl zum Schutze des Opfertisches und der auf demselben vorzunehmenden heiligen Handlung, wie auch als Ausdruck der Verehrung wurde dann seit Kaiser Constantin, seit dem 4. Jahrhundert, der Altar häufig überwölbt oder mit einer Bedachung versehen, welche frei auf Säulen ruhend den ganzen Altar überdeckte.[2]) Statt der in die Wand eingesprengten oder eingebauten Ueberwölbung der Arkosolien, umfasste diese spätere Bedachung nur den freistehenden Altar und ruhte auf 4 oder 6 Säulen, oder ausnahmsweise, falls etwa der Altar an der Wand stand, auch etwa auf 2 Säulen. — Eine solche Ueberwölbung wurde Ciborium (κιβώριον) (die Etymologie ist streitig), auch Umbraculum, und daher der überwölbte Altar Ciborium-Altar genannt.[3]) Die Säulen wurden durch Rundbogen oder durch einen gerade liegenden Architrav verbunden und trugen ein Dach in Form einer Kuppel, eines Bechers oder einer thurmartigen Zuspitzung gebildet, mit Giebeln oder anderen architektonischen Gliederungen, oder auch je nach der Construktion mit Statuen oder anderem bildnerischen Schmuck ausgestattet. Ueber manche sehr reiche und aus kostbarem Material hergestellte Ciborium-Altäre der ältesten Zeit sind eingehende Nachrichten auf uns gekommen, die Werke selbst aber sind zu Grunde gegangen. Kaiser Constantin liess im Jahre 330 in der Basilica des h. Petrus zu Rom über dem Grabe des Apostelfürsten ein Ciborium aus Gold errichten, welches von vier Porphyrsäulen getragen wurde, und Kaiser Justinian in der Sophienkirche zu Constantinopel ein solches aus Silber in Thurmform mit kunstreichen Verzierungen versehen, aufstellen. Anastasius Bibliothecarius, † 886, erwähnt in dem angeblich von ihm verfassten liber pontificalis verschiedener solcher Ciborien in Rom, deren Pracht und künstlerischer Werth besonders bedeutend erschien: z. B. die Ciborium-Altäre des Papstes Gregor I. in der Peterskirche, des Papstes Honorius in S. Pancratio und des Papstes Leo VII. in S. Andrea, S. Maria Maggiore und S. Paolo, sämmtlich aus Silber hergestellt, letzterer in einem Gewicht von 2015 Pfd.[4]) Aber nicht bloss diese Mittheilungen geben uns Kunde von solchen Altären, sondern auch mannigfache Abbildungen derselben sind uns aus früher Zeit in Wandgemälden, Mosaiken und anderen Darstellungen erhalten, so z. B. in den Mosaiken in S. Giovanni in Fonte in Ravenna, in S. Giorgio in Thessalonich und andere. —

Diese Bedachungen wurden nicht bloss an den äusseren Seiten, wie schon bemerkt, mit reichem bildnerischen Schmuck ausgestattet, sondern auch der innere Theil, die Wölbung, und diese insbesondere mit Malerei, und man hing reich verzierte Kronen und Lampen im Innern derselben auf; die Vorhänge, welche vielfach zwischen die Säulen gespannt wurden (tetra vela), waren von kostbaren Stoffen.[5]) Das Sakrament wurde in der ältesten christlichen Zeit für Nothfälle, zur Spendung an Kranke oder Sterbende vielfach in Privathäusern oder der Wohnung der Priester, vielleicht auch wohl in besonderen Nischen oder Seitenbauten der kirchlichen Gebäude (pastophorien)[6], erst später aber (was für die ersten drei christlichen Jahrhunderte jedoch nicht unbestritten ist) auf dem Altar aufbewahrt; sofern in der Kirche sich ein Ciborien-Altar befand, so geschah dies in den folgenden Jahrhunderten auf diesem, und zwar in einem metallenen Gefäss, welches in der

---

1) KRAUS, Realencyklop. d. christl. Alterth. p. 89.
2) LAIB u. SCHWARZ, Studien über d. Geschichte des christlichen Altars p. 23. — MARTIGNY, Dict. des antiq. chrét. p. 172. — ST. BORGIA, De cruce veliterna. cap. 56. p. 217. — REUSENS, Elém. d'. arch. chrét. I. p. 194 u. 389.
3) SCHMID, a. a. O. p. 75. — OTTE a. a. O. p. 102. — KREUSER, der christl. Kirchenbau I. p. 102 — KREUSER, über den Altar. Organ f. christl. Kunst. 1861. p. 209.
4) SCHMID a. a. O. p. 80. — KRAUS a. a. O. p. 290.
5) LAIB u. SCHWARZ a. a. O. p. 26. — KREUSER, Organ f. christl. Kunst. 1861. p. 210.
6) LAIB u. SCHWARZ a. a. O. II. p. 30 vertreten eine andere Auffassung. — VIOLLET-LE-DUC, Dict. du mobil. I. p. 244. —

Regel in Form einer Taube (peristerion) oder auch wohl in der eines Thurmes gebildet war, von der Ueberwölbung an Ketten herabhing und also über dem Altartisch schwebte.[1]) Die Taube deutete auf den h. Geist hin, welcher das Wunder der Menschwerdung Christi in der h. Jungfrau gewirkt hatte, und nach Auffassung der h. Väter auch die Wandlung in den Brodsgestalten bei den Konsekrations-Worten des Priesters vollzog. Auch schon in früher Zeit waren aber nicht alle Altäre mit solchen Ueberwölbungen versehen, und es ist anzunehmen, dass auch schon vor dem 11. Jahrhundert sogar die grössere Zahl derselben nicht in einer solchen Weise ausgestattet war. Zwar wurden auch nach dem 11. Jahrhundert noch vielfach Ciborien-Altäre errichtet, und diejenigen, die uns jetzt noch erhalten sind, stammen aus der Zeit vom 11. bis 15. Jahrhundert, aber sie sind bereits als Ausnahmen anzusehen. Als besonders bekannte Beispiele mögen angeführt werden die Ciborium-Altäre in S. Clemente, S. Giorgio in Velabro und S. Lorenzo fuori le mura zu Rom, in S. Ambrogio zu Mailand und in Deutschland in der Klosterkirche zu Hamersleben, sämmtlich aus dem 11. und 12., letzteres aus dem 13. Jahrhundert; aus der Zeit des gothischen Stiles sind anzuführen die Ciborien im Lateran, in S. Paolo und in S. Maria in Cosmedin zu Rom, in der Elisabeth-Kirche zu Marburg, im Dom zu Regensburg und im Stephansdom zu Wien; in der Kirche zu Werl in Westfalen, in der Cisterzienserkirche zu Maulbronn und in der Kirche zu Mühlhausen am Neckar; auch der Hauptaltar des Cölner Domes, der aber nicht erhalten ist, soll ein Ciborien-Altar gewesen sein.[2]) Endlich mag nicht unerwähnt bleiben das erst im 17. Jahrhundert von Papst Urban VIII. errichtete bronzene und etwa 100 Fuss hohe Ciborium über der Konfession des h. Petrus.

Aber schon vor dem 11. Jahrhundert, seit welchem die Errichtung der Ciborien-Altäre die Ausnahme bildete, hatte man begonnen, die Altäre auch in anderer Weise zu gestalten. Man suchte, da dieselben nur selten freistanden, und nur in Ausnahmefällen der Priester das Messopfer zum Volke hingewendet darbrachte, den Schmuck des Altares durch einen Aufsatz oder Aufbau, der an der Rückseite des Altares sich befand, herzustellen; dieser Aufsatz war zunächst beweglich, konnte gewechselt oder auch fortgenommen werden, bis er sich später zu einer festen Rückwand entwickelte. Diese Aufsätze, welche die Länge des Altares, aber nur eine geringe Höhe hatten, nannte man *retabulum*, *superfrontale* oder *retrotabula*, und bildete sie aus Holz mit Malerei versehen, oder mit Stoffen oder Metallblech bekleidet, oder auch gänzlich aus Metall, und endlich auch aus Stein, in jedem Fall mit reicher Verzierung ausgestattet. — Das älteste Retabulum, über welches Mittheilung gemacht wird, wurde von Carl dem Kahlen im 9. Jahrhundert der Abtei S. Denis geschenkt.[3]) Ferner wird ein sehr reiches Retabulum, mit Goldblech überzogen und mit Perlen und Edelsteinen besetzt, erwähnt, welches Kaiser Otto II. gegen Ende des 10. Jahrhunderts in der Michaels-Kirche zu Lüneburg stiftete, welches aber im 17. Jahrhundert zu Grunde ging.[4]) Wahrscheinlich ist es auch, dass die Pala d'oro in der Marcuskirche zu Venedig nicht zu einem Antependium, sondern zu einem Superfrontale bestimmt war. Ein in künstlerischer Beziehung sehr werthvolles Retabulum aus dem 12. Jahrhundert, welches aus vergoldetem Kupfer gefertigt, die getriebenen Figuren des Erlösers und der 12 Apostel enthält, wurde von den Franzosen aus Coblenz entführt und befindet sich zur Zeit in der Kirche zu S. Denis[5]); in der Kirche S. Gervais zu Maestricht hat sich ein steinernes Retabulum aus dem 13. Jahrhundert erhalten und ein hölzernes, spätromanisches aus der Kirche zu Rosenheim, welches eine gemalte Darstellung der Krönung der h. Maria und der 12 Apostel enthält, befindet sich im Nationalmuseum zu München. Alle Künste dienten also in der Zeit des romanischen Stiles der Ausschmückung des Retabulums der Altäre, und auch kunstvoll gewebte oder

---

1) WELZER u. WELTE, Kirch. Lexik. p. 1579. — KREUSER a. a. O. p. 111.   CAHIER, Nouv. Mélanges I. p. 213. DIEL a. a. O. p. 104. — LABE u. SCHWARZ a. a. O. p. 27. — MOLANUS a. a. O. cap. VI.   — SCHMID a. a. O. p. 111 u. 207. VIOLLET-LE-DUC a. a. O. I. p. 249. — REUSENS a. O. I. p. 222.
2) KREUSER, Organ f. christl. Kunst. 1861. p. 210.
3) SCHMID a. a. O. p. 189.   4) SCHMID a. a. O. p. 188.
5) VIOLLET-LE-DUC. Dict. du mob. I. p. 233. Abbildung.

gestickte Stoffe kamen bei demselben zur Anwendung. Inzwischen aber begann man, und zwar schon seit dem 8. Jahrhundert, auch Reliquienschreine auf den Altar zu setzen[1]), welche auf einem hinter dem Altar aufgeführten Unterbau standen und mit dem Retabulum in der Weise in Verbindung gebracht wurden, dass dasselbe sich an die vordere Seite des über den Altartisch hinaufragenden Unterbaues des Schreines anlehnte, oder als Schmuck des Unterbaues diente.[2]) Man vergleiche die v. Eyck'sche Darstellung des Altares in S. Denis.[3]) Jedenfalls findet man in dieser Zeit die Verbindung des Retabulums auf dem Altar mit der Anordnung eines Reliquienschreines. In der Zeit des gothischen Stiles fand dann noch eine weitere Entwickelung der Altarformen statt, indem die Rückwand des Altars, nachdem man unter Beseitigung des Retabulums eine Predella statt desselben auf den Altar gestellt hatte, zu einem Hochbau hinaufführte, welcher mit Malerei und Schnitzwerk geschmückt wurde, und vom 14.—16. Jahrhundert eine mannigfache und reiche Gestaltung in Flügel- und Klappaltären erhielt. Jedoch berührt dies uns hier nicht mehr, da die Bildung des Altares nur in Beziehung auf das in Rede stehende Kunstwerk in Frage kommt, und die geschichtliche Uebersicht daher mit der Zeit des romanischen Retabulums abschliessen muss.

Einen Tabernakelaufbau auf dem Altare zur Aufbewahrung des h. Sakramentes kannte, wie noch hervorzuheben ist, die Zeit des romanischen Stiles nicht, und ebenso auch nicht die Aussetzung desselben auf dem Altar, welche erst im Anschluss an die im 13. Jahrhundert erfolgte Anordnung der Feier des Frohnleichnamsfestes[4]) üblich wurde. Auch eine Monstranz (*Ostensorium*) findet sich daher aus der Zeit des romanischen Stiles nicht, da erst im 13. Jahrhundert mit der Exposition des Sakramentes auch die Prozessionen mit demselben (Gottestrachten) in Uebung kommen.

4. NÄHERE BEURTHEILUNG DES RETABULUMS.

Vergleicht man nun dieses Retabulum mit dem etwa 30—50 Jahre älteren Antependium, so sind gewisse nahe Beziehungen zwischen beiden nicht zu verkennen. Abgesehen von dem Blattmuster des äusseren Randes, welches sich direkt, jedoch in etwas reicherer Ausbildung, an das Randmuster des Antependiums anschliesst, tritt zunächst in beiden uns in der Behandlung der Darstellung im Allgemeinen, in der Bewegung und Gewandung der Figuren, selbst auch in der dunklen Färbung des Fleischtones und namentlich, was das Retabulum betrifft, in der Auffassung der Darstellung des gekreuzigten Heilandes eine ganz bestimmte griechisch-byzantinische Einwirkung entgegen, welche den Künstler im Anschlusse an die hergebrachte Weise oder an Vorbilder, die er gesehen, grundlegend beherrschte, ihn jedoch nicht hinderte, die eigene Art der Auffassung und Empfindung selbstständig zur Geltung zu bringen. Insbesondere ist dieses bei dem Retabulum der Fall, in welchem unter Berücksichtigung der traditionellen Behandlung dennoch die Darstellung von dem Künstler als selbstständiges, eigenes Werk geschaffen, und von dem individuellen Geiste desselben durchdrungen, belebt und künstlerisch gestaltet ist. — Die Beziehung zwischen den beiden Kunstwerken zeigt sich ferner auch in der Art und Weise, in welcher, erinnernd an die den Künstlern wohl mehr geläufige Behandlung der Wandmalerei, die Gesichtszüge gebildet und derb und stark in dunklen Linien gezeichnet sind; in den Gesichtszügen der h. Frauen, insbesondere aber der h. Maria ist eine ganz bestimmte Aehnlichkeit unter den beiden erkennbar. Als das Retabulum

[1]) Kreuser a. a. O. 1861. p. 199. In der Mitte des 9. Jahrhunderts wurde es durch Papst Leo IV. ausdrücklich erlaubt, Reliquienschreine auf den Altar zu setzen.

[2]) Laib u. Schwarz a. a. O. p. 53.   [3]) Schmid a. a. O. p. 189.

[4]) Das Frohnleichnamsfest nebst Prozession wurde für die Diöcese Lüttich auf Anregung der h. Juliana bereits im Jahre 1246 angeordnet, in der ganzen Kirche jedoch erst 1264 durch Papst Urban IV. eingeführt.

geschaffen wurde, war aber bereits eine freiere, lebendigere Entwickelung eingetreten und ein grosser Fortschritt gemacht. Die Gestalten bewegen sich frei und lebendig, die innere geistige Empfindung ist in der Haltung des Körpers und der an dieselbe sich anschliessenden Gewandung wahr und geschickt zur Darstellung gebracht, und denselben ein durchaus individuelles Leben eingehaucht, auch die Farbe in Licht und Schatten, statt durch eingetragene Striche, in etwa bereits in vermittelnder Abtonung behandelt. Die Darstellung ist nicht bloss durch besonderen Ernst der Auffassung, sowie durch Wahrheit und Innigkeit der Empfindung, sondern auch, wie bereits in der Abhandlung von v. Quast mit Recht hervorgehoben wird, durch ein ungewöhnlich dramatisches Leben ausgezeichnet. Die Soldaten und Juden zur linken Seite des Kreuzes und vor dem Hohenpriester geben in lebhafter Weise und trefflicher Bewegung ihrer Stimmung und erregten Theilnahme an dem Vorgange Ausdruck, während andererseits bereits bei den h. Frauen und dem h. Johannes unter dem Kreuze, bei den Frauen am Grabe und den das Kreuz umgebenden Engeln eine in hohem Grade anziehende Gemüthstiefe und echt westfälische Innigkeit hervortritt; der tiefe Schmerz ist so wahr und innig empfunden und in so richtigem Masshalten mit einfachen Mitteln zur Darstellung gebracht, dass in dieser Beziehung dem Bilde ein ganz besonderer Werth beigemessen werden muss.[*] Auch selbst in den Theilen des Bildes, in denen der Künstler, wie schon bemerkt, sich an ältere Vorbilder anschloss, oder bei denen ältere Darstellungen anregend auf ihn eingewirkt hatten, zeigen kleine Abweichungen oder Aenderungen, dass derselbe zarter und richtiger empfunden und diese Empfindung zur Erscheinung zu bringen verstanden hat. Auch ist auf die harmonische Farbenwirkung des Bildes besonders hinzuweisen; zwar sind die Fleischtöne eigenthümlich dunkel (vielleicht aber auch sehr nachgedunkelt und ursprünglich heller gehalten gewesen), von diesen abgesehen aber deutet die Anordnung der Farben und die Vertheilung der kräftigen Töne, z. B. des tiefen Roth, auf ein besonderes Verständniss und ein geübtes Gefühl, eine Erscheinung, welche in so früher Zeit als vorzüglich bemerkenswerth anzusehen ist. --

Der mittlere, mit erhöhter oberer Abrundung versehene Theil des Retabulums zeigt uns Christus am Kreuze, umgeben von Engeln und vielen neben dem Kreuze stehenden Personen. Die Darstellung bietet sowohl durch ihre reiche, lebendige Gestaltung an sich, wie auch als ein frühes Beispiel derjenigen Behandlung des Kruzifixbildes ein besonderes kunsthistorisches Interesse, welche sich zu Anfang des 13. Jahrhunderts in Abänderung der bisher im Abendlande üblichen Weise entwickelte. Die Darstellung Christi am Kreuze bildet, ihrer inneren hohen Bedeutung entsprechend, den Mittelpunkt und eine der höchsten und erhabensten Aufgaben der christlichen Malerei und Skulptur und hat daher die Herzen der Christen aller Zeiten und Völker am tiefsten bewegt und erfasst, die Künstler am meisten beschäftigt. Im Hinblicke auf dieses Moment und ferner um die bedeutsame Stellung klarer hervortreten zu lassen, welche das Kruzifixbild des Retabulums, sowohl seiner Behandlung als auch der Zeit seiner Entstehung nach, einzunehmen berechtigt ist, mag es hier gestattet sein, einen eingehenden Ueberblick auf die geschichtliche Entwickelung der Darstellung des Kreuzes in der christlichen Kunst zu werfen.

a) UEBERBLICK ÜBER DIE GESCHICHTE DER DARSTELLUNG CHRISTI AM KREUZ BIS ZUM 13. JAHRHUNDERT.

Die wissenschaftliche Bearbeitung der Kunstgeschichte hat sich besonders in neuerer Zeit diesem Gegenstande zugewendet, und die sorgfältigen archäologischen Forschungen haben auf diesem Gebiete sehr schätzenswerthe Resultate erbracht. Auch Deutschland hat in thätiger Weise sich betheiligt, und die Arbeiten von Münz[1], Stoeckbauer[2], Otte und Aus'm Weerth[3], Kraus[4] und Anderen

---

1) Vgl. Förster a. a. O. VIII.   2) Münz, Archäologische Bemerkungen über das Kreuz etc.
3) Stoeckbauer, Kunstgeschichte des Kreuzes.
4) Otte u. Aus'm Weerth, Ikonographie des Kruzifixes.
5) Kraus, Beiträge zur Trier'schen Archäologie und Geschichte.

können eine hervorragende Bedeutung für sich in Anspruch nehmen. Nach den Ergebnissen dieser Untersuchungen ist es, wie ja auch allgemein bekannt, ausser Zweifel, dass die ersten christlichen Jahrhunderte die Darstellung des gekreuzigten Heilandes nicht kannten, und selbst auch die des Kreuzes möglichst der Oeffentlichkeit zu entziehen suchten. Zunächst waren die ersten Christen bestrebt, sowohl mit Rücksicht auf die Verfolgungen, als auch um einer heidnischen Entweihung desjenigen vorzubeugen, was sie hoch verehrten und heilig hielten, das Kreuz den Blicken der Heiden zu verbergen. Selbst auch die höchsten Wahrheiten und Dogmen der christlichen Lehre und die Art ihres Kultus wurden in gewisser Weise, so lange die sogenannte Arkandisciplin bestand, geheim gehalten, und sogar die Katechumenen wurden nach Anordnung der Kirche zur Feier der Geheimnisse des Gottesdienstes nicht zugelassen.[1]) Anderseits aber kommt in Betracht, dass die entsetzliche und grausame Todesstrafe der Kreuzigung den Heiden als das Zeichen der tiefsten Schmach und Verachtung galt, und es lag daher, während diese Todesstrafe unter der Herrschaft des Heidenthums und bis tief in das 4. Jahrhundert hinein noch zur Ausführung gebracht wurde, nahe, dass das aus dem Heidenthum herrührende Gefühl der Scheu, des Entsetzens und des Schimpfes erst allmählich überwunden und beseitigt wurde.[2]) Erst mit dem Erlöschen dieser hergebrachten Empfindungen trat dann die Verehrung des Kreuzes, als des durch den Tod des Gottessohnes geheiligten Symboles des Heiles und Sieges, als des höchsten und verehrungswürdigsten Zeichens, an welchem die Vollendung des Erlösungswerkes vollbracht worden, in ihrer vollen Berechtigung in's Leben ein.[3]) Wenn zwar auch in den ersten drei Jahrhunderten die Christen, wie Tertullian und Andere bezeugen, sich bereits allgemein mit dem Zeichen des Kreuzes bezeichneten[4]) und das Kreuz im Hause und an Gegenständen, die leicht zu verbergen waren, anbrachten, so wurden dennoch sowohl das Kreuz, als auch andere Begriffe der christlichen Lehre öffentlich im Allgemeinen bis dahin nur durch Symbole angedeutet, die uns in den Katakomben in reichem Maasse entgegentreten. Trotzdem wurden die Christen von den Heiden als Kreuzesanbeter verhöhnt[5]), und über die Verehrung eines an dem schimpflichen Holze des Kreuzes Gestorbenen wurde gespottet. Das bekannte auf dem palatinischen Hügel in den Unterbauten der Kaiserpaläste entdeckte Spottkrucifix aus dem 3. Jahrhundert bietet einen Beweis für jene heidnische Verunehrung.[6]) Tertullian und der h. Augustinus und Andere treten bereits mit Entschiedenheit den heidnischen Angriffen entgegen.

Die einfachste Form, deren sich die Christen schon früh zunächst bedienten, um in symbolischer Weise nicht bloss die Person des Gekreuzigten, als Monogramm Christi (signaculum dei), sondern auch Sein Leben und Seine Lehre, überhaupt den Inbegriff der christlichen Lehre anzudeuten, war der Anfangsbuchstabe des griechischen Wortes χριστος, der Buchstabe chi: X[7]), welchem dann auch das rho: P, als der zweite Buchstabe eingefügt wurde ☧. Oder es wurde auch das V (crux decussata) mit dem I, dem Anfangsbuchstaben des Wortes Ἰησοῦς verbunden ✗ und weiter in mannigfachster Weise dieses Monogramm umgestaltet und ausgeschmückt, auch häufig noch das

---

1) Vgl. Card. HERGENRÖTHER, Kirchengeschichte I. p. 176. — WETZER und WELTE, Kirchenlexikon I. p. 1234.

2) Angeblich von Constantin abgeschafft. GRETSER a. a. O. I. c. 71. p. 244.

3) J. A VORAGINE, legenda aurea p. 223: „Crux enim supplicium erat latronum et licet crux tunc esset magnae ignominiae nunc est immensae gloriae; unde Augustinus: crux, quae erat supplicium latronum, nunc transit ad frontes imperatorum." — u. LIPSIUS a. a. O. lib. I. c. 12 u. 13. — ROHAULT DE FLEURY, La s. vierge. I. p. 211. — STOCKBAUER a. a. O. p. 151.

4) TERTULLIAN, De coron. mil. cap. 3: „ad omnem progressum atque promotum, ad omnem aditum et exitum, ad vestitum et calceatum, ad lavacra, ad mensas, ad lumina, ad cubilia, ad sedilia, quaecunque nos conversatio exercet, frontem crucis signaculo terimus." — MÜNZ a. a. O. p. 9. — Cyrillus von Jerusalem. GRETSER a. a. O. II. c. 2. p. 352. — STEPH. BORGIA, de cruce vaticana. cap. I. p. 5.

5) Vgl. Cyrillus von Alexandrien. STOCKBAUER a. a. O. p. 151. — MÜNZ a. a. O. p. 20. — KAISER, Aus d. Schatzkammer des Domes zu Minden p. 8.

6) STOCKBAUER a. a. O. p. 79. — MÜNZ a. a. O. p. 127. — F. BECKER, Das Spottkrucifix der römischen Kaiserpaläste. — KRAUS, Roma Sott. p. 222.

7) STOCKBAUER a. a. O. p. 85 u. 111. — MÜNZ, a. a. O. p. 27 u. 42. — PIPER, D. christl. Bilderkreis p. 3.

7*

sogenannte lateinische Kreuz ✳ (crux immissa) dazwischen eingelegt. Häufiger noch, als jener crux decussata, bediente man sich, sofern das Kreuz symbolisch verborgen werden sollte, des griechischen Buchstabens tau: T, oder des ägyptischen Henkelkreuzes oder der sogenannten phönicischen Tau-kreuze und anderer Formen.[1]) Diese Zeichen brachte man an vielen Gegenständen an und stattete dieselben noch mit anderen symbolischen Bildern und Verzierungen aus. Das Zeichen, welches Kaiser Constantin auf Grund der ihm zu Theil gewordenen Erscheinung auf einem Speer von einem Lorbeerkranz umgeben anbringen liess, war die Verbindung des X und P, also das bezeichnete Monogramm; unter demselben befand sich an einer Querstange ein herabhängendes Tuch (eine Fahne) und zugleich waren die Worte: „Hoc vince, oder ἐν τούτῳ νίκα," verzeichnet. Hierin bestand das Labarum, das Feldzeichen des römischen Kaiserthums.[2])

Mit dem Aufhören der Christenverfolgungen und dem allmählichen Verschwinden sowohl des Heidenthums, als auch der Todesstrafe der Kreuzigung und der an dieselbe sich knüpfenden Empfindungen, gelangt nun, wie bereits bemerkt, die Verehrung des Kreuzes als des Symboles des Christenthums, als des heiligsten und geliebtesten Zeichens des Heiles und Sieges, zum vollen öffentlichen Ausdruck; das Kreuz bildete die Scheidewand zwischen der alten und neuen Zeit; in der alten Zeit die Bezeichnung der tiefsten Schmach, war es in der neuen Zeit das erhabenste Zeichen der Erlösung der sündigen Welt durch den Opfertod des Sohnes Gottes geworden, durch welchen die ganze Welt umgewandelt. Der Verehrung der christlichen Welt entsprechend wurde nunmehr das Kreuz überall sichtbar; der h. Chrysostomus († 470) bestätigt dies, indem er sagt: „Crucem in domibus, in foro, in solitudine, in viis videre potes.[3]") Es wurde im herrlichsten Schmucke dargestellt, mit symbolischen Verzierungen und andern Emblemen ausgestattet, und ist durch alle Jahrhunderte bis auf unsere Zeit hin, wie selbstverständlich ist, in der Kunst der hervorragendste Gegenstand der Darstellung und des Schmuckes geblieben. Wie die bildenden Künste auf die Verherrlichung des Kreuzes besonderen Eifer verwendeten, ebenso bestrebte sich die kirchliche Dichtkunst dasselbe in herrlichen Hymnen zu besingen und zu verehren. Allgemein bekannt ist der prächtige Hymnus des Venantius Fortunatus aus dem 6. Jahrhundert, in welchem zu allen Zeiten das Verlangen, das Kreuz zu verehren, einen entsprechenden Ausdruck fand:

> 1. *Vexilla regis prodeunt*
> *Fulget crucis mysterium*
> *Quo carne carnis conditor*
> *Suspensus est patibulo.*
>
> 5. *Arbor decora et fulcida*
> *Ornata regis purpura*
> *Electa digno stipite*
> *Tam sancta membra tangere.*
>
> 7. *O crux ave, spes unica,*
> *Hoc passionis tempore*
> *Auges piis justitiam*
> *Reisque dona veniam*[4]);

ebenso bekannt ist der herrliche Hymnus aus dem römischen Brevier, der gleichfalls, jedoch nicht unbestritten, dem Venantius Fortunatus zugeschrieben wird:

> 1. *Pange lingua gloriosi, proelium certaminis*
> *Et super crucis tropaeo, dic triumphum nobilem.*
> *Qualiter redemptor orbis immolatus vicerit.* —

1) MUNZ a. a. O. p. 25. — STOCKBAUER a. a. O. p. 81 u. ff.

2) STOCKBAUER a. a. O. p. 96. — MUNZ a. a. O. p. 29. — J. a VORAGINE, Leg. aur. cap. 68 p. 305 und 306. — KRAUS, Roma Sotterranea p. 223. — AUBUSTI, Handbuch der christlichen Archäologie III. p. 513. — GRETSER a. a. O. II. c. 37 p. 457. — Auch auf vielen Münzen der Kaiser findet sich das Labarum.

3) MUNZ a. a. O. p. 20.

4) MUNZ a. a. O. p. 105. — KAISER, Beiträge zur Geschichte der Kirchenhymnen p. 397 u. 411 gibt eine deutsche Uebersetzung aus dem 14. Jahrhundert in folgender Weise an:

> „O, schöner Baum licht und klar,
> Gekleid mit Königs Purpur gar,
> Userwellet, werdiger stamm
> Anzurueren das Gottesleichnam."

7. *Hic sectum fel, aruudo, sputa, clavi, lancea*
Mite corpus perforatur, sanguis, unde profluit
Terra, pontus, astra, mundus, quo lavantur flumine. —
8. *Crux fidelis inter omnes, arbor una nobilis*
Silva talem nulla profert, fronde, flore, germine
Dulce lignum, dulce clavo dulce pondus sustinens.[1])

Nicht minder tritt uns seit jener Zeit in den Schriften der Kirchenschriftsteller und Theologen durch alle Jahrhunderte die lebendige Verehrung des Kreuzes in den grossartigsten Gedanken entgegen bis zum 9. Jahrhundert, in welchem Rhabanus Maurus sein Werk: *de laudibus sctae Crucis* schrieb. — Auch knüpfte sich an das Kreuz Christi, an seine Wiederauffindung[2]) und seine Wunderkraft ein reicher Kreis herrlicher und tiefsinniger Sagen und Legenden, deren Erörterung, wenn freilich die Darstellung des Kreuzes in der Kunst von denselben vielfach und wesentlich berührt oder beeinflusst wird, hier doch zu weit führen würde. Nur auf die beiden verbreitetsten derselben mag hier hingewiesen werden. Das Kreuz soll nämlich aus dem Baume des Lebens des Paradieses gefertigt worden sein, indem Adam ein Reis dieses Baumes aus dem Paradiese vor seinem Tode erhalten und sein Sohn Seth dieses auf das Grab seines Vaters gepflanzt habe; aus diesem seien drei Stämme entsprosst, und später zu einem Stamme zusammengewachsen, welcher dann zum Bau des Tempels Salomon's gefällt, aber bei dem Tempelbau nicht verwendet worden; nachdem er dann am Bache Kidron als Brücke gedient und die Königin von Saba ihn erkannt habe, sei demnächst aus demselben das Kreuz Christi gezimmert.[3]) — Nach einer andern Legende aber soll das Kreuz aus vier Bäumen zusammengewachsen sein; der untere Stamm von einer Ceder, die Mitte von einer Cypresse, der obere Theil von einem Oelbaum, und die Arme von einer Palme.[4]) —

Andererseits gaben ferner in mystischer Spekulation die Philosophen des Mittelalters der Form des Kreuzes an sich eine besondere Deutung; da die Theile des Kreuzes sich nach allen vier Seiten hinwenden, so fand man in der Gestaltung des Kreuzes symbolisch den Begriff des nach allen Seiten Hinstrahlenden, des das ganze Weltall Durchdringenden angedeutet.[5]) Den Kreis fasste man als den Begriff des allumfassenden Princips auf, und wurde nun, wie es vielfach geschah, das gleicharmige Kreuz in den Kreis gestellt, so hielt man dadurch den Begriff des nach allen Seiten, alle Sphären des Weltalls bis zur Unendlichkeit Durchdringenden gegeben. Diese Darstellung galt daher dann mit Bezug auf die am Kreuze vollbrachte Erlösung und Heiligung der Welt, als das Sinnbild der göttlichen Heiligung alles Räumlichen, oder des Weltalls, welches von dem Kreuze als dem Begriffe des Strahlenden heiligend durchdrungen wird.[6])

Wie vorhin bemerkt, beginnt nun im 4. Jahrhundert die öffentliche Darstellung des Kreuzes in künstlerischer Ausstattung und reichem Schmuck. Bereits Constantin liess, nach Eusebius *(de vita Constantini)* in der Vorhalle seines Palastes ein Kreuz aus Gold und Edelsteinen, als propugna-

---

1) KAISER a. a. O. p. 429. — STOCKBAUER a. a. O. p. 127. — MÜNZ a a. O. p. 184.

2) KRAUS, Beiträge zur Trier'schen Archäologie, der h. Nagel, p. 64 u. ff. gibt eine kritische Beleuchtung der Legende über die Wiederauffindung des h. Kreuzes durch die h. Helena. — Vgl. GRETSER a. a. O. I. c. 62 u. 63 p. 209. 217, und p. 1692.

3) J. a. VORAGINE, Legenda aur. cap. 68 p. 304. — STOCKBAUER a. a. O. p. 141 u. 270. Auch wurde die Heilkraft des Teiches Bethesda, in welchem der Baum gelegen haben sollte, hierdurch erklärt.

4) Legenda aurea ebendaselbst. LIPSIUS III. c. 13. nr. 4. — GRETSER a. a. O. I. cap. 4. u. 5 p. 26. — STEPH. BORCIA, De cruce Veliterna cap. 55 p. 209: *Fit crucis est cedrus, corpus tenet alta cupressus.* *Palma manus retinet, titulo lactatur olivo.*

5) MENZEL, Symbolik p. 518.

6) Auch fand man, wie J. LIPSIUS, De Cruce p. 35 bemerkt und mit Aussprüchen älterer Schriftsteller belegt, überall in der Natur, z. B. im fliegenden Vogel, in den vier Weltgegenden des Erdballes, oder in manchen Pflanzen, ferner in vielen Thätigkeiten des Menschen und Gegenständen, die er gebraucht, z. B. im schwimmenden oder mit ausgebreiteten Armen betenden Menschen, im Schiff, welches mit Mast und Segel das Meer durchzieht, in der Beackerung des Bodens durch den Pflug und dgl., ja in der Bildung des menschlichen Antlitzes selbst, eine Hindeutung auf die Figur des Kreuzes.

culum seines Reiches[1]) anbringen, und gegen Ende desselben Jahrhunderts wurde in der Kirche der h. Pudentiana zu Rom die Chorabsis durch ein herrliches Kreuz in Mosaik geschmückt.[2]) Auch ist insbesondere ein prächtiges Kreuz mit Gemmen und Edelsteinen verziert, aus den Katakomben des h. Pontianus an der Portuensischen Strasse vom Ende des 5. Jahrhunderts zu erwähnen, aus welchem zehn Rosen als Bezeichnung der christlichen Tugenden hervorspriessen; zwei brennende Leuchter stehen auf seinen Armen, an welchen mit goldenen Ketten die Buchstaben *α* und *ω* hängen.[3]) Dann stellte man in weiterer Entwickelung das Lamm Gottes an den Fuss des Kreuzes, und liess einen Blutstrahl aus einer Wunde desselben sich in einen Kelch ergiessen.[4]) Bald ging man auch schon weiter und brachte das Brustbild des Erlösers über[5]), oder auch in der Mitte des Kreuzes an, oder endlich stellte man Christum freistehend dar ohne Kreuz, aber mit ausgebreiteten Armen, um die Andeutung der Kreuzigung zu bezeichnen. Hiermit war nun der Uebergang zur Darstellung des Gekreuzigten selbst, in wirklicher Gestalt in seinen Leiden am Kreuze gegeben, in deren Entwickelung man aber auch wohl nur allmählich, gewissermaassen schrittweise vorging, zunächst weniger das Leiden darstellend, als vielmehr andeutend; man bildete Christum jugendlich und ohne Leiden, auch selbst ohne Wundmale, frei am Kreuze stehend und lebend, eine Auffassung, welche sich, wie unten näher bezeichnet werden wird, später in gewisser Weise in den ersten Zeiten des Mittelalters in den Darstellungen im Abendlande wiederum geltend machte, in der morgenländischen Kirche aber schon früh verschwunden war. —

Wenn man die Lage der Kirche in den ersten Jahrhunderten bis zum sechsten hin in's Auge fasst, in welcher Zeit sie vorzugsweise mit dem Heidenthum und zum Theil auch mit dem die Gottheit Christi leugnenden Arianismus den Kampf zu führen hatte, so ist es selbstverständlich, dass wesentlich die Lehren von der Gottheit Christi und der Erlösung durch den Gottmenschen in den Vordergrund traten. Diesen Hauptlebenselementen der Lehrthätigkeit der Kirche schloss sich naturgemäss die religiöse Kunst an, diente derselben, und es ergab sich daher von selbst, dass in dieser Zeit die Kunst vornehmlich Christum in seiner Verherrlichung, in seiner idealen und göttlichen Erscheinung darzustellen suchte, die tiefste Erniedrigung desselben, das Leiden und Sterben am Kreuze dagegen, welches somit dem Bewusstsein und dem Gefühl nicht so dringend entgegentrat, oder nicht so nahe lag, mehr ausserhalb des Kreises ihrer bildnerischen Bethätigung sich befand.[6]) Als die Zeiten sich geändert hatten, traten mit veränderten Zuständen und Bedürfnissen auch andere Aufgaben an die Kunst lebendiger heran.

Bisher galt als die älteste nachweisbare und erhaltene Darstellung des Gekreuzigten, wenn man von den Kruzifixen in der Gallerie degli Uffizi zu Florenz und in S. Martino zu Lucca absieht, deren Alter nicht genau zu bestimmen ist[7]), die Miniatur einer syrischen Handschrift vom Jahre 586; nach den neuesten Forschungen ist jedoch wohl mit Grund anzunehmen, dass zwei andere Kruzifixbilder den Anspruch auf ein höheres Alter zu erheben berechtigt sind, indem sie wahrscheinlich noch dem 5. Jahrhundert angehören. Die eine derselben, welche sich an der Thür der Kirche S. Sabina zu Rom befindet, stellt Christum mit einem schmalen Gurt bekleidet, zwischen den

1) STOCKBAUER a. a. O. p. 127.

2) WOLTMANN, Gesch. d. Malerei I. p. 161.

3) MÜNZ a a. O. p. 102, Taf. IV, nr. 10. — STOCKBAUER a. a. O. p. 127. — KRAUS a. a. O. p. 467. — GARUCCI, Storia dell' arte Christiana II. Taf. 86.

4) MÜNZ a. a. O. p. 113. — STOCKBAUER a. a. O. p. 140.

5) Z. B. an der Fiole mit h. Oel der Königin Theodolinde aus dem 6. Jahrhundert. — ROHAULT DE FLEURY a. a. O. I. p. 11 Taf. 45. — DIDRON, Annal. XXIV. p. 21.

6) STOCKBAUER a. a. O. p. 142.

7) Die neu entdeckte biblische Darstellung in den Ausgrabungen in St. Clemente zu Rom, der ein hohes Alter beigemessen wurde, habe ich nicht gesehen, auch eine gute Nachbildung derselben nicht erhalten. GRIMOUARD a. a. O. p. 570 setzt sie in das 10. oder 11. Jahrhundert und gibt eine mangelhafte Abbildung. DIDRON, Annal. XXVI. p. 371 nimmt das 11. oder 12. Jahrhundert als Zeit der Entstehung an.

Schächern freistehend, mit gesenkten Armen und von Nägeln durchbohrten Händen dar, lebend und ohne recht erkennbaren Kreuzesbalken; es ist dies gewissermaassen noch als eine Uebergangsdarstellung anzusehen.[1]) Die andere ist ein Elfenbeinrelief im brittischen Museum zu London, auf welchem Christus (mit Nimbus), mit einem Gürtel, wie bei der vorigen, bekleidet, bereits am Kreuze mit gerade gestreckten Armen und durchbohrten Händen dargestellt ist. Die Füsse ohne Suppedaneum sind nicht durchbohrt. Auf der rechten Seite des Kreuzes stehen die h. Maria und der h. Johannes, links ein zum Stosse mit der Lanze ausholender Krieger.[2]) Nächst diesen, und zwar für die Zeitbestimmung nicht nach einer durch die Art der Behandlung begründeten Annahme, sondern bestimmt datirt, tritt nun aber die vorhin genannte, schon weiter entwickelte Miniatur der syrischen Handschrift des Mönches Rabulas aus dem Kloster S. Johann zu Sagba in Mesopotamien[3]) aus dem Jahre 586 chronologisch ein[4]), welche sich in der Bibliothek von S. Lorenzo zu Florenz befindet.[5]) Diese Miniatur stellt Christum mit einer langen, bis auf die Füsse reichenden, ärmellosen Tunika (kolobium, interula) bekleidet dar, welche mit zwei, vorn parallel herunter laufenden, goldnen Streifen geziert ist. Die Streifen werden unten breiter und schen daher keilartig aus; vermuthlich aber wird diese Form durch den Faltenwurf herbeigeführt und sind in denselben die Clavi, die purpurnen Wollenstreifen, zu erkennen, welche parallel von den Schultern herablaufend die Tunika der vornehmen Römer zierten (vestes clavatae) und auf den Bildern in den Katakomben mehrfach vorkommen.[6]) Die Arme Christi sind wagerecht ausgestreckt, die Füsse nebeneinander gestellt, von zwei Nägeln durchbohrt, ohne Suppedaneum, Die beiden Schächer sind nur mit einem Lendentuch bekleidet. Unter dem Kreuze stehen die Träger des Schwammes (links) und zugleich, obschon Christus noch lebend gebildet ist, auch der Träger der Lanze, der bereits den Stoss in die rechte Seite Christi vornimmt.[7]) Ferner befinden sich auf dem Bilde im Vordergrunde Soldaten, welche um die Kleider Christi würfeln, und nebenan in etwas zurücktretenden Gruppen die h. Frauen, der h. Johannes und andere Personen. Ueber dem Kreuze sind Sonne und Mond angedeutet. — Die ganze Ausführung ist zwar noch roh und ungeschickt, dennoch finden sich in diesem Bilde bereits alle wesentlichen Elemente der weiteren Entwickelung der Darstellung des Gekreuzigten vor; auch tritt, was wohl zu beachten ist, das Bestreben, sich möglichst sorgfältig an die Worte und Angaben der h. Schrift zu halten, im Ganzen entschieden hervor, eine Richtung, die gewiss innerlich die

---

1) E. DOBBERT, Jahrbuch d. K. Pr. Kunstsammlungen; zur Entstehungsgeschichte des Kruzifixes I. p. 42. — ROHAULT DE FLEURY a. a. O. I. p. 228 Taf. 51 setzt diese Thür in das 7. Jahrhundert.

2) E. DOBBERT a. a. O. p. 46. — KRAUS, Ueber Begriff, Umfang und Geschichte der Archäologie p. 54.

3) PIPER, Ueber d. christl. Bilderkreis p. 26. — MÜNZ a. a. O. p. 118. — STOCKBAUER a. a. O. p. 156 u. 165. — ST. BORGIA, De cruce velitterna cap. 26 p. 134. — REUSENS, Éléments d'archéologie chrét. I. p. 462.

4) Als man anfing Christum am Kreuz darzustellen, fügte man auch zunächst fast immer die Darstellung der Auferstehung desselben bei; so auch hier auf dem Relief in London, ferner in der syrischen Handschrift auf demselben Blatte, und in zahlreichen andern Beispielen, bis tief in das Mittelalter hinein.

5) LABARTE, Histoire des arts industriels gibt Taf. 80 eine farbige Nachbildung. — AGINCOURT, die christl. Kunstdenkmäler der Malerei Taf. 27 nr. 5. — KAISER a. a. O. p. 15. — BUCHER, Gesch. d. technischen Künste, I. p. 178. — GARUCCI, Storia dell' arte christiana III. Taf. 139.

6) In der späteren römischen Kaiserzeit wurden die Clavi allgemeiner und auch von denen getragen, die früher nicht dazu berechtigt waren. In der altchristlichen Zeit und bis in das Mittelalter hinein, kommen solche Streifen am Gewande Christi und auch anderer Personen vielfach vor, auch mit Gold verziert (chrysoclavae), wie die Frauen sie trugen. KRAUS, Realencyklopädie I. p. 296. — MARTIGNY, Dict. p. 179.

7) Es ist eine eigenthümliche, in der alten Kunst sich sehr häufig findende Erscheinung, dass der Träger des Schwammes (Stephaton) und der der Lanze (Longinus) neben dem Kreuze stehen, obschon ihre Thätigkeit der Zeit nach getrennt ist, und zwar die des ersteren vor dem Tode, die des Anderen nach dem Tode Christi eintrat. — Ueber die Legende des h. Longinus, welchem angeblich durch das der Wunde entströmende Blut des Heilandes das Augenlicht wiedergegeben, vgl. LANGEN, Die letzten Lebenstage Christi p. 356. — GRETSER a. a. O. l. c. 34 p. 110. — STOCKBAUER a. a. O. p. 269. — J. a. VORAGINE, Legenda aurea p. 202: „quod eum ex infirmitate, vel nescio, oculi ejus caligassent, de sanguine Christi per lanceam decurrente fortuito oculos suos tetigit et protinus clare vidit. — CAHIER et MARTIN, Mélanges I. p. 234.

vollste Berechtigung hat; bei allen solchen und ähnlichen Darstellungen kann den Künstlern auch für unsere Zeit nicht genug empfohlen werden, diese Auffassung sich zu eigen zu machen, sich jeder Willkür zu enthalten, und die Angaben der Bibel über die Vorgänge aus der Leidensgeschichte Christi als maassgebende Unterlage für die Auffassung und Anordnung ihrer Darstellungen zu nehmen.

Nicht unerheblich jünger, aber gleichfalls von besonderer kunsthistorischer und gewissermaassen typischen Bedeutung ist eine Miniatur aus dem „Ὁδηγός" betitelten Werke des griechischen Mönches Anastasius Sinaita[1]), welches derselbe im 7. Jahrhundert gegen den Monophysitismus schrieb; nach einer in der Bibliothek zu Wien befindlichen Abschrift ist Christus am Kreuze bereits gestorben dargestellt, und mit einem faltigen, ungefähr bis zu den Knieen reichenden Lendentuche bekleidet, welches nicht als Tuch umgeknotet, sondern mehr als kurzer Rock gebildet ist. — Der Kopf ist auf die rechte Seite geneigt, ebenso der Körper nach dieser Seite ausgebogen; die Füsse, von zwei Nägeln durchbohrt, stehen nebeneinander auf einem grossen Fussbrett. Aus der Wunde der rechten Seite quillt ein Blutstrom hervor.

Diese Art der Behandlung des Gegenstandes hat für den Orient eine grundlegende Bedeutung gewonnen, wie später noch näher zu erörtern ist. —

Die beiden Darstellungen Christi am Kreuze in S. Sabina und auf dem Relief zu London, und dann die beiden näher beschriebenen Miniaturen, deren Alter genau bestimmt ist, erscheinen nun als die ältesten Kruzifixbilder, welche erhalten sind[2]) und liefern den Beweis, dass man wohl bereits im 5. Jahrhundert vereinzelt, entwickelter aber seit dem 6. Jahrhundert Christum am Kreuze darstellte, und auch schon individuell verschiedene Richtungen bei dieser Darstellung sich geltend machten. Jedenfalls sind sie auch älter als die II. Trullanische Synode (Concilium Quinisextum) vom Ende des 7. Jahrhunderts, in dessen Beschlüssen (canon 82) bestimmt wurde, dass in Zukunft statt des Lammes die menschliche Gestalt Christi am Kreuze dargestellt werden solle[3]): „*Ut ergo, quod perfectum est, vel colorum expressionibus omnium oculis subjiciatur, ejus qui tollit peccata mundi, Christi dei nostri humana forma characterem etiam in imaginibus deinceps pro veteri agno erigi ac depingi jubemus, ut per ipsum dei verbi humiliationis celsitudinem mente comprehendentes ad memoriam quoque ejus in carne conversationis ejusque passionis et salutaris mortis deducamur ejusque, quae ex eo facta est mundo redemptionis*" (c. 82). In gleichem Sinne schreibt auch der Papst Hadrian I. 785 an den Patriarchen Tharasius.[4])

Die früher geltend gemachte Ansicht, dass erst in Folge dieser Beschlüsse die Kruzifixbilder in Aufnahme gekommen seien, ist daher irrig[5]); auch wird durch manche Nachrichten aus früherer Zeit über solche Darstellungen des Gekreuzigten der entgegenstehende Beweis geführt, wenn zwar

---

1) STOCKBAUER a. a. O. p. 163. — MUNZ a. a. O. p. 119. — KAISER a. a. O. p. 15. — STEPH. BORGIA, De cruce velitorna cap. 37 pag. 138.

2) KAISER a. a. O. p. 18. Das Alter des bei Arringhi. Roma subter. II. p. 354 mitgetheilten ganz bekleideten Kruzifixbildes aus den Katakomben S. Juli und S. Valentini erscheint zweifelhaft. — Vgl. GARUCCI, Storia dell' arte christ. II. p. 83 Taf. 84.

3) MUNZ a. a. O. p. 115. — STOCKBAUER a. a. O. p. 140 u. 167. — OTTE u. AUS'M WEERTH p. 193. — AUGUSTI a. a. O. III. p. 583. — GRETSER a. a. O. II. c. 12 p. 382. — BORGIA, De cruce vaticana c. 5 p. 41.

4) HADRIAN I.: „*Verum igitur agnum dominum nostrum J. Chr. secundum imaginem humanam a modo etiam in imaginibus pro veteri agno erigi atque depingi jubemus.*" — STOCKBAUER a. a. O. p. 167. — STEPH. BORGIA, De cruce vaticana p. 41. — DURANDUS, lib. I. c. 3 nr. 6 bemerkt hierzu: „*Non enim agnus dei in cruce principaliter depingi debet; sed homine depicto non obest agnum in parte inferiori vel posteriori depingi.*" Das Lamm Gottes wurde demnächst auch nicht bloss in der Zeit der romanischen Kunst, sondern auch in allen späteren Jahrhunderten an dem Kreuze, besonders aber an der Kehrseite angebracht. An den meisten der zahlreichen herrlichen Vortragekreuzen, die vom 12.—16. Jahrhundert gefertigt worden sind, findet sich das Lamm Gottes in reicher Verzierung oder Gestaltung. Z. B. an den Vortragekreuzen im Dom zu Mainz und in der Kirche zu Pfanig und in Essen, OTTE u. AUS'M WEERTH a. a. O. p. 197. und an dem Erphokreuz zu St. Mauriz in Münster und Anderen.

5) KAISER a. a. O. p. 14. — v. HEFELE, Beiträge zur Kirchengeschichte, Archäologie etc. II. p. 266.

auch die Darstellungen selbst nicht mehr vorhanden sind. Hierfür ist anzuführen die bekannte Bemerkung Gregors von Tours († 594): *„Est apud Narbonensem urbem in ecclesia s. Genesii pictura, quae dominum nostrum, quasi praecinctum linteo indicat crucifixum,"* eine Art der Darstellung, welche als ungewöhnlich Anstoss erregte und getadelt wird.[1]) Aelter noch ist die Angabe des Rhetors Chorikios aus der Zeit Justinians, also aus der zweiten Hälfte des 5. Jahrhunderts, über ein Wandgemälde in der Kirche des h. Sergius zu Gaza, welches Christum am Kreuze zwischen den Schächern dargestellt haben soll (Stockbauer a. a. O. p. 164. Dobbert a. a. O. p. 41). — Ferner ist die Nachricht beglaubigt, dass in dem Grabe des merovingischen Königs Chikllerich, welcher gegen das Ende des 6. Jahrhunderts starb, ein kleines erzenes Kreuz mit dem Bilde des Gekreuzigten aufgefunden worden.[2]) Auch noch andere Beispiele würden angeführt werden können: nur mag noch das eine Partikel des h. Kreuzes enthaltende Brustkreuz (έγκόλπιον) besonders erwähnt werden, welches vom Papst Gregor dem Grossen (590—604) nebst den vielbesprochenen gläsernen Fiolen mit h. Oel, der longobardischen Königin Theodolinde in Veranlassung der Geburt ihres Sohnes Adulowald zum Geschenk gesendet wurde[3]) und noch erhalten ist. Es befindet sich zur Zeit im Schatze der Kirche S. Giovanni zu Monza und zeigt Christum im ärmellosen Unterkleide in ganz ähnlicher Weise dargestellt, wie dies in der vorhin näher beschriebenen Miniatur der syrischen Handschrift der Fall ist. Der griechische Ursprung ist unverkennbar.[4])

Es kann hiernach nicht zweifelhaft sein, dass bereits vor der angeführten Synode die Darstellung Christi am Kreuz nicht mehr ungewöhnlich war; durch die Beschlüsse derselben mag sie indess, sowohl im Orient, wie im Occident, weitere Anregung erhalten haben. Als die älteste Darstellung in **Deutschland** kann wohl das Kruzifixbild des h. Willibrordus, Apostels der Friesen (658—739) gelten[5]), welches sich an einem Reliquiarium desselben zu Emmerich befindet, Christum mit einem Lendentuch bekleidet und von den Zeichen der vier Evangelisten nebst Sonne und Mond umgeben, darstellt, leider aber in dem unteren Theil zerstört ist. Da der h. Willibrordus schon mit einem Nimbus ausgezeichnet ist, also entweder bereits als Heiliger verehrt wurde oder schon kanonisirt war, so folgt daraus, dass dasselbe, wenn es auch für die ihm vom Papste Sergius geschenkten Reliquien bestimmt war, doch erst erhebliche Zeit nach seinem Tode, etwa gegen Ende des 8. Jahrhunderts, angefertigt oder vollendet ist.[6])

Seit dem 9. Jahrhundert verbreitete sich, sowohl im Orient, nachdem der Bilderstreit beseitigt war, als auch im Occident, die Darstellung des Gekreuzigten in lebhafter Weise, und sowohl in der Malerei, als auch in der Skulptur, in den Arbeiten in Elfenbein, in Erz und in Mosaik sind die Künstler eifrigst thätig, den auf den Besitz eines Kruzifixbildes gerichteten allgemeinen Wünschen der Kirchen, der geistlichen und weltlichen Grossen nachzukommen.

Die Entwickelung der Darstellungsweise des gekreuzigten Heilandes war nun aber seit dieser Zeit, etwa seit dem 9. Jahrhundert, im Orient und Occident in mannigfacher Weise verschiedene, und die Auffassungen gingen zunächst bis zum Ende des 12. Jahrhunderts, wenn auch viele praktische Berührungen eintraten, doch erheblich auseinander.[7]) Im Allgemeinen schloss sich die Auffassungsweise im Orient an die des Kruzifixbildes des Anastasius Sinaita an, wie sie vorhin näher

---

1) Münz a. a. O. p. 117. — Kaiser a. a. O. p. 25.

2) Münz a. a. O. p. 117. — Stockbauer a. a. O. p. 197. — Borgia, De cruce velterna p. 30.

3) Ein ähnliches sandte derselbe Papst an Reccared, den König der Westgothen. Stockbauer a. a. O. p. 185. – Didron, Annal. arch. XXVI. p. 139.

4) Stockbauer a. a. O. p. 160. — Bock, Geschichte d. liturg. Gewänder, II. Taf. 29. · · Stephl Borgia, De cruce velterna p. 140.

5) Aus'm Werth, Kunstdenkmale des Reinlandes, I. p. 7. Taf. 3. — Münz a. a. O. p. 119. Stockbauer a. a. O. p. 193. — Piper a. a. O. p. 29. — Dr. Alberdinck Thym, der h. Willibrord p. 202.

6) Dr. Alberdinck Thym a. a. O. p. 196.

7) Münz a. a. O. p. 181 u. ff. — Stockbauer a. a. O. p. 202. — Stockbauer im Organ f. christl. Kunst, 1872 p. 219. — v. Hefele, Beiträge zur Kirchengeschichte, Archäologie und Liturgik. II. p. 270.

bezeichnet worden. Nachdem der Bilderstreit, welcher im 8. Jahrhundert der Entwickelung der
Kunst dort einen tiefen Stoss versetzt, und viele die Kunst übenden Mönche sogar ins Abendland
getrieben hatte, beendigt war, fing man zwar wieder um so eifriger an, künstlerisch thätig zu sein,
aber das frische Leben erlahmte gar bald, und es wurde von den Künstlern in stereotyper Weise
die bisherige Art der Behandlung ohne lebendige, eigene Auffassung und Empfindung, wenn auch
mit grosser technischer Fertigkeit, beibehalten und als feststehend oder massgebend betrachtet. —
Es ist anzunehmen, dass mindestens seit dem 10. Jahrhundert die Griechen, wie aus den Streit-
schriften des Cardinals Humbert (unter dem Papst Leo IX.) gegen den Patriarchen Michael Cäru-
larius aus der Mitte des 11. Jahrhunderts hervorgeht[1]), den Heiland in der Regel bereits als
gestorben und zwar mit dem Ausdrucke des tiefsten Schmerzes, von den furchtbaren Leiden er-
drückt und entstellt, in realistischer Weise darstellten. Das Haupt Christi wurde auf die Seite,
in der Regel die rechte, geneigt, und der Körper ebenfalls nach derselben Seite hin gebogen,
die Rippen wurden sehr stark bezeichnet, wohl in symbolischer Auffassung[2]); die Arme waren
meistens gerade gestreckt, die Füsse neben einander gestellt, sodass also die Anheftung mit vier
Nägeln erfolgte; auch die Fersen der Füsse waren meistens an einander gerückt und die Füsse in
Berücksichtigung der Wirkung der natürlichen Schwere des Körpers auf ein Fussbrett (Suppedaneum)
gestellt, welches in der älteren Zeit gross gestaltet und oft schräg gerichtet war; zuerst erwähnt
Gregor von Tours desselben[3]), vielleicht in irrthümlicher Auffassung der Angaben älterer Schriftsteller, während dagegen die Erzählung des Vorganges der Kreuzigung in der h. Schrift nichts von
demselben meldet, und dasselbe auch dem Gebrauche jener Zeit, wie nicht mehr bezweifelt wird,
nicht entsprach. — Der Kreuzestitel war in der Regel gross, fehlte selten und war mit verschiedenen
Aufschriften versehen. Die Bekleidung Christi bestand in der Regel aus einem ziemlich grossen,
bis zu den Knieen reichenden Lendentuche (perizonium), welches in verschiedener Weise faltig ver-
schlungen und geknotet, oder auch als eine Art kurzen Rockes gefaltet, häufig reich verziert
wurde, mitunter aber auch, jedoch seltener, aus einem langen, den ganzen Körper, etwa mit Ausnahme
der Arme, bedeckenden Unterkleide. Aus der Seitenwunde ergoss sich häufig ein Blutstrahl in
einen Kelch. Engel schwebten neben oder über dem Kreuze und mit Beziehung auf die Worte der
h. Schrift waren Sonne und Mond angebracht, und zwar in natürlicher Darstellung dieser Himmelskörper, dagegen selten personificirt. Unter dem Kreuze stehen die h. Maria und der h. Johannes
Evangelista, erstere oft mit erhobenen Armen, letzterer zum Zeichen der Trauer die Hand an das
Kinn legend; die h. Maria steht stets rechts vom Kreuze, der h. Johannes meistens links, jedoch
zuweilen auch mit der h. Maria an der rechten Seite.[4]) Ferner stehen unter dem Kreuze die Träger
der Lanze und des Schwammes, Soldaten und andere Personen; der Hintergrund besteht häufig aus
einer Mauer oder ähnlichen architektonischen Bildungen, während im Vordergrunde Soldaten um
das Kleid Christi würfeln. Als Beispiele sind ausser den genannten anzuführen: ein aus dem 10.
Jahrhundert stammendes Mosaikbild der Venetianerin Goletta de Grionibus, deren Mann Kämmerer
beim Kaiser Johann Kantakuzenos war; von demselben gibt Stockbauer eine Nachbildung[5]); sodann eine

---

1) STOCKBAUER a. a. O. p. 210. — KASER a. a. O. p. 29.   2) Psalm XXI. 18: „Et dinumeraverunt omnia ossa mea."
3) MUNZ a. a. O. p. 157. — STOCKBAUER a. a. O. p. 68. — LANGEN a. a. O. p. 311. — GRETSER a. a. O. l. c. 24 p. 80.
4) Nicht bloss in der griechischen Kunst, auch im Abendlande, von den ältesten bekannten Darstellungen an,
das ganze Mittelalter hindurch, steht die h. Maria, ohne irgend einen Ausnahmefall, an der rechten Seite des Kreuzes,
niemals an der linken. Ohne Zweifel gab man der h. Jungfrau diesen Platz, da er als der bevorzugte auch schon
im Alterthume angesehen wurde, und als Ehrenplatz galt. Schon aus vielen Stellen des alten Testaments erhellt dies.
z. B. Psalm 44. 10: „astitit regina a dextris tuis in vestitu deaurato"; ebenso im neuen Testament, z. B. Gott der Sohn
sitzet zur Rechten des Vaters. So sah ihn der h. Stephanus, Apostelgeschichte Kap. VII v. 55. Es wird aber ferner
auch angeführt, dass die rechte Seite hindeute auf die Macht, die Barmherzigkeit und die Liebe, und auch hierfür werden
Stellen aus der Bibel und insbesondere aus den Psalmen angezogen; z. B. „Dextera tua domine, magnificata est in fortitudine;
dextera tua percussit inimicos. Exod XV. 6. und: Salvum fac dexteram tuam et exaudi me. Psalm 59, 7. und: „Et dextera illius
amplexabitur me. Cant. II. 6. — ROHAULT DE FLEURY a. a. O. I. p. 218. — MENZEL a. a. O. II. p. 262. — KREUSER a. a. O. II. p. 554.
5) STOCKBAUER a. a. O. p. 173.

Emailletafel aus dem Anfange des 10. Jahrhunderts in der „reichen Kapelle" zu München: Christus am Kreuz mit Lendentuch bekleidet, ist realistisch aufgefasst, neben dem Kreuze die h. Maria und der h. Johannes, über demselben Engel und die Sonne und der Mond[1]; ferner das Bild des Gekreuzigten in eingelegter Metallarbeit an den Erzthüren von S. Paolo zu Rom aus dem 11. Jahrhundert, welche die Familie Pantaleon zu Amalfi, ebenso wie die Thüren von S. Michael am Monte Gargano, und vom Dome zu Palermo in Constantinopel hatte anfertigen lassen.[2] Auf jenen befinden sich auch die h. Maria und der h. Johannes in der bezeichneten Stellung, und den Hintergrund bilden Mauern mit Ausladungen. Zu verweisen ist ausserdem auf viele Emailarbeiten, die in Byzanz und später auch von griechischen Künstlern im Abendlande ausgeführt[3] wurden, und ebenso auf viele alte Mosaiken und zahlreiche Miniaturen in den Manuskripten jener Zeit. —

Im Abendlande ging die Entwickelung der Darstellung des Kruzifixes in etwas anderer Weise vor sich.[4]

Seit dem Anfange des 8. Jahrhunderts gelangten dorthin vielfach die Trage- oder Brust-Kreuze (encolpia), welche Partikeln des h. Kreuzes enthielten, wie schon vorhin angeführt worden.[5] Sie standen in hoher Werthschätzung, brachten für viele Gegenden als erstes Beispiel eine Darstellung des Gekreuzigten zur Anschauung und gaben wohl Veranlassung, oder boten doch Anregung zur allgemeineren Verbreitung der bildlichen Darstellung des Kruzifixes. Wir finden ausser dem bereits genannten zu Monza auch noch an anderen Orten solche Kreuze, welche im 8. oder 9. Jahrhundert, meistens von Goldschmieden in Byzanz oder doch im Orient gefertigt, nach Rom und dann weiter nach Deutschland oder Frankreich gelangten. Nachdem ein bisher noch in Jerusalem aufbewahrter Theil des Kreuzes Christi, welcher im Jahre 614 von dem Perserkönige Chosroes geraubt, vom Kaiser Heraclius aber wieder erobert worden, im Jahre 634 nach Constantinopel gebracht worden war, befanden sich daselbst etwa zwei Dritttheile desselben, und von dorther wurden nun einzelne kleine Theile in werthvoller und kunstreicher Fassung (als Tragekreuze) ins Abendland gesendet. Papst Leo III. erhielt ein solches vom Kaiser Nicephorus[6], Carl der Grosse 779 vom Patriarchen Johannes von Jerusalem dasjenige, welches sich noch im Schatze des Münsters zu Aachen befindet, allerdings in einer äusseren Fassung des 12. Jahrhunderts. — Ebenso stammten die Kreuzpartikeln, welche, reich gefasst, die Frankenkönigin Radegunde und ferner Ludwig der Fromme und die Könige Robert, Philipp II. und Ludwig IV. erhielten[7], aus Constantinopel. Diese Brustkreuze, wenn auch nur zur Privatverehrung bestimmt, bildeten den Uebergang zur Herstellung grosser Kruzifixe, welche demnächst in den Kirchen zur öffentlichen Verehrung, wie auch zum Schmuck, angebracht wurden. Nachdem angeblich Papst Johann VII. im Anfange des 8. Jahrhunderts in einer Kapelle der alten Peterskirche zuerst ein Kruzifix zur öffentlichen Verehrung aufgestellt hatte[8], welches im Allgemeinen den Typus des Bildes der syrischen Handschrift gehabt zu haben scheint, finden sich solche dann seit dem 10. Jahrhundert sehr häufig in weiterer Verbreitung. Vielen noch vorhandenen Kruzifixen, besonders in Italien, wird irrthümlich ein sehr hohes Alter zugeschrieben[9], und die Anfertigung

1) v. HEFNER-ALTENECK, Trachten und Geräthe des Mittelalters. Neue Ausgabe. Taf. 15.

2) ALWIN SCHULTZ, Die mittelalt. Kunst in Unteritalien. — v. QUAST u. OTTE, Zeitschrift f. christl. Archäologie II. p. 100. — STOCKBAUER a. a. O. p. 174.

3) Man vergleiche auch die altgriech. Kreuze in dem auf Veranlassung der russischen Regierung herausgegebenen Werke: „Die Alterthümer des russ. Reiches." STOCKBAUER a. a. O. p. 175. — Auch ist hier anzuführen das Reliquiar mit der Darstellung der Kreuzigung im Domschatze zu Hildesheim, welches aus dem Ende des 8. Jahrhunderts vom Patriarchen Johann V. von Jerusalem herrühren soll. KRATZ, Der Dom zu Hildesheim II. p. 12. Per. 1. Taf. 2.

4) Organ f. christl. Kunst (STOCKBAUER) 1872 p. 219. — STOCKBAUER, Kunstgeschichte des Kreuzes p. 183, 193, 202.

5) FLOSS, Geschichtl. Nachrichten über d. Aachener Heiligthümer p. 26. — ST. BORGIA, De cruce veliterna p. 133.

6) GRETSER a. a. O. II c. 34 p. 451 — ST. BORGIA, De cruce vaticana p. 46.

7) STOCKBAUER a. a. O. p. 186. — FLOSS a. a. O. p. 27.

8) STOCKBAUER a. a. O. p. 188.

9) Vgl. BORGIA, De cruce veliterna, und BORGIA, De cruce vaticana.

8*

derselben in das 8. und 9. Jahrhundert gesetzt, während jedoch in der Regel diese Zeit der Entstehung mehr als zweifelhaft erscheint. Jedenfalls aber ist es sicher, dass im 10. und 11. Jahrhundert
im Abendlande eine sehr grosse Anzahl von Kruzifixbildern gemalt und gefertigt wurden; mit dem
11. Jahrhundert beginnt bei manchen derselben von besonderer Bedeutung die historische Nachweis-
barkeit der Entstehung auch in Deutschland, oder es lassen die besonderen Stilmerkmale das Alter
derselben fest bestimmen.

An den Namen Carls des Grossen, dessen Wirksamkeit in kulturgeschichtlicher Beziehung
einen ebenso entscheidenden Abschnitt bildet, wie für die staatliche Entwickelung, knüpft zwar die
Ueberlieferung über die Entstehung mancher derartiger Kunstwerke an[1]), jedoch erst in den auf ihn
folgenden Jahrhunderten tritt die Entwickelung auf den Grundlagen ein, die er gelegt hatte. In
dieser Zeit machen sich nun in Deutschland, wie auch im ganzen Abendlande, in der Ausbildung
der Darstellung des Kreuzes verschiedenartige Einflüsse in mannigfacher Weise geltend, ohne jedoch,
was Deutschland betrifft, eine eigenartige Entwickelung bis zum Anfang des 13. Jahrhunderts hin
zu hindern. Durch die Beziehungen, in welche Carl der Grosse zu Italien trat, wo noch ein leiser
Nachhall an die Antike fortlebte, gelangte in die Kunstbestrebungen im fränkischen Reiche auch
ein Anklang an dieselbe, der sich am meisten in der Architektur bemerklich machte. Durch die
Berufung angelsächsischer Gelehrten und irischer Mönche kam ferner, wenn auch nur vorübergehend,
eine gewisse Einwirkung dieser Art, insbesondere auf die Miniaturmalerei (und zwar bezüglich der
Ornamentirung, weniger aber der Darstellung der Personen) zur Geltung[2]), welche auch durch die
Verbindung St. Gallens mit den irischen Benediktinern und durch die Thätigkeit angelsächsischer
Glaubensboten im Frankenreiche verstärkt wurde. — Mehr noch wirkten aber wiederholt byzantinische
Einflüsse, sowohl auf die Miniaturmalerei, als auch, und vorzugsweise, auf die Goldschmiedekunst in
Technik und Formgebung ein, besonders als während des Bilderstreites und nach demselben grie-
chische kunstfertige Mönche nach Italien kamen, auch dorthin, da das Kunstleben daselbst zu jener
Zeit noch mehr darniederlag als in Deutschland, gerufen wurden[3]); ferner waren die durch die
Kaiserin Theophano hergestellten verwandtschaftlichen Beziehungen des sächsischen Kaiserhauses
mit dem griechischen naturgemäss von erheblicher Bedeutung. Trotz aller dieser Einwirkungen blieb
die Darstellung des Gekreuzigten im Abendlande, besonders aber in Deutschland, mit selbstständigen
Eigenthümlichkeiten ausgestattet, welche kurz in folgenden Hauptzügen zusammen gefasst werden
können. Zunächst vermied man es in der Regel, den Heiland, wie es in der griechischen Kunst der
Ueberlieferung gemäss geschah und vorhin bezeichnet ist, am Kreuze in realistischer Darstellung
des Leidens, im Uebermass der Schmerzen und der Qual zu behandeln, sondern man stellte ihn am
Kreuze glorificirt, aufrecht stehend, noch lebend, oft sehr jugendlich, ohne Schmerzen oder Todes-
kampf, in göttlicher Majestät das Erlösungswerk freiwillig vollbringend, und als Besieger des Todes
dar, zuweilen auch ohne Anheftung an das Kreuz, gewissermassen an dem Kreuze schwebend. In
Konsequenz dieser Auffassung wurde der Heiland vielfach mit einer langen Tunika bekleidet, welche
meistens mit einem Gürtel zusammengehalten war, oder auch mit einem Purpur- oder Kaisermantel
angethan, mit einer Königskrone[4]) auf dem Haupte; zuweilen aber abweichend hiervon mit einem
langen, verzierten oder reich gefalteten Lendentuche oder Rocke versehen. Die Füsse wurden
neben einander gestellt, oft weder von Nägeln durchbohrt, noch mit Wundmalen versehen; in der

1) Ausser den genannten ist noch zu verweisen auf ein kleines Kreuz zu Florenz, welches Carl der Grosse
getragen haben soll. Christus trägt eine Mitra auf dem Haupte, ein kurzes Lendentuch, und Wundmale sind weder an
den Händen, noch an den Füssen sichtbar.

2) STOCKBAUER a. a. O. p. 196. — LIND, Mitth. d. K. K. Central-Comiss. 1869. p. 169.

3) Nachweislich nach Rom, Monte Casino und anderen Orten.

4) MOLANUS a. a. O. cap. 26 p. 140: „Aliquae (imagines) habent regalem coronam; hoc autem pictura paulo clarius
exprimere voluerunt, quod Salvator noster non sit tantum metaphorice aut philosophice locutione rex, sed verus rex, rex regum,
dominus dominantium, cujus regni non erit finis. — MÜNZ a. a. O. p. 186 u. 166.

Regel wurde ein Fusspflock angebracht oder auch statt dessen eine verzierte Konsole, oder ein Kelch, in welchem das göttliche Blut aufgefangen wurde. Die Arme waren gerade gestreckt, und die Hände oft herunter gebogen, eine Bewegung, durch welche der ganzen Darstellung ein spezifischer Charakter aufgeprägt werden sollte. —

Verschiedene symbolische Darstellungen traten in der Umgebung des Kreuzes besonders hervor; Sonne und Mond, in der Regel personificirt mit verhülltem Angesicht, Synagoge und Kirche, Erde und Meer, die Hand Gottes des Vaters, der Schädel Adams oder dessen Figur, die Zeichen der Evangelisten, eine Schlange, ein Drache und andere symbolische oder typologische Bezeichnungen, ausserdem unter dem Kreuze die h. Maria und der h. Johannes und andere Personen, wie sie in der Darstellung der h. Schrift bezeichnet sind.

Wenn diese Grundzüge auch für die abendländischen Kunstwerke vom 10. bis zum 13. Jahrhundert im Allgemeinen Geltung haben, so ist doch nicht zu übersehen, dass manche in diesem Zeitraum entstandene Darstellungen, sei es, weil vielleicht die Künstler orientalische Vorbilder vor Augen hatten, oder weil griechische Künstler im Abendlande die Ausführung vornahmen, schon vor Beginn des 13. Jahrhunderts eine gewisse Hinneigung zu dem vorhin bezeichneten byzantinischen Typus erkennen, oder eine Art von vermittelnder Behandlung, beziehungsweise sich durchkreuzende Einflüsse hervortreten liessen.[1])

Die Zahl der in diesem Zeitraum und besonders auch in Deutschland gemalten und gefertigten Kruzifixbilder ist sehr gross, und es ist schwer, eine geeignete Auswahl zu treffen, durch welche die vorstehenden Angaben eine Bestätigung erhalten. Um vornehmlich aus Deutschland einige Beispiele, welche, mehr frei von der griechischen Beeinflussung, diesen abendländischen Typus zu bezeichnen geeignet sind, zum Belege der Behauptungen anzuführen, mag zuerst eine Miniatur aus einem irischen Codex des 8. Jahrhunderts, der in der Mitte des 10. Jahrhunderts nach St. Gallen kam, erwähnt werden, welche mehr durch ihr Alter, als durch die Art der Ausführung bemerkenswerth ist[2]); auf derselben wird Christus am Kreuze lebend, ohne Schmerz, in roher Malerei in einer aus wunderbaren Windungen gebildeten, vollen Bekleidung ohne Nägel oder Wundmale dargestellt. Speer- und Schwammträger stehen unter dem Kreuze, zwei Engel befinden sich über demselben. — Dann ist zu nennen aus dem 9. Jahrhundert eine Miniatur der Evangelienharmonie Gottfried's von Weissenburg[2]), in welcher Christus nur mit Lendentuch bekleidet, ohne Suppedaneum, aber mit einem Kelch unter den Füssen dargestellt ist, und aus dem 10. Jahrhundert ein Miniaturbild aus dem Evangeliarium des Bischofs Egbert von Trier (978—993), von Mönchen aus dem Kloster Reichenau gemalt, welches mit St. Gallen in besonderer Beziehung stand; Christus ist lebend, mit einem langen Purpurgewand angethan[4]); die Darstellung zeigt erhebliche Anklänge an das bezeichnete Bild der syrischen Handschrift, jedoch ist das Kleid Christi hier mit Aermeln versehen, und auf der Tunika laufen zwei Streifen von Goldborten von oben nach unten herab, während auf dem syrischen Bilde dieselben in der Art von keilförmigen Einsätzen unten breiter werden. Eine gewisse Aehnlichkeit mit diesem zeigt eine Miniatur in dem Evangelistarium der Kaiserin Theophano aus Echternach (jetzt in Gotha); Christus ist ganz bekleidet, lebend, ziemlich jugendlich dargestellt; die Füsse stehen nebeneinander, aber ohne Suppedaneum; auch die Schächer sind ganz bekleidet (Otte und Aus'm Weerth, Jahrb. d. Vereins v. Alterth. Fr. Heft 67 u. 68 p. 146 Taf. 15); ferner auch findet sich eine ähnliche Miniatur in der Vatikanischen Bibliothek; Christus ist ohne Wundmale, die Hände sind herunter gebogen, die Füsse auf einen Kelch gestellt (Rohault de Fleury a. a. O. p. 214 Taf. 45). Ganz besondere Bedeutung kann für sich in Anspruch nehmen ein Miniaturbild aus einer Handschrift

1) Stockbauer a. a. O. p. 198.   2) Stockbauer a. a. O. p. 209. — Reusens, Elém. d'archéol. I. p. 460.
3) Stockbauer a. a. O. p. 204.
4) Otte u. Aus'm Weerth a. a. O. p. 202 Taf. 12 nr. 2. — Stockbauer a. a. O. p. 205. — Schnaase a. a. O. IV. p. 632. — Bücher a. a. O. I. p. 205.

des Benedictinerinnen-Klosters Niedermünster zu Regensburg (zur Zeit in der Bibliothek zu München)[1]) aus dem 11. Jahrhundert, welches Christum am Kreuz, lebend und nicht leidend, mit mildem freundlichen Ausdruck darstellt, und mit einem faltigen, mit Aermeln versehenen, bis an die Kniee reichenden Gewande bekleidet, welches in der Mitte des Körpers gegürtet ist; über dasselbe ist eine priesterliche Stola (orarium) gelegt. Auf dem Haupte trägt Christus eine Krone oder Priesterbinde, und die Füsse stehen nebeneinander ohne Nägel, frei auf dem Fussbrett. Synagoge und Kirche, mors und vita und die Zeichen der Evangelisten umgeben das Kreuz. Es ist dies wohl eins der bedeutendsten Bilder, welches die Miniaturmalerei überhaupt geschaffen hat. Auf einer Miniatur eines Antiphonariums zu St. Peter in Salzburg aus dem Ende des 11. oder Anfang des 12. Jahrhunderts ist Christus, mit faltigem Lendentuch bekleidet, als bereits gestorben dargestellt. Die Arme sind gerade gestreckt, die Füsse nebeneinander gestellt, ohne Fussbrett; die h. Maria und der h. Johannes, Synagoge und Kirche stehen neben dem Kreuze. (Dr. Lind, Mitth. d. Central-Comiss. 1869. p. 179 Taf. XIV.) —

Die Beispiele aus den Miniaturen, die sich in vielen Handschriften dieser Zeit befinden, liessen sich leicht zu einer grossen Zahl vermehren; die angeführten werden jedoch genügen. Aus der geringeren Zahl der erhaltenen Wandmalereien dieses Zeitraumes mag noch besonders erwähnt werden die Darstellung in der Unterkirche zu Schwarzrheindorf (E. aus'm Weerth a. a. O. p. 13 Taf. 28), auf welcher Christus mit geknotetem Lendentuche dargestellt ist; die Füsse befinden sich ohne Fussplock nebeneinander, auffallender Weise sind aber die Arme bereits nicht mehr ganz gerade gestreckt, sondern ein wenig in die Höhe gerichtet. Der h. Johannes hält die h. Maria an der rechten Seite des Kreuzes, die Träger der Lanze und des Schwammes stehen zu beiden Seiten desselben.

Was die Arbeiten in Metall betrifft, so bieten zunächst ein besonderes Interesse die Arbeiten des h. Bernward, Bischofs von Hildesheim (993—1022), dessen Thätigkeit auf verschiedenen Gebieten der Kunst von hervorragender Bedeutung ist, ebenso wie die durch seine Anregung entstandenen Werke.[2]) Von ihm ist anzuführen das sog. Bernwardskreuz[3]), an welchem Christus das Haupt tief senkt; der Körper ist etwas gebogen, die Arme sind gerade gestreckt, das Lendentuch sehr lang, das Suppedaneum klein, ferner die Kreuzigung an den Thüren des Domes daselbst: Christus lebend, steht gerade, das Lendentuch ist kurz; die Füsse stehen nebeneinander auf einem Fussplock; neben dem Kreuz Speer- und Schwammträger, die h. Maria und der h. Johannes.[4]) Auch ein grosses Kreuz in Bronce, zwar von etwas grober Arbeit, welches sich zur Zeit in der Sammlung zu Glienecke bei Potsdam befindet, wird, da es aus Hildesheim stammt, auf ihn zurückzuführen sein; Christus ist ganz bekleidet durch eine lange, mit Aermeln und Gürtel versehene Tunika, welche durch ein Ornament in deutschem Email champlevé geziert ist; er trägt auf dem Haupte eine Krone, die Füsse stehen nebeneinander ohne Suppedaneum.[5]) Ausser diesen Werken des h. Bernward sind anzuführen ein kupfernes Kreuz der Königin Gisela, Gemahlin Königs Stephan von Ungarn (im Schatz zu München)[6]), ein Vortragekreuz zu Planig[7]), das sogenannte Lotharkreuz

1) CAHIER, Nouv. Mélang. d. arch. p. 15.   STOCKBAUER a. a. O. p. 207.   MENZ a. a. O. p. 180. → KAISER a. a. O. p. 21.   FORSTER, Denkm. d. Kunst. Malerei II. p. 13. — WOLFMANN, Gesch. d. Malerei I. p. 260. — SIGHART, Gesch. d. bild. Künste in Baiern p. 210. — CAHIER, Nouv. Mélanges I. p. 17.
2) In einer Evangelien-Handschrift desselben befindet sich ein Kruzifixbild ohne Bezeichnung der Wundmale. OTTE u. AUS'M WEERTH a. a. O. p. 210.
3) KRATZ a. a. O. II. p. 26 u. ff. Taf. 4.   STOCKBAUER a. a. O. p. 253. — Das Kreuz, welches die Spitze der bekannten Bernward's Säule zierte, ist nicht mehr vorhanden.
4) KRATZ a. a. O. II. p. 57. Taf. A.
5) OTTE u. AUS'M WEERTH a. a. O. p. 214.   DIDRON, Annal. arch. XXVI. p. 357.
6) STOCKBAUER a. a. O. p. 254.
7) OTTE u. AUS'M WEERTH a. a. O. p. 197. Taf. 10 u. 11.

im Münster zu Aachen[1]), das Kreuz in Maria-Lyskirchen zu Cöln[2]) und im Dom zu Wetzlar) und ein sehr interessantes Kreuz im Dome zu Minden[3]) mit geraden Armen, reich verziertem geknoteten Perizonium und einem Fusspflock, welcher in Gestalt eines Drachen gebildet ist; es entstammt nach Kaiser dem Ende des 11. oder Anfange des 12. Jahrhunderts.[4]) Besonders ist hinzuweisen ferner auf die grosse Zahl von deutschen Emailarbeiten aus der Schule zu St. Pantaleon zu Cöln und des Klosters zu Siegburg, von wo diese Technik nach Frankreich, durch den Abt Suger zunächst nach St. Denis, gelangte, und dann in Limoges vorzugsweise gepflegt und weiter entwickelt wurde. Viele dieser rheinischen Arbeiten finden sich in allen grösseren Sammlungen und in den Schätzen vieler Kirchen, besonders am Rhein; sie zeigen in der Darstellung der Kreuzigung in der Regel mehr die abendländische Auffassung, zum Theil aber auch eine gewisse Mischung von griechischer und abendländischer Behandlung.

Noch grösser ist die Zahl der Darstellungen der Kreuzigung in den Elfenbeinarbeiten, da man gerade diese Darstellung auf den Diptychen liebte. Später wurden diese, eingefasst mit kostbaren Metall- und Emailarbeiten, vielfach zum Schmuck der Buchdeckel verwendet, leider ist aber der Ort der Entstehung derselben, da sie so leicht transportabel waren und mit den handschriftlichen Werken, deren Einbände sie schmückten, meistens weder der Zeit, noch dem Ort nach in Beziehung standen, sondern nur in zufällige Verbindung gebracht wurden, in der Regel nicht zu bestimmen. Eine der ältesten Arbeiten dieser Art ist wohl das Diptychon der Herzogin Agiltrude von Spoleto aus dem 9. Jahrhundert, welches, in roher Arbeit Christum lebend, freistehend und mit einem kurzen Rock um die Lenden bekleidet darstellt.[5]) Besonderes Interesse bietet ein Relief auf dem Deckel des Evangelistariums der Kaiserin Theophano aus dem Kloster Echternach (zur Zeit in der Bibliothek zu Gotha) aus dem Ende des 10. Jahrhunderts[6]), welches, von reichen Filigran- und Emailarbeiten eingefasst, Christum am Kreuz bereits gestorben darstellt; die Arme sind gerade gestreckt, aber die Hände nach unten gebogen; das Lendentuch ist kurz nach Art eines Rockes, und die Füsse stehen frei nebeneinander. Neben dem Kreuz stehen Speer- und Schwammträger, unter demselben befindet sich gebückt die Gestalt der Terra, oben neben dem Kreuz Sonne und Mond personificirt. Hier ist eine eigenthümliche Vermischung griechischer Beziehungen mit abendländischen unverkennbar. Endlich bieten die Reliefs und Emaillen zu München, auf Einbänden werthvoller Handschriften, welche Kaiser Heinrich II. dem Dome zu Bamberg schenkte, sehr viele Beispiele der Darstellungen der Kreuzigung.[8]) Ein Theil derselben wird jedoch byzantinische Arbeit sein[9])

Vielen Kreuzen von Holz oder Stein wird irrthümlich ein sehr hohes Alter beigelegt, während sie nicht in den hier bezeichneten Zeitabschnitt, sondern in die zweite Hälfte des 13. Jahr-

---

1) STOCKBAUER a. a. O. p. 256. — AUS'M WEERTH a. a. O. p. 122. Taf. 37.

2) STOCKBAUER a. a. O. p. 263. — Vgl. BOCK, Das h. Cöln. — KAISER a. a. O. p. 19. — MUNZ a. a. O. p. 149. — CAHIER, Nouv. Melang. d'arch. I. p. 238.

3) KAISER a. a. O. p. 39. — MÜNZ a. a. O. p. 153. 4) KAISER a. a. O. p. 30.

5) Vortragekreuze von Kupfer, auf denen in der Regel Christus eine Krone trägt, und mit einem Lendentuch bekleidet ist, finden sich in grosser Zahl in sehr vielen Kirchen und in vielen Sammlungen, z. B. in München, in Stuttgart, in Sigmaringen u. A.

6) PIPER, Der christl. Bilderkreis p. 38. — STOCKBAUER a. a. O. p. 237 glaubt, es sei im Kloster Rambona von einem griech. Künstler gefertigt, der sich den abendländischen Auffassungen angeschlossen habe. — ROHAULT DE FLEURY. a. a. O. I. p. 203 Taf. 46.

7) v. QUAST u. OTTE, Zeitschrift II. p. 247. — OTTE u. AUS'M WEERTH a. a. O. sprechen die Ansicht aus, dass diese Darstellung Christi, als bereits gestorben, als die erste und älteste anzusehen, die im Abendland gefertigt. — STOCKBAUER a. a. O. p. 240.

8) STOCKBAUER a. a. O. p. 242. — MUNZ a. a. O. — FORSTER a. a. O. II. p. 15. — SIGHART, Geschichte d. bild. Künste in Baiern p. 115 u. 132.

9) Auch ist hinzuweisen auf die sehr interessanten Elfenbeinreliefs von hohem Alter zu Tournay und Tongern. Vgl. REUSENS a. a. O. II. p. 468 u. ff.

hunderts gehören, und also in eine spätere Zeit als das Bild unseres Retabulums fallen. Aber auch sehr gross ist die Zahl der hierhin gehörigen Werke und sehr mannigfaltig die Art ihrer Ausstattung und Behandlung. Zunächst mag als Beispiel erwähnt werden das vielbesprochene hölzerne Kreuz (*Sanct Vult, il volto santo*) im Dom zu Lucca[1]), welches während des Mittelalters eine ganz besondere allgemeine Verehrung genoss, und, der Legende nach auf dem Meeresgrund gefunden, sogar dem Nikodemus zugeschrieben wurde. Es stellt Christum dar mit einer Krone auf dem Haupte, und mit einer langen, mit Aermeln versehenen Tunika, welche durch einen Strick gegürtet ist. Die Füsse, mit Schuhen bekleidet, sind mit einem kleinen Kreuz bezeichnet; unter dem rechten Fusse steht ein Kelch. — Von hervorragendem Interesse ist das etwa 12 Fuss hohe hölzerne Kreuz im Dome zu Braunschweig, welches der Inschrift nach vom h. Bernward von Hildesheim gefertigt worden.[1]) Der nicht schöne Kopf mit strengen eigenthümlichen Gesichtszügen verräth griechische Einwirkung; Bart und Haar sind flechtenartig behandelt; Christus ist lebend aufgefasst und ganz durch eine lange gegürtete Tunika bekleidet, deren Falten parallel laufen. Die Füsse sind nebeneinander gestellt. Ferner ist anzuführen: ein grosses hölzernes Kreuz im Dom zu Cöln, dessen Alter nicht genau zu bestimmen[2]), und ein grosses Kreuz mit kurzem, aber ungewöhnlich gefaltetem Lendentuch und einer eigenthümlichen Krone zu Altenstadt bei Schongau aus dem 11. Jahrhundert; ein Relief in dem Tympanon des Portals der Marienkirche zur Höhe in Soest, dessen nähere Beschreibung später gegeben wird; und aus Westfalen weiter noch eine Darstellung der Kreuzigung an dem Taufsteine zu Freckenhorst[3]). welche durch Inschrift als dem Jahre 1129 angehörig datirt ist. Das Lendentuch in Form eines Rockes reicht bis ungefähr zu den Knieen; Christus ist lebend in aufrechter Haltung; die Arme fast gerade gestreckt; die Füsse nebeneinander, ohne Fussplock. neben dem Kreuze auch die h. Maria und der h. Johannes. — Ein Reliquienkreuz, mit Goldblech überzogen und reich mit Edelsteinen und Filigran verziert, in der St. Mauritzkirche zu Münster[4]), als Kreuz des Bischofs Erpho bezeichnet. aus dem 11. Jahrhundert. Christus steht gerade, lebend, mit gestreckten Armen; die Füsse stehen nebeneinander auf einem Kelch mit Henkeln; das Lendentuch hat einen reichverzierten Saum. — Ferner noch ein grosses Kruzifix von Holz in der Kirche zu Brilon, an welchem Christus lebend dargestellt und mit einer langen gegürteten Tunika vollständig bekleidet ist; die Füsse stehen nebeneinander auf einem Pflock. Dasselbe wird in den Anfang des 11. Jahrhunderts gesetzt; ein ähnliches Kreuz, gleichfalls aus Holz geschnitzt, wohl ungefähr aus derselben Zeit besitzt die Kirche zu Telgte in Westfalen.

Eine Menge von älteren bedeutsamen Kruzifixen werden noch aufgeführt in dem Organ f. christl. Kunst 1855 p. 144 u. 156, und in den Beiträgen zur Trierer Archäologie und Geschichte I. der h. Nagel, von Kraus p. 31 u. ff.

Schliesslich mögen für den in Rede stehenden Zeitabschnitt noch einige Darstellungen bezeichnet werden, in welchen die griechische Auffassung lebhafter hervortritt. So unter Anderen auf den emaillirten Tafeln des Altaraufsatzes zu Klosterneuburg, welcher von Meister Nikolaus von Verdun im Jahre 1181 ausgeführt wurde[5]); ebenso auf dem herrlichen und reichen Vortragekreuze der Aebtissin Mathilde zu Essen vom Ende des 10. Jahrhunderts (email cloisonné) und auf dem prächtigen ebendort befindlichen Vortragekreuze der Aebtissin Theophano, aus der Mitte des 11. Jahrhunderts.[6]) Auch mag noch hingewiesen werden auf eine Miniatur aus dem hortus deliciarum

1) STOCKBAUER a. a. O. p. 264. — Ueber die Legende der h. Wilgefortis vergleiche man MENZEL, Symb. I. 535. — MENZ a. a. O. p. 149. — STOCKBAUER a. a. O. p. 265. — E. AUS'M WEERTH a. a. O. II. p. 5. — Acta S. S. Bolland. V. Juli p. 59. — CAHIER a. a. O. p. 121, 290 u. 569. — KAISER a. a. O. p. 20. — CORN. CURTIUS a. a. O. p. 39 u. 43.

2) LOTZ a. a. O. I. p. 658. — Organ f. christl. Kunst 1861. p. 245.

3) STOCKBAUER a. a. O. p. 271. — OTTE u. AUS'M WEERTH a. a. O. p. 225. Taf. 14.

4) LÜBKE a. a. O. p. 72 u. 372. — Organ f. christl. Kunst 1870. p. 249.

5) LÜBKE a. a. O. p. 412.

6) HEIDER u. CAMESINA, Der Altaraufsatz zu Klosterneuburg. — STOCKBAUER a. a. O. p. 221.

7) E. AUS'M WEERTH a. a. O. I. p. 22 u. ff. Taf. 24 u. 25. — STOCKBAUER a. a. O. p. 219.

der Herrad von Landsperg, Aebtissin von Hohenheim, vom Ende des 12. Jahrhunderts und auch die Darstellung (in email brun) an dem Kronleuchter Friedrich Barbarossa's im Münster zu Aachen.[1])

Mit dem Ende des 12. Jahrhunderts, wohl wesentlich durch die Einwirkung der Kreuzzüge und der durch dieselben herbeigeführten nahen Berührung mit dem Orient und mit byzantinischer Kunst, tritt eine durchgreifende Aenderung in der Behandlung der Kruzifixbilder im Abendlande ein; eine Art von Verschmelzung mit der griechischen Auffassung fand in der Weise statt, dass man nunmehr allgemein in der Darstellung des Gekreuzigten den Gedanken, dass Christus glorificirt und lebend das Erlösungswerk vollbringt, aufgab, und dagegen das furchtbare Leiden des Heilandes und das Uebermass der Schmerzen, wie es die Folter des Kreuzes mit sich brachte, in mehr naturalistischer Weise dem Beschauer vor die Seele zu führen und hierdurch auf denselben einzuwirken suchte.[2]) Ohne Zweifel waren für diese Aenderung auch verschiedene innere Gründe von Einfluss; man fühlte, dass eine solche Behandlung dieses heiligen Gegenstandes der Stimmung der Gemüther jener Zeit, sowie den Zwecken der kirchlichen Kunst und dem Gedankengange der Künstler mehr entsprach.

Bei solcher Auffassung musste die mehr symbolisirende Art der Darstellung und Bekleidung, die Krone, und die Beziehung auf die göttliche Majestät und die Freiwilligkeit des Leidens fortfallen; das früher näher bezeichnete, kürzere Lendentuch wurde allgemein, und der Körper des Heilandes mehr hängend als stehend gebildet. Als Konsequenz dieser veränderten Grundlage und Idee ergaben sich noch verschiedentliche weitere äussere Aenderungen in der Darstellungsweise, wie solche sich dann gegen Ende des 13. Jahrhunderts ziemlich allgemein zeigen: in der Zeit des gothischen Stiles wurde diese Art der Darstellung weiter ausgebildet und sie ist in ihrem wesentlichen Inhalte, abgesehen von nebensächlichen Zuthaten und der äusseren Ausstattung, bis auf die neuere Zeit in Geltung geblieben.

b) CHRISTUS AM KREUZ AUF DEM RETABULUM.

Gerade in die Zeit des Beginnes dieser bezeichneten veränderten Auffassung, welche in Deutschland, wie gesagt, zu Anfang des 13. Jahrhunderts hervortritt, fällt die Entstehung unseres Retabulums, und zwar erscheint das Bild der Kreuzigung auf demselben als eins der ersten und hervorragendsten Beispiele dieser schon zur vollen Entwickelung gelangten Aenderung. Die Hinneigung und Beziehung zu der byzantinischen Darstellungsweise tritt ganz entschieden und viel entwickelter hervor, als dies im übrigen bei den Werken dieser Zeit in Deutschland der Fall ist. Christus ist nach Ertragung der furchtbaren Leiden als bereits gestorben dargestellt, das Haupt ist auf die rechte Seite gesenkt und der Körper eben dahin gewendet; die Bekleidung besteht aus einem geknoteten, faltigen Lendentuche, welches bis an die Kniee reicht. Die Arme sind noch beinahe gerade gestreckt[3]), während die spätere Zeit diese mehr in die Höhe gerichtet darstellt. Die Hände sind gerade und offen ausgebreitet, nicht mehr nach unten gesenkt, und die Füsse auf ein grosses, nach orientalischer Weise schräg gerichtetes Fussbrett gestellt, und zwar bereits gekreuzt, indem der rechte Fuss über den linken gelegt ist und beide von Einem Nagel durchbohrt sind.[4]) In der Beschreibung von Quast ist bemerkt, nur die Hände seien angenagelt, die Füsse frei auf das Fussbrett gestellt und nicht durchbohrt. Dies ist ein Irrthum, der sich auch auf der beigegebenen

---

1) STOCKBAUER a. a. O. p. 221. — E. AUS'M WEERTH a. a. O. II. p. 102 Taf. 35.

2) REUSENS a. a. O. I. p. 460 bezeichnet die abendländische Weise bis zum 13. Jahrhundert als: „*époque de la glorification ou du symbolisme*", von diesem Zeitpunkt an als: „*époque de la souffrance ou de la réalité*".

3) Die gerade gerichteten Arme sollen darauf hinweisen, dass Christus alle Menschen in Liebe umfasst und für Alle gestorben: „Wenn ich von der Erde erhöht sein werde, werde ich Alles an mich ziehen." Johannes, c. XII. v. 32. MUNZ a. a. O. p. 188.

4) DURANDUS a. a. O. lib. VI. c. 77 nr. 25: *Dexter (pes) fuit super sinistrum, ad significandum, quod spirituales affectiones per pedem dextrum significatae, superesse et dominari debent terrenis, per sinistrum significatis.*

5. HERKMAN Tafelmalerei Westfalens.

9

Zeichnung der Zeitschrift vorfindet [1]; auf dem Retabulum ist nämlich die Wunde des rechten Fusses
sehr deutlich gebildet, ganz in derselben Weise wie an den Händen, und aus derselben fliesst
gleichfalls Blut.

Die Kreuzung der Füsse und die Verwendung nur Eines Nagels für dieselben ist eine gleichfalls mit dem Beginne des 13. Jahrhunderts eintretende Neuerung [2], deren Veranlassung noch nicht
klar gestellt ist. [3]) Es wird angeführt, dass nach einer Angabe des Bischofs Lucas von Tuy (gegen
1239), *Epistola de altera vita* lib. VII [4]), die Albigenser zum Spotte oder um den Glauben zu er-
schüttern, Christus am Kreuz abschreckend, sehr hässlich, und gegen die bisherige Sitte nur mit
drei Nägeln an das Kreuz geheftet, dargestellt hätten; falls aber dies auch richtig sein sollte, so
ist hierin ein Anlass zu der allgemeinen Umwandlung schwer zu finden, und es ist nicht anzunehmen,
dass hierdurch nun eine solche Aenderung in den Kreisen hätte angeregt werden können, die den Albi-
gensern durchaus gegensätzlich gegenüberstanden und gewiss nicht geneigt waren, einer von jenen
eingeführten Neuerung sich anzuschliessen. Noch weniger entscheidend können hierfür, wie anderseits behauptet worden, die Mittheilungen der h. Brigitta, dass man bei der Kreuzigung Christi den
einen Fuss über den andern gelegt habe, erscheinen, da bereits vielfach, ungefähr 100 Jahre vor
der Veröffentlichung ihrer Revelationes, welche im Jahre 1344 zu Rom erfolgte, Kruzifixbilder mit
drei Nägeln vorhanden waren, und ausserdem diese Heilige zwar von übereinandergelegten Füssen,
aber ausdrücklich von vier Nägeln spricht. [5]) Auch sagt bereits Walther v. der Vogelweide († 1253)
in einem Liede: „*man sluoc im drie negel dur hande und auch dur fuesze.*" [6]) Vielleicht die meiste
Wahrscheinlichkeit hat wohl die Annahme für sich, dass man die Aenderung aus Rücksichten auf
die natürliche Bewegung des hängenden Körpers und der besser sich bildenden Linien vornahm
und die Füsse übereinander legte; da man Christus nicht mehr gerade stehend, sondern von den
Leiden bis zur Herbeiführung des Todes ergriffen und zusammensinkend bildete, und das Haupt
und den Körper nach rechts gewendet darstellte, so entsprach diesen Bewegungen die Lage der
Füsse nebeneinander weniger gut. [7]) Auffallend bleibt gewiss immer die Vornahme einer so erheblichen Aenderung, welche der ganzen Tradition und den vielen ausdrücklichen Bemerkungen der
Kirchenschriftsteller und Theologen durchaus widersprach. [8]) Der schon erwähnte Lucas von Tuy
will zwar eine solche Neuerung nicht direkt verwerfen, hebt aber doch hervor, es sei gut, sich an
die Gewohnheiten der Kirche zu halten, und bezieht sich auf die Worte des Papstes Innocenz III.

---

1) Bei ALDENKIRCHEN a. a. O. ist die Tafel 8 ein Abdruck der in der Zeitschrift gegebenen. Bei FÖRSTER,
Denkmale. Bd. VIII. ist die Tafel richtiger.

2) Nach Angabe von LABARTE: Les arts industr. III. p. 148 findet sich in einem Manuskript nr. 10547 d. Biblioth.
zu Paris, welches aus St. Germain des Prés stammt, eine Miniatur aus dem Anfange des 11. Jahrhunderts, welche Christum
am Kreuz mit drei Nägeln darstellt. (OTTE u. AUS'M WEERTH, Jahrbuecher Heft 67 u. 68 p. 147). Dies kann nur als ein
ganz vereinzelte Erscheinung angesehen werden, welche die Bezeichnung des Anfangs des 13. Jahrhunderts als Beginn der
Aenderung nicht zu alteriren im Stande ist.

3) KRAUS a. a. O. p. 18 gibt eine eingehende wissenschaftliche Untersuchung über die Frage der Verwendung
von drei oder vier Nägeln. Vgl. auch FLOSS, Geschichtl. Nachrichten über die Aachener Heiligth. p. 39.

4) STOCKBAUER a. a. O. p. 287. — CORN. CURTIUS, De clavis dominicis c. V. p. 75. Antwerp. 1670.

5) STOCKBAUER a. a. O. p. 287. — MUNZ a. a. O. p. 140. — KAISER a. a. O. p. 35. — Vgl. KRAUS a. a. O. p. 25
die Ausführungen über die Angaben der h. Brigitta. — MOLANUS a. a. O. cap. 24. — CURTIUS a. a. O. p. 33 u. 121.

6) Vgl. KRAUS a. a. O. p. 31 u. 41. Noch früher im Osterdietlied (vom grauen Rock), welches wohl spätestens in
den Anfang des 13. Jahrhunderts zu setzen ist; es heisst dort: „*Die drie nagel, die Got durch hend und füsse wurden
geschlagen.*" — Auch CAESARIUS VON HEISTERBACH nimmt in seinem Werke: Historiarum memorabilium libri XII, welches
er im Jahre 1222 schrieb, bereits Bezug auf drei Nägel, indem er in lib. VIII. cap. 19 (Bd. II. p. 13) sagt: „*tres clavi, quibus
corpus mundeli cruci debet esse affixum, tres sunt virtutes, per quas, teste Hieronymo, martyres efficiuntur, scilicet obedientia,
patientia, humilitas.*"

7) Auch gibt es manche Darstellungen, welche gewissermassen einen Uebergang bilden; es wurde zuweilen auch
bei vier Nägeln die Ferse des einen Fusses etwas vor den andern Fuss gezogen, auch geschah dies ohne Annagelung der
Füsse, und somit lag dann der Schritt, die Füsse vollständig zu kreuzen, nicht mehr so weit.

8) LANGEN a. a. O. p. 319 entscheidet sich dafür, dass vier Nägel bei der Kreuzigung verwendet seien.

(† 1216): *„Fuerunt in passione domini quatuor clavi, quibus manus affixae sunt, et affixi pedes."*[1])
Der h. Bernhard († 1153) kennt nur vier Nägel, indem er in einem Liede sagt:

> *„Clavos pedum plagas duras,*
> *et tam graves impressuras*
> *circumplector cum affectu.*[2])

Durandus bemerkt[3]), dass vier Nägel die Hände und Füsse Christi durchbohrt hätten, und
bringt die vier Nägel in Beziehung mit den vier Haupttugenden *(principales virtutes: justitia, fortitudo,
temperantia et prudentia);* weiter aber fügt er hinzu, dass andere behaupteten, Christus sei mit drei
Nägeln an das Kreuz geheftet, und er gibt auch für die drei Nägel eine symbolische Deutung.[4]) Jedenfalls aber erhellt hieraus, dass in der zweiten Hälfte des 13. Jahrhunderts, als Durandus schrieb,
die neue Auffassung bereits nicht bloss Verbreitung, sondern auch Vertretung und theoretische Beleuchtung gefunden hatte.

Molanus bestätigt in seiner Historia de pict. sacr. gleichfalls, dass in älterer Zeit Christus, mit
vier Nägeln angeheftet, dargestellt worden sei, und bezieht sich auf viele Ausführungen der Kirchenschriftsteller, welche hierfür sich bestimmt aussprechen[5]); auch bemerkt er in Uebereinstimmung mit
Durandus, dass man die vier Nägel mit den vier Kardinaltugenden in Beziehung gesetzt habe[6]), jedoch
hält er, da die Angaben der h. Schrift nicht entgegenstehen, es für zulässig, drei Nägel anzuwenden. —

J. de Ayala spricht sich ebenfalls für die Kreuzigung mit vier Nägeln aus[7]) und weiset unter
Bezugnahme auf viele Aussprüche der Theologen zur Begründung seiner Ansicht noch besonders
darauf hin, es stehe nach der h. Schrift fest, dass dem Erlöser in seinem Leiden kein Gebein ge-
brochen oder zerstört sei[8]), dass dies aber jedenfalls hätte eintreten müssen, falls man durch die
beiden übereinander gelegten Füsse einen ganz grossen Nagel getrieben habe; er sagt: *„Ex sacra
scriptura, tum prophetica, tum evangelica satis constat, Christo domino in sua sacrosancta passione
nullum omnino ex ossibus confractum, comminutumve fuisse."* Endlich weiset er auch noch auf die
Wiederkehr der Zahl „Vier" hin: vier Theile des Kreuzes, vier Soldaten, da die Kleider in vier
Theile zerlegt wurden, vier durchbohrte Gliedmassen, vier Nägel. —

Jedenfalls fand im Laufe des 13. Jahrhunderts die Darstellung des Gekreuzigten mit übereinander gelegten Füssen und drei Nägeln immer grössere Verbreitung, und im 14. Jahrhundert erscheint es bereits als eine Ausnahme oder Seltenheit, dass die Füsse nebeneinander gestellt und
von zwei Nägeln durchbohrt werden.

Als das älteste nachweisbare Beispiel des gekreuzigten Heilandes mit drei Nägeln und gekreuzten Füssen wird nach Ansicht von Otte und Aus'm Weerth[9]) eine Miniatur aus einem in dem
ersten Decennium des 13. Jahrhunderts geschriebenen Psalterium des Klosters Weingarten (zur Zeit
in Stuttgart) anzusehen sein; zwar ist ein Manuskript des vom Mönche Ivo auf Veranlassung des
Bischofs Salomo von Constanz in der zweiten Hälfte des 9. Jahrhunderts geschriebenen Lexi-

---

1) STOCKBAUER a. a. O. p. 288.   2) MUNZ a. a. O. p. 139.

3) DURANDUS a. a. O. lib. VI. c. 77 nr. 24.

4) *Alii tamen dicunt, quod tribus duntaxat fuit clavis affixus, significantibus tres crucistos, quos in cruce sustinuit,
videlicet passionem in corpore, passionem in mente et passionem in corde."*

5) Vgl. auch JUSTUS LIPSIUS, De Cruce, lib. II. c. IX. — PH. ROHR, Pictor errans in hist. sacra. c. II. 21. —
CORN. CURTIUS a. a. O. c. IV. p. 27 u. ff.

6) MOLANUS, De pict. sacr. cap. 24: *Quatuor clavi quatuor sunt cardinales virtutes, quibus debemus nos cum Christo
cruci affigere."* Vgl. cap. 25, 74, 75. — GRETSER a. a. O. I. c. 20 p. 70 neigt sich mehr zur Annahme von drei Nägeln hin.

7) J. DE AYALA, Pict. christ. eruditus, lib. III, c. 17 nr. 9: *Quare ut mentem nostram dilucide aperiamus, magis nobis
arridet sententia asserentium, Christum dominum non e tribus tantum, sed e quatuor omnino clavis e cruce pependisse confixum,
ita ut unaquaeque manus seorsim transfixa fuerit, atque unusquisque pes clavo alio atque alio fuerit transfixus."*

8) Johannes c. XIX. v. 36: Denn dies ist geschehen, damit die Schrift erfüllet werde: „Ihr sollt an ihm kein
Bein zerbrechen."

9) OTTE u. AUS'M WEERTH, Jahrbücher a. a. O. p. 217. — Vgl. KRAUS, Beiträge etc. p. 39.

9*

kons, mater verborum genannt, zur Zeit in der Bibliothek zu Prag, wohl älter; jedoch ist das Alter der Abschrift nicht sicher, und die Miniaturen gehören vermuthlich dem 13. Jahrhundert an.[1]) Gleich nach diesen würde nun chronologisch wohl unser Retabulum einzutreten berechtigt sein und als die älteste bedeutendere Darstellung gelten müssen. Jedoch ist hier noch eine Skulptur zu erwähnen, gleichfalls zu Soest, welche sich in dem Tympanon des südlichen Portals der dortigen Marienkirche zur Höhe befindet[2]) und mindestens ebenso alt ist, vielleicht aber noch aus früherer Zeit stammt. In einem Vierpass[3]) ist Christus am Kreuz dargestellt, bereits gestorben, mit einem durchaus streng romanisch behandelten, faltigen Lendentuche versehen; die Füsse sind gekreuzt mit Einem Nagel durchbohrt, und die Kniee sehr heraufgezogen, stark gekrümmt und gleichfalls nach rechts gewendet, also in einer Weise behandelt, wie es in der spät gothischen Zeit sich vielfach zeigt. Die Arme sind gerade gestreckt; neben dem Kreuz stehen die h. Maria und der h. Johannes in der herkömmlichen Haltung, und über dem Kreuz befinden sich Sonne und Mond. Den ganzen Vierpass umgeben mehre Engel mit Flügeln. In den Ecken des Tympanons ist noch rechts die Darstellung der Geburt Christi, links die der Marien am Grabe angebracht. Sämmtliche Figuren sind klein, gedrungen, die Köpfe gross, mit nicht schönem Ausdruck; auch die Ausführung und Behandlung ist nicht angenehm, die ganze Anordnung aber zeigt künstlerischen Sinn und Verständniss. Mit Rücksicht auf das Alter muss diese Skulptur als ein höchst bedeutsames Kunstwerk angesehen werden; sie kann wohl als die älteste deutsche Darstellung der Kreuzigung in Stein gelten, in welcher Christus als bereits gestorben, mit übereinander gelegten Füssen und nur drei Nägeln an das Kreuz geheftet, gebildet ist. Ein byzantinischer Einfluss ist in dem Werke wohl unverkennbar.[4])

Vielfach ist behauptet worden, dass die italienischen Maler des 13. Jahrhunderts, welche von dem byzantinischen strengen Stile sich frei machten und durch die Entwickelung einer freieren und lebendigeren Auffassung den Grund zum Wiederaufblühen der christlichen Kunst in Italien legten, zuerst Christum mit drei Nägeln am Kreuz dargestellt hätten. Es wurde hierfür zunächst G. Cimabue zu Florenz genannt, der jedoch erst im Jahre 1240 geboren worden, auch Margaritone aus Arezzo[5]), der zu ungefähr derselben Zeit lebte, ferner Duccio di Buoninsegna und endlich ganz besonders Guido da Siena (richtiger wohl G. Graziani). Diesem letzteren wurde ein Madonnenbild zugeschrieben, welches sehr übermalt ist und nach einer Inschrift vom Jahre 1221 datirt sein sollte; auch Quast geht noch von dieser Annahme aus. Wie aber jetzt wohl von Niemanden mehr in Zweifel gezogen wird, ist diese Jahrzahl eine irrthümliche Angabe und wird statt 1221 wohl 1281 heissen müssen.[6]) Zwar äusserte die italienische Malerei zum Anfange des 13. Jahrhunderts, da die

---

1) MUNZ a. a. O. p. 141. — STOCKBAUER a. a. O. p. 289. — WOLTMANN, Gesch. der Malerei I. p. 282. — KRAUS, Beiträge etc. p. 28.   2) LÜBKE a. a. O. p. 163.

3) Auf der Berandung des Vierpasses findet sich folgende Inschrift:
      Quid Moysi serpens, nisi tu Dens in cruce pendens.
      Ille salus Heremi, tu spes et gloria mundi.

4) Auch ist hier anzuführen ein Glasgemälde des Patroklikirche zu Soest, wohl ungefähr aus derselben Zeit (LÜBKE a. a. O. p. 335), welches Christum am Kreuz darstellt, während die h. Maria ihn küsst; es ist hierin ein, ein sehr schönes und zartes Gefühl bekundender Gedanke zum Ausdruck gebracht. Die Arme sind gerade gestreckt, die Füsse nebeneinander gestellt. Engel umgeben das Kreuz, und die vier Flüsse sind personificirt dargestellt.[4]) Soviel bekannt, kommt eine solche Darstellung der innigen mütterlichen Liebe der h. Maria sonst nirgends vor. Auf den bekannten Korssun'schen Thüren zu Nowgorod, welche wahrscheinlich vom Bischofe Wichmann zu Magdeburg gegen Ende des 12. Jahrhunderts gefertigt sind, reicht Christus vom Kreuze herunter der h. Maria die rechte Hand. STOCKBAUER a. a. O. p. 255. — KAISER a. a. O. p. 28.

5) CROWE u. CAVALCASELLE, Gesch. d. ital. Malerei. I. p. 154.

6) WOLTMANN, Gesch. d. Malerei I. p. 416. — CROWE u. CAVALCASELLE, Gesch. d. ital. Malerei I. p. 151. — KRAUS a. a. O. p. 96 nimmt 1271 an. — LÜBKE, Gesch. d. ital. Malerei I. p. 98. — Die älteren italienischen Kruzifixe, welche dem Giunta Pisano zugeschrieben werden und künstlerisch von geringer Bedeutung sind, z. B. im Hospital S. Chiara zu Pisa, in S. Ranieri ebendaselbst, und in S. Maria degli angeli bei Assisi, hatten noch vier Nägel. Giunta malte 1236 für den Nachfolger des h. Franziskus zu Assisi ein grosses Kruzifix und lebte angeblich noch im Jahre 1255 zu Pisa. CROWE u. CAVALCASELLE a. a. O. I. p. 130. — LÜBKE a. a. O. I. p. 86.

Kunst um diese Zeit in Italien tiefer stand, noch keine Einwirkung auf Deutschland; jedoch mag es richtig sein, dass im Laufe der weiteren Entwickelung, etwa seit dem 14. Jahrhundert, durch den Einfluss derselben diese Art der Auffassung der Darstellung Christi eine grössere Verbreitung fand; jedenfalls aber bezieht sich dies nicht auf den Beginn der Aenderung in der Darstellung Christi, und die Werke der genannten italienischen Meister sind sehr erheblich jünger[1]), als dieses Soester Retabulum und die Skulptur der Marienkirche zur Höhe, welchen beiden Werken daher in kunstgeschichtlicher Beziehung eine ganz besondere Bedeutung beizulegen ist. — Nahe im Alter stehen dem Retabulum, wie hier vorab noch bemerkt werden mag, zwei Skulpturen, bei denen gleichfalls die geänderte Auffassung der Darstellung des Gekreuzigten bereits zur Geltung gekommen ist, nämlich das Kreuz oben am Westgiebel der Liebfrauenkirche zu Trier[2]), aus der Mitte des 13. Jahrhunderts, auf welchem Christus noch eine Krone trägt, und das als ein Meisterwerk der deutschen Kunst des romanischen Stiles anzusehende Kreuz der Kirche zu Wechselburg (Kloster Zschillen) vom Jahre 1260[3]); bei beiden ist Christus mit gekreuzten Füssen dargestellt und mit drei Nägeln angeheftet, auf dem letzteren sogar zugleich noch als lebend aufgefasst.

Wie bereits erwähnt, sind auf dem Retabulum die Arme Christi noch gerade gestreckt, das Lendentuch ist geknotet, faltig; es reicht nicht ganz bis zu den Knieen und fällt an den rechten Seite länger herunter, eine Anordnung, die in gewisser Weise an eine beabsichtigte Drapirung erinnert.

Die Seitenwunde Christi ist an der rechten Seite, wie dies traditionell sich in der alten Kunst stets findet. In der h. Schrift wird nicht berichtet, welche Seite von dem Soldaten mit der Lanze geöffnet wurde; die allgemeine Annahme hat sich stets für die rechte Seite entschieden, und schon das apokryphe Evangelium des Nikodemus enthält eine solche Angabe. Da Blut und Wasser aus der Wunde floss, ist anzunehmen, dass das Herz durch den Stich getroffen worden, und der Stoss würde daher so stark geführt sein müssen, dass die Spitze der Lanze von der rechten Seite her bis in das Herz gedrungen. [4])

Ueber das Suppedaneum, dessen zuerst Gregor von Tours erwähnt, ist bereits gesprochen[5]): nach griechischer Eigenthümlichkeit ist es gross und schräg gestellt und mit einer gitterartigen Verzierung versehen.

In welcher Weise der Fuss des Kreuzes beschaffen, ob z. B. ein Schädel unter demselben angebracht war (der Legende nach der Schädel Adams, welcher von seinem Sohne Seth auf Golgatha begraben sein sollte)[6]), ist nicht mehr zu sehen, da dieser untere Theil des Bildes zerstört ist. Adam wird auch wohl in ganzer Figur am Fusse des Kreuzes dargestellt, wie z. B. an dem berühmten Kreuze zu Wechselburg.[7]) Abgesehen von der bezeichneten Legende, soll aber hierdurch auch der tiefen symbolischen Beziehung zwischen dem alten und dem neuen Adam Ausdruck gegeben werden; wie durch den alten Adam die Sünde und der Tod in die Welt gekommen und auf alle Menschen übergegangen war, so wurde durch Christum, den neuen Adam, die Welt von der Sünde befreit, der Tod besiegt und der ganzen Menschheit das Leben wiedergegeben.

Der Titel des Kreuzes ist einfach und enthält bloss die Aufschrift J. N. R. J. in Uncialbuchstaben.

Die Gruppe der vier h. Frauen mit dem h. Johannes unter dem Kreuze zeigt, wie schon bemerkt worden und auch von Quast hervorgehoben ist, in wahr und vortrefflich zum Ausdruck gebrachter Empfindung und würdiger Haltung den tiefen Schmerz, der diese Christo so nahe stehen-

---

1) MUNZ a. a. O. p. 191.　　2) AUS'M WEERTH, Kunstdenkm. d. Rheinland. III. p. 92. Taf. 59.

3) PUTTRICH, Denkm. Sachsens. Die Schlosskirche zu Wechselburg p. 21. Taf. 10.

4) MUNZ a. a. O. p. 172 u. 175. — LANGEN a. a. O. p. 357. — GRETSER a. a. O. I. cap. 25. p. 113. — DURANDUS a. a. O. IV. c. 4. nr. 7 gibt eine symbolische Erklärung für die rechte Seite.

5) LANGEN a. a. O. p. 311. — MUNZ a. a. O. p. 155 u. 157. — KRAUS a. a. O. p. 43 — STOCKBAUER a. a. O. p. 68.

6) GRETSER a. a. O. I. c. 17. p. 64. — MENZEL, Symb. I. p. 28.

7) SCHNAASE a. a. O. V. p. 585. — LOTZ a. a. O. I. p. 616.

den Personen erfüllte. Die h. Maria wird von einer der neben ihr stehenden Frauen gehalten und legt ihre linke Hand in die Hand derselben; der Kopf der h. Maria ist nach links, nach dem Kreuze hin gebeugt; zwischen ihr und dem Kreuze steht der h. Johannes, welcher sich zur h. Maria in theilnehmender Bewegung wendet und im Gefühl des Schmerzes die Hand gegen die Brust presst. Eine der in der zweiten Reihe stehenden Frauen verhüllt weinend ihr Gesicht mit der Hand.[1] Die Feinheit und Zartheit der Empfindung, die sich in den Personen dieser Gruppe ausspricht, ist bewundernswerth. Der h. Johannes, welcher in der Regel der h. Maria gegenüber gestellt wird, steht hier mit ihr und den andern Frauen auf der rechten Seite des Kreuzes, und zwar wohl deshalb, weil die andere Seite des Kreuzes durch die Soldaten und die Juden eingenommen wird. Die gleichfalls aus fünf Personen bestehende Gruppe derselben ist schon von Quast treffend charakterisirt, ebenso auch die Anordnung der je sechs zu beiden Seiten über dem Kreuze befindlichen Engel, welche in entsprechender Bewegung ihren Schmerz und ihre Theilnahme zeigen. Die Art der Gruppirung der Engel um das Kreuz deutet ebenso, wie der zu beiden Seiten befindliche architektonische Aufbau, auf griechische Einwirkung hin; auf demselben erscheinen die Halbfiguren der Ecclesia und Synagoga; die erstere rechts wird von einem Engel zum Kreuze geführt, um in einem Kelche das Blut aus der Seitenwunde aufzufangen, eine Darstellung von sehr schöner und tiefer symbolischen Bedeutung; der Synagoga mit den Gesetzestafeln, die auf der linken Seite steht, ist die Krone entfallen, ihre Augen sind mit einem Schleier verbunden, und ein Engel stösst sie fort; die Darstellung der Ecclesia und Synagoga beim Kreuz kommt seit frühester Zeit vielfach in griechischen und abendländischen Werken vor, in Ausführung desselben Gedankens, jedoch mit kleinen Aenderungen in der Anordnung. Das schon angeführte, prächtige Miniaturbild des Evangelistariums aus dem Kloster Niedermünster zeigt eine ähnliche Darstellung in Verbindung mit mors und vita.[2]

Dagegen fehlen auf der Darstellung des Retabulums die Bilder der Sonne und des Mondes, welche in der Regel, und zwar die Sonne rechts, der Mond links, entweder als wirkliche Himmelskörper oder personisicirt in Halbfiguren oder Köpfen mit der Bezeichnung der Verhüllung, über dem Kreuze angebracht wurden.[3] Schon in der syrischen Handschrift auf dem beschriebenen Bilde des Gekreuzigten vom Jahre 586 erscheinen dieselben und finden sich fast überall bis zum 14. Jahrhundert. Es geschah dies einerseits wohl im Anschluss an die Worte der h. Schrift über die beim Tode Jesu eingetretene Verfinsterung, welche als Vorbild der Ereignisse beim jüngsten Gerichte angesehen wurde (Math. c. 24 v. 29: Die Sonne wird verfinstert werden, und der Mond wird seinen Schein nicht mehr geben. In Verbindung hiermit die Prophezeiung über das Gericht über Babel, Isaias c. 13, v. 10)[4], und andererseits um den Antheil anzudeuten, den die ganze Natur an dem Leiden und dem Tode Christi nehme.[5] Selbst auch bei dem thronenden Christus brachte die altchristliche Kunst vielfach die Zeichen der beiden Himmelskörper an, die in diesem Falle die Herrschaft Christi über das Weltall und die Verherrlichung desselben durch alles Geschaffene andeuten sollen, welches ihm zu dienen bestimmt ist.[6]

1) Von den Evangelisten werden ausser der h. Maria noch drei Frauen genannt, nämlich die h. Maria Magdalena, Maria Jacobi und Salome, welche der Künstler daher hier auf dem Bilde darstellen wollte. Math. c. 27 v. 56. — MÜNZ a. a. O. p. 170.

2) MÜNZ a. a. O. p. 180.

3) MÜNZ a. a. O. p. 173. Die Sonne, die ihr Licht in sich selbst hat, steht rechts über der Kirche, der Mond, der das Licht von der Sonne empfängt, in symbolischer Bezugnahme über der Synagoge.

4) Obscurabitur est sol in ortu suo, et luna non splendebit in lumine suo.

5) PIPER, Mythologie und Symbolik II. p. 116 u. ff. — OTTE u. AUS'M WEERTH a. a. O. p. 221. — PIPER, der christl. Bilderkreis p. 39. — DURANDUS a. a. O. cap. III. nr. 7: Et quandoque in ipsa cruce sol et luna quasi eclypsim patiuntia depinguntur. — Auf dem mehrerwähnten Bilde des Evangelistariums von Niedermünster haben Sonne und Mond folgende Inschriften: Igneus sol obscurabitur in ethere, quia sol iustitiae petitur in cruce.

Ecclipsim patitur luna, quia de morte Christi dolet ecclesia.

6) Cui luna sol et omnia deserviunt per tempora. CAHIER et MARTIN, Mélang. d. arch. II. p. 64. — CAHIER, Caract. d. Saints p. 236.

Christus trägt noch keine Dornenkrone auf dem Haupte; dieselbe kommt, soweit bekannt, erst seit dem Ende des 13. Jahrhunderts vor.[1] Aus der Erzählung der Evangelisten erhellt aber nicht, ob Christus diese Art der Marter und der Verspottung, welche die Kriegsknechte ihm hatten zu Theil werden lassen, noch trug, als er am Kreuze hing, oder ob dieselbe bereits beseitigt war. Manche ältere Kirchenschriftsteller sprechen sich für die Annahme aus, dass Christus am Kreuz die Dornenkrone noch getragen habe, u. A. Tertullian[2] und Papst Gregor der Grosse; letzterer schreibt: „O domine Jesu Christi, adoro te in cruce pendentem et coronam spineam in capite portantem."[3] Molanus bemerkt, dass die altchristliche Kunst die Dornenkrone auf dem Haupte Christi am Kreuze nicht kenne, wohl aber eine Königskrone. Die Dornenkrone solle andeuten, dass der mit Dornen gekrönte der wahre König der Juden sei; jedoch könne auch damit bezeichnet werden sollen, dass Christus sie wirklich noch getragen habe, was nicht gewiss, aber wahrscheinlich sei.[4]

Indem man bei der Darstellung Christi am Kreuz die Wirklichkeit und Grösse des Leidens und das Mass der Erniedrigung, welches der Heiland zur Erlösung des Menschengeschlechts auf sich nahm, zur Anschauung bringen wollte, um Herz und Sinn des Beschauers anzuregen, war der Gedanke naheliegend, auch diese schmerzvolle Verspottung des Königs des Himmels und der Erde dem Bilde einzufügen. Seit dem 14. Jahrhundert ist dies daher allgemein gebräuchlich.

Was die Gestaltung des Kreuzes selbst auf dem Bilde anbelangt, so ist das einfache lateinische Balkenkreuz (crux immissa) mit längerem Untertheil und geraden Querbalken gewählt, eine Form, welche wohl als die richtige anzusehen[5] und am meisten den geschichtlichen Verhältnissen[6], wie auch den Erzählungen des Vorganges in der h. Schrift zu entsprechen scheint. — Zwar war die Form früher vielfach bestritten und die des griechischen rav (T) fand erhebliche Vertretung. Ausser vielen andern Gründen spricht aber wohl hauptsächlich der Umstand für jene Form, dass nach den Worten der h. Schrift: „Ueber dem Haupte Christi sei die Tafel mit der Inschrift angeheftet worden", also dort noch ein Theil des Kreuzes, welcher den Raum zur Anheftung bot, vorhanden sein musste. Der h. Augustinus bemerkt: „Erat latitudo, in qua porrectae sunt manus, longitudo a terra surgens, in qua erat corpus infixum, altitudo ab illo divexo ligno, sursum, quod eminet"[7], und gibt den vier Theilen des Kreuzes besondere symbolische Beziehungen.[8] Auch Durandus weiset auf die vier Theile des Kreuzes hin, über welche er in symbolischen Reflexionen sich weiter verbreitet; er führt aus, die vier Theile des Kreuzes deuteten hin auf die vier Elemente, die in uns verderbt, durch das Leiden Christi wiederhergestellt würden, oder auf die Menschen, die Christus durch sein Leiden aus allen vier Theilen des Erdkreises an sich ziehen wolle, und dergleichen.[9]

---

[1] OTTE u. AUS'M WEERTH a. a. O. p. 229. — MÜNZ a. a. O. p. 162 u. ff.

[2] Luboxcreus cornibus crucis, corona spinea in capite ejus circumdata. — Vgl. LANGEN a. a. O. p. 303.

[3] AYALA, Pict. christ. erud. III. 17. 6 neigt sich auch dieser Ansicht zu und führt III. c. 15 an: Cum spinarum aculeum Christus pro nobis pertulit, per diadema spineum vitae coronam contulit; ähnlich auch GRETSER a. a. O. I. c. XXII. p. 77. — FLOSS, Geschichtl. Nachrichten über die Aachener Heiligthümer p. 89.

[4] MOLANUS c. 76: Significare etiam potest spinea corona in capite Christi ad crucem affxi, quod eam in patibulo pendens habueriti; hoc enim, licet omnino certum non sit, tamen multum probabile est.

[5] LANGEN a. a. O. p. 323. — MOLANUS a. a. O. c. 64.

[6] STOCKBAUER a. a. O. p. 66. — Vgl. die Ansicht von KRAUS a. a. O. p. 63, dass bloss das Querholz (patibulum) zum Richtplatze getragen und dort an das daselbst befindliche aufrechten Stamm befestigt worden. — LANGEN a. a. O. p. 294 u. 309 ist anderer Meinung.

[7] MÜNZ a. a. O. p. 15. — GRETSER, De S. Cruce lib. I. c. 2 entscheidet sich ebenfalls für die crux immissa.

[8] In latitudine bona opera charitatis, in longitudine perseverantia in bonis usque ad finem; in altitudine spem coelestium praemiorum, in profundo inscrutabilia judicio dei, unde ista gratia dei in homines venit.

[9] DURANDUS a. a. O. lib. VI. c. 77: Habuit crux Christi lignum erectum in longitudinem, alterum transversum in latitudinem, quasi in modum potentiae seu mortelli, quae duo significata sunt per illa duo ligna, quae paupercula mulier in Sarepta collegit.

Derselbe lib. V. c. 11: Et adverte, quoniam crucis figura quadripartita est, vel propter elementa, quae in nobis vitiata Christus sua passione curavit, vel propter homines, quos ex quatuor partibus orbis ad se trahit juxta illud: „si exaltatus fuero a terra,

Auch Molanus spricht sich in ähnlicher Weise aus, und zieht Aussprüche der Kirchenschriftsteller an. Endlich möge noch die Ansicht Didron's angeführt werden, welcher in der Histoire
de Dieu, p. 358 sagt: *La croix a quatre parties est la croix réelle, la croix de Jesus, la croix
d'evangile; la croix en tau ne possédait pas la vertu, que par la croix à quatre branches.*

Das Kreuz des Retabulums ist goldig und mit einem reichen romanischen Palmettenmuster
belegt, welches in die Vergoldung eingepresst ist. Die ältere Kunst stellt das Kreuz auch häufig
farbig dar, grün oder roth, als Baum des Lebens, oder von rohen Baumstämmen gebildet und in
verschiedener Weise behandelt. Mit einem reichen Ornament wird es in der Regel nur dann geziert,
wenn der Vorgang der Kreuzigung nicht in seiner Entwickelung dargestellt werden soll, sondern das
Kreuz als einzelnes Objekt gebildet wird. In diesem Falle erhält dasselbe in der Kunst des romanischen Stiles, besonders bei den Vortragekreuzen und auch bei den grossen Kreuzen des Triumph-
bogens noch mancherlei Verzierungen, insbesondere auch an den Enden der Balken; es werden vielfach längliche Vierecke angesetzt, mit den Zeichen der vier Evangelisten[1]) oder anderem bildnerischen Schmuck, z. B. vorbildlichen Darstellungen des alten Testamentes oder Scenen der Leidensgeschichte versehen; statt der Vierecke erscheinen auch Rundungen oder reich profilirte Ansätze
und andere Arten der Ausschmückung, welche den Ecken angefügt werden.

Auf die weitere Entwickelung der Gestaltung des Kreuzes und auch der Art der Darstellung der Kreuzigung über die Zeit des romanischen Stiles hinaus, wie solche sich in der Zeit des
gothischen Stiles und der Renaissance weiter gebildet hat, hier einzugehen, würde über den Be-
reich der gegenwärtigen Aufgabe hinausgehen, da es nur in der Absicht liegen konnte, die Kunstgeschichte des Kreuzes zur Beleuchtung und Beurtheilung des Bildes des Retabulums heranzuziehen.

c) DIE H. FRAUEN (MYRRHOPHOREN) AM GRABE.

Mit Recht hebt F. v. Quast, dem auch Förster folgt, die hohe Schönheit der Darstellung
des Engels und der drei Frauen am Grabe hervor; das Staunen, die Scheu vor der überirdischen,
glänzenden Gestalt mit Flügeln und Stab, welche auf dem weggewälzten Steine sitzt, und auch die
Freude über die Mittheilung, die der Engel ihnen macht, sind trefflich und wahr zum Ausdruck
gebracht. Der Faltenwurf der Gewänder ist ruhig und würdig und schliesst sich den Bewegungen
des Körpers in richtigem Verständniss an; überhaupt ist die ganze Darstellung sehr edel und zart
empfunden. Der Engel, in reicher, glänzender Gewandung, mit erhobenen Flügeln, sitzt auf dem Stein,
trägt einen Nimbus, der den Frauen fehlt, und hält in der linken Hand ein Scepter; er zeigt mit der
Rechten auf das leere, in den Felsen gehauene Grab und scheint in der lebendigen Bewegung, mit
welcher er sich von den Frauen zum Grabe wendet, die Worte der h. Schrift Marcus c. 16 v. 6
zu sprechen: „Fürchtet Euch nicht; Ihr suchet Jesum von Nazareth, den Gekreuzigten; er ist auferstanden, er ist nicht hier; sehet den Ort, wo sie ihn hingelegt hatten." Der Stein liegt schräg
neben der Thür des Grabes, welches, der Beschreibung der Evangelisten entsprechend, in den Felsen
gehauen ist; dasselbe wird hier durch eine einfache viereckige, in dem emporragenden Felsen
angebrachte Thüröffnung bezeichnet, in welcher ein faltiges Grabtuch sichtbar wird. Die Füsse des
Engels sind der Symbolik der Ikonographie entsprechend (Vgl. I. 3. b.) unbekleidet; die reichen,
faltigen Gewänder sind gegürtet, und er scheint mehr auf dem bunt marmorirten Steine zu schwe-

*omnia tractum ad se ipsum," vel et haec quadratura pertint ad mortalitatem, habet enim longitudinem, latitudinem, sublimitatem
et profundum . . . Profundum significat fidem, quae est posita in fundamento, altitudo spem, quae est reposita in coelo, latitudo
charitatem, quae est ad inimicos, et ad inimicos extenditur, longitudo perseverantiam, quae sine fine concluditur.*

Ferner lib. VI. c. 57.

1) St. Bonav., De cruce veterana p. 120: *Jure quidem merito. Evangelistarum sive effigies, sive symbola in crucibus
exprimi consecrarunt, vel quia divinitatis, vel humanitatis Jesu Christi testes fuerunt, eamque martyrio confessi sunt, vel quia
humani generis reparationi sive verbis, sive scriptis, sive gestis eam, quae in ipsorum potestate erat, sedulam operam navarunt."*

ben, als zu sitzen. Der mit Knopf oder Verzierung versehene Stab (Heroldsstab oder Scepter), den derselbe trägt, ist ein in der alten Kunst beliebtes Attribut der Engel und hat (wie schon I. nr. 3. g. (der h. Augustinus) näher ausgeführt worden) die Bedeutung der amtlichen Würde und höheren Sendung; die Engel erscheinen mit demselben charakterisirt als Boten Gottes, als Herolde, die aus der andern Welt gesendet sind, um den Menschen eine Botschaft des Allerhöchsten zu bringen.[1] — In den ersten christlichen Jahrhunderten finden sich die Engel nur selten dargestellt, und werden in einfacher, menschlicher Gestalt, ohne besondere Abzeichen und in der Kleidung gebildet, wie andere Personen, z. B. in einer Malerei in den Katakomben der h. Priscilla aus dem 3. Jahrhundert[2], „die Verkündigung Mariä". Seit dem 4. bez. dem 5. Jahrhundert tritt uns aber die Darstellung der Engel sehr häufig in den Kunstwerken der verschiedensten Art entgegen, und zwar sind dieselben seit dieser Zeit, da sie den Menschen in solcher Weise nach vielfachen Anführungen der h. Schrift erschienen waren, gebildet in der Gestalt jugendlicher, männlicher Personen[3], leuchtend, mit reichen, glänzenden Gewändern angethan, welche in der Regel doppelt gegürtet sind; auch werden sie zum Zeichen ihrer überirdischen, geistigen Natur mit Flügeln und dem Nimbus versehen.[4] Die alte Kunst bewahrte eine solche Darstellung als feste Regel und bildete dann, besonders in Byzanz, auch specielle Bezeichnungen und Attribute[5] für die verschiedenen neun Ordnungen oder Chöre der Engel aus (je drei zu einer Klasse zusammengefasst), wie sie im Anschluss an die Bezeichnungen der h. Schrift von Dionysius Areopagita in seinem Werke De coelesti hierarchia zuerst bezeichnet worden.[6]

Die Seraphim (die brennenden, in Liebe sich verzehrenden), bedeuten die Liebe zu Gott; sie stehen vor dem Throne des Herrn, dreimal heilig rufend und erhalten in der Regel sechs Flügel, welche den ganzen Körper mit Ausnahme des Kopfes, der Hände und der Füsse bedecken; auch sind sie wohl mit Flammen umgeben; vgl. Isaias VI. 2.[7] Die Cherubim, die Erkenntniss, die Einsicht bezeichnend, tragen oder bilden[8] nach der Vision des Ezechiel den Thron Gottes; als die vier Lebendigen erscheinen sie an dem Wagen der Hoheit Gottes und sind die Träger und Offenbarer der Herrlichkeit desselben. An der Bundeslade, über welcher in der Lichtwolke Gott thronte, trugen sie gleichfalls mit ihren Flügeln den Thron Gottes.[9] Sie werden vieläugig und mit zwei, zuweilen auch mit vier Flügeln dargestellt, auch wohl auf einem feurigen Rade stehend; endlich auch, aber seltener, bloss als ein Kopf mit Flügeln. Die Throne dagegen werden vielfach gebildet als in einander verschlungene Räder mit Flügeln, welche mit Augen und Flammen besetzt sind, oder auch wohl in menschlicher Gestalt mit Flügeln auf einem Rade stehend.[10] Sie deuten auf die

---

1) MENZEL, Symbolik I. p. 247.   2) F. A. v. LEHNER, Die Marienverehrung etc. p. 290. Taf. I. nr. 4.

3) MOLANUS a. a. O. c. XII. p. 35: *Humana species eis (angelis) affingitur, ut intelligant fideles, quam propensi sint in humanum genus, et quam parati ad ministeria domini exequenda. Alae eandem promptitudinem ministerii significant, quam non solum exhibent deo suo et nostro, sed et nobis, quantumcumque miseris homuncionibus, potissimum tamen deum timentibus.*

4) MOLANUS a. a. O. cap. 82 a: *Quibus nimirum angeli in forma humana, ut, quae inter omnes homini magis perceptibilis est, juvenes, aspectu fulgenti, vestitu candido induti, discalceati, zonis circa pectus et lumbos praecincti, lapidibus pretiosis ornati, et duobus alis praenoti, et suffulti manibus circumdati, instrumenta dei vel irae ut gladium, vel misericordiae ut crucem et alia passionis dominicae insignia in manibus gestantes, hominum conspectui exhibentur.* — AYALA a. a. O. lib. II. c. 4.

5) MARTIGNY, Dict. d. antiq. p. 41. — GRIMOUARD a. a. O. p. 241 u. ff.

6) MENZEL a. a. O. I. p. 241. Paulus an die Epheser I. v. 21 und an die Colosser I. v. 16. — SCHEEBEN, Handbuch der Dogmatik II. p. 90.

7) Isaias IV. v. 2: „Seraphim stabant super illud; sex alae uni et sex alae alteri; duabus velabant faciem ejus, et duabus velabant pedes ejus, et duabus volabant. Et clamabant alter ad alterum et dicebant: „Sanctus, Sanctus, Sanctus." — MENZEL a. a. O. II. p. 365.

8) Ezechiel X. v. 19, 20 u. cap. I. — SCHAEFER, Die Cherubim. Katholik. Jahrg. 1880 p. 384. — Die Beziehung zwischen den vier Wesen des Propheten Ezechiel, die Cherubim vor ihm bezeichnet werden, und den vier Wesen der Apokalypse (Cap. IV. u. V.) ist schon oben bei den Attributen der Evangelisten berührt, und der Unterschied wird durch die in der Apokalypse bezeichnete, dereinstige Vollendung des Reiches Gottes zu erklären sein.

9) Exodus XXV. 19 u. 20. XXVII. v. 7 u. 8. MENZEL a. a. O. I. p. 171.

10) SCHAEFER, Handbuch der Malerei vom Berge Athos p. 99. — GRIMOUARD a. a. O. p. 244.

Macht und Kraft Gottes hin, und sind bei Ezechiel wohl in den Rädern am Throne Gottes symbolisirt, der auf ihnen sich bewegt. Die folgenden Ordnungen[1], die Herrschaften, die Kräfte (oder
Mächte) und die Gewalten, die Fürstenthümer, die Erzengel und Engel tragen im Allgemeinen, wie
schon bemerkt, Flügel und reiche Gewänder; zuweilen sind sie jedoch auch nach den einzelnen
Ordnungen noch mit verschiedenen, besonderen Bezeichnungen versehen, z. B. mit priesterlichen
Gewändern (Albe und Stola), oder in kriegerischer Rüstung, oder mit einer Stirnbinde, auf welcher
ein Kreuz sich befindet, andere mit einer Kugel oder mit einem Flabellum, oder mit Scheiben, mit
dem sogenannten Siegel Gottes (Signaculum Dei. X) in den Händen, oder mit Stäben (oder Rohr),
auf welchen sich ein Knopf, ein Kreuz oder das Labarum befindet.[2] Die Erzengel Michael, Gabriel
und Rafael erhalten oft besondere Attribute, welche mit der von ihnen geübten Thätigkeit in Beziehung stehen[3], ebenso auch die Engel in ihrer Eigenschaft als Schutzengel. In dem Gebetbuche
der Melisende von Jerusalem, einer griechischen Arbeit aus dem 12. Jahrhundert, finden sich die
verschiedenen Chöre der Engel einzeln dargestellt; ebenso auf einem altrussischen Bilde der himmlischen Hierarchie, dessen Nachbildung Cahier[4] bringt; dann auch im Dom zu Chartres aus dem 13.
und in der h. Kapelle zu Vincennes aus dem 14. Jahrhundert.[5]

Das eigentliche allgemeine Attribut der Engel oder Erzengel besteht aber, abgesehen von
dem Nimbus, den Flügeln und der Kleidung, in der älteren Zeit in dem Stabe und sie erscheinen
in der Kunst der romanischen Zeit besonders häufig mit demselben. Z. B. tragen auf dem Antependium des Kaisers Heinrich II. aus dem Dom zu Basel die Erzengel Gabriel und Rafael einen
Stab mit Knopf[6], Michael aber führt, mit Bezug auf seinen Kampf mit dem Drachen, eine Lanze.
Auch bei der Darstellung der Verkündigung trägt der Erzengel Gabriel häufig einen Stab, in
späterer Zeit in der Regel eine Lilie.

Von den drei h. Frauen (Myrrhophoren), welche zum Grabe gegangen waren, um den
Leichnam Jesu zu salben, trägt die erste, wohl die h. Maria Magdalena, ein Weihrauchfass
(thuribulum), die beiden andern, Maria, die Mutter des Apostels Jacobus minor, und Salome, die
Mutter der Apostel Jacobus major und Johannes, halten Gefässe mit Salben in den Händen[7]
(Marcus cap. XVI. v. 1). Ueber den Vorgang der Auferstehung und des Besuches der h. Frauen
am Grabe berichten alle vier Evangelisten, jedoch nicht in ganz gleicher Weise. Da nur das
Wesentliche von ihnen ins Auge gefasst wird, aber jeder einzelne derselben von den Nebenum-
ständen der verschiedenen, eintretenden Vorgänge nur gewisse Momente hervorhebt, so bleiben
einige Ungewissheiten bestehen. Hier auf dem Bilde scheint die Erzählung des Evangelisten
Marcus cap. XVI. v. 1—6. zu Grunde gelegt zu sein, da dieser drei Frauen (die oben bezeichneten)
benennt, die zum Grabe gingen, und nur von Einem Engel spricht. Er sagt v. 2—6: „Und
sie kamen am ersten Tage der Woche in aller Frühe zum Grabe, als die Sonne eben auf-
gegangen war, und sie sprachen zu einander: Wer wird uns wohl den schweren Stein von der Thür
des Grabes wegwälzen? Als sie aber hinblickten, sahen sie, dass der Stein weggewälzt war, er
war nämlich sehr gross, und da sie in das Grab hineingingen, sahen sie einen Jüngling zur Rechten
sitzen, angethan mit einem weissen Kleide, und sie erschraken." Ganz ähnlich, abgesehen davon.

1) SCHEEBEN, Handbuch der Dogmatik II. p. 87. — JAC. a. VORAGINE, Legenda aurea, beim Erzengel Michael.
2) GRIMOUARD a. a. O. p. 34. — CAHIER, Caract. des Saints p. 32. 35. 732 u. 794.
3) CAHIER a. a. O. p. 230.   4) CAHIER a. a. O. p. 32.
5) Vgl. auch SCHAEFER, Handbuch der Malerei vom Berge Athos p. 99 u. 103. Dort findet sich auch eine Beschreibung der Darstellung der himmlischen Hierarchie, wie solche in der Kuppel der Kirche des Klosters Iviron auf dem
Berge Athos ausgeführt.
6) LABB u. SCHWARZ a. a. O. p. 19. Taf. 4.
7) Dr. ALW. SCHULTZ, Die Legende der h. Maria p. 40. — MOLANUS a. a. O. cap. 21 u. 79. Die h. Maria, die
Mutter des Herrn, gehört nicht zu den Frauen, die zum Grabe gingen, da ihr, wie man annimmt, die Auferstehung schon
bekannt war.

dass er nur von zwei zum Grabe gehenden Frauen spricht, berichtet Matthaeus[1]), welcher jedoch noch hinzufügt, dass der Engel den Stein weggewälzt und sich auf denselben gesetzt habe; „sein Anblick war wie der Blitz und sein Gewand weiss wie der Schnee." Es war also bei der Auferstehung das Grab nicht geöffnet; erst später nach derselben wurde der Stein von dem Engel weggewälzt.[2])

Die Evangelisten Lucas und Johannes[3]) sprechen von zwei Engeln: Johannes sagt, dass Maria Magdalena, als sie in das Grab hineinsah, zwei Engel in glänzenden Kleidern erblickte, sitzend da, wo der Leichnam hingelegt war, einen am Haupte und den andern bei den Füssen. Er benennt nur die h. Maria Magdalena am Grabe, während Lucas auch Johanna, die Frau des Chusas, anführt. Auch weisen diese beiden Evangelisten noch besonders auf die im Grabe liegenden Leintücher, und Johannes auch auf das Kopftuch hin, als Anzeichen dafür, dass der Heiland in der That auferstanden, nicht aber sein Leichnam fortgetragen sei. — Diese verschieden bezeichneten Nebenumstände der Vorgänge[4]), welche zwar sachlich eine wesentliche Bedeutung an sich nicht haben, sind jedoch für die bildliche Darstellung, in welcher durch die begleitenden Vorgänge die Hauptsache zur klaren Anschauung gebracht werden muss, sehr erheblich, und es machen sich daher bei der Darstellung auch die Verschiedenheiten der Unterlage erkennbar, z. B. ob ein oder zwei Engel im Grabe befindlich, ebenso bezüglich der Zahl der h. Frauen und dergleichen. Die vielfachen Darstellungen der Auferstehung, beziehungsweise der Frauen am Grabe suchen sich, wie es richtig oder vielmehr nothwendig ist, möglichst genau den Schilderungen der Bibel anzuschliessen, und hiermit sind die Grundzüge der Darstellung im Allgemeinen[5]) gegeben, während der künstlerischen Anordnung und Behandlung dabei doch noch der freieste Spielraum und die Möglichkeit der mannigfaltigsten Bewegung geboten ist. F. v. Quast hebt nun, und gewiss mit zureichenden Gründen, hervor, dass dem Künstler des Retabulums altbyzantinische Vorbilder zum Anhalt gedient hätten, deren Anordnung von ihm bei der Conception des Bildes im Allgemeinen berücksichtigt sei, wobei er aber im Einzelnen seinem eigenen Gefühl und seinen Empfindungen in den herrlichen Gestalten Ausdruck verliehen habe. Hierdurch wird der Werth des Bildes jedoch wohl nicht vermindert; ähnliche Erscheinungen, dass nämlich die Künstler sich an die Bildungen älterer Werke anlehnen, treten naturgemäss zu allen Zeiten in der Kunstgeschichte hervor. Als ganz analoge Darstellungen bezeichnet Quast die Bildwerke an den Thüren der St. Michaelskirche auf dem Monte Gargano aus dem 11. Jahrhundert, welche die Familie Pantaleon in Constantinopel hatte anfertigen lassen, die Pala d'oro des Dogen Ordelaphus Faledrus in St. Marco zu Venedig aus dem 12. Jahrhundert, und endlich eine Gravirung auf der Patene des Kelches der Stiftskirche zu Wilten vom Ende des 12. Jahrhunderts. — Dieser Hinweis ist durchaus begründet und kann noch durch weitere Beispiele ausgedehnt werden, ein Nachweis aber für den Gang der Einwirkung einzelner Darstellungen und den inneren Zusammenhang ist nicht zu erbringen, namentlich nicht mit Rücksicht auf die Ungewissheit, welchen Weg die älteren Miniaturen in Manuskripten oder die Elfenbeinskulpturen (Diptychen) bis zu ihrem späteren Aufbewahrungsort genommen, und inwiefern solche den einzelnen Künstlern bekannt geworden. Zudem ist die Zahl der aus der frühromanischen Zeit auf uns gekommenen Darstellungen dieses Gegenstandes eine ungewöhnlich grosse, und dies hat wesentlich darin seinen Grund, dass man denselben gern mit der Darstellung der Kreuzigung in Verbindung brachte. Schon seit der frühesten Zeit liebte man es, dem Leiden und Tode Christi, der tiefsten Erniedrigung des Erlösers, die Auferstehung desselben, die Bezeichnung seines Sieges über den Tod, seine göttliche Verherrlichung gegenüberzustellen.[6])

---

1) Cap. XXVIII. v. 2 u. 3.   2) Vgl. MOLANUS a. a. O. cap. 21.   3) Lucas XXIV. v. 4. Johannes XX. v. 12.
4) Inwiefern die verschiedenen Angaben über die einzelnen Vorgänge in Uebereinstimmung zu bringen sind, vgl. ALLIOLI, Heil. Schrift I. 1. p. 386.
5) AYALA a. a. O. lib. III. c. 20. p. 184.   6) MENZ a. a. O. p. 183.

Durch die vielen älteren Darstellungen geht nun, wie bemerkt, derselbe Grundzug im Anschlusse an die Erzählung der h. Schrift; jedoch tritt, abgesehen von der Zahl der Frauen und der
Engel und ihrer Anordnung, auch ein auffallender Unterschied in der Behandlung des Grabes selbst
hervor. Auf dem Retabulum und in den v. Quast angezogenen Beispielen ist das Grab direkt in
den sichtbar heraufragenden Felsen gehauen, in welchem der dunkle Eingang, die offene Thür, sich
befindet. Häufiger aber wird das Grab bezeichnet durch einen kleinen, nach Art eines antiken Tempels
behandelten Bau, von welchem sich aber nur der vordere Theil, der mit einem Kreuze gezierte
Giebelbau zeigt; vermuthlich ist dieser Theil eines Tempels als eine Art Vorbau oder Vorhalle
gedacht, durch welche man in das Felsengrab hineinging, und in dieser Weise würde eine solche
Anordnung weder der Darstellung der h. Schrift entgegenstehen, die ja von einem Hineingehen in
das Grab spricht, noch auch mit der Art, in welcher die Gräber in jener Zeit in Palästina gestaltet
zu werden pflegten, in Widerspruch gerathen. Der Engel sitzt dann in der Regel vor demselben
auf dem Stein, und die Frauen nähern sich von der einen Seite. Als Beispiele würden hierfür
zunächst anzuführen sein:

> eine Miniatur[1]) aus der vielgenannten syrischen Handschrift des Klosters zu Sagba vom Jahre
> 586, welche sich auf demselben Blatte mit der oben näher beschriebenen Kreuzigung befindet
> (Labarte a. a. O. Taf. 80).
>
> eine Elfenbeinskulptur, angeblich aus der Zeit Justinian's, auf welcher der Engel vor dem
> mit Treppen versehenen Tempelbau steht, und nur eine der Frauen dargestellt ist (Labarte
> a. a. O. Skulptur Taf. 6).
>
> die Darstellung auf den Erzthüren des h. Bernward zu Hildesheim; der Engel sitzt nicht auf
> dem Stein, sondern auf einem besonderen Unterbau; die drei Frauen nähern sich hinter-
> einandergehend dem mit einem Kreuz versehenen Giebelbau, an welchem ein aufgeknoteter
> Vorhang herabhängt; vermuthlich sollen durch denselben die Grabtücher angedeutet werden,
> welche fast nie bei der Darstellung des Grabes fehlen[2]) (Kratz, Dom zu Hildesheim p. 58).

Am meisten ist dagegen das Grab gebildet als ein selbstständiger, freistehender Kuppelbau,
in welchem dann das sarkophagartig gestaltete Grab sich befindet; die Deckplatte desselben, der
Stein, ist abgehoben und in der Regel schräg angelehnt. Diese Art der Behandlung zeigt z. B.:

> ausser der bekannten, schon von Quast angeführten Pala d'oro der Marcuskirche zu Venedig,
> auf welcher vor dem Bau ein Engel mit Stab auf dem Steine sitzt, eine Miniatur aus
> dem Sacramentale des Bischofs Sigibert von Minden aus dem 11. Jahrhundert (zur Zeit
> in der K. Bibliothek zu Berlin); der Engel mit einem Buch, aber ohne Stab, sitzt auf dem
> Stein, und vor ihm stehen vier Frauen;
>
> ein Elfenbeinschnitzwerk auf dem Deckel eines Evangeliariums des Kaisers Heinrich II. des
> Heiligen, aus Bamberg (Bibl. zu München) (Labarte a. a. O. Taf. 40);
>
> eine Elfenbeinskulptur aus dem 9. Jahrhundert aus der Sammlung Soltykoff zu Paris (Labarte
> a. a. O. Taf. 14);
>
> eine Miniatur des für Melisende, die Tochter des Königs von Jerusalem, im 11. Jahrhundert
> angefertigten Manuskripts, aus der Grande Chartreuse, jetzt im britischen Museum zu London
> Cahier, Mélang. d'arch. III. p. 31. Cahier, Caract. des Saints p. 467);
>
> und ganz ähnlich eine Miniatur des sogenannten byzantinischen Psalters vom Jahre 1066 im
> britischen Museum zu London (v. Quast und Otte, Zeitschr. I. p. 97), auf welcher der Aufbau
> mehr thurmartig gestaltet ist;

---

1) Menz a. a. O. p. 190.

2) Der Annahme von Lind und Schwarz a. a. O. p. 82. Tafel III. nr. 12, dass hier ein Ciborienaltar mit auf-
gezogenem Velum dargestellt, und damit eine symbolische Bezugnahme auf das unblutige Opfer gegeben werden solle,
möchte ich nicht beitreten.

eine Miniatur eines Evangeliariums aus dem 11. Jahrhundert im erzbischöflichen Museum zu Utrecht, welche das Innere eines grossen, mit Säulen und Thürmen versehenen Rundbaues zeigt; in demselben befindet sich der Sarkophag; auf dem schräg gestellten Stein sitzt der Engel mit Stab. Zwei Frauen stehen neben demselben;

eine Darstellung auf einem Vortragekreuz im Dome zu Mainz aus dem Ende des 12. Jahrhunderts, welche, in Metall gravirt, sich auf dem länglichen Ansatze des Querbalkens befindet (Otte und Aus'm Weerth a. a. O. p. 197 Taf. 10 und 11) — und

ein Wandgemälde der Oberkirche zu Assisi, welches Cimabue zugeschrieben wird; am Grabe befinden sich zwei Engel (Agincourt a. a. O. Taf. 110. Crowe und Cavalselle a. a. O. I. p. 178).

Sehr oft fehlt aber jeder besondere Aufbau oder auch der Fels, und die Darstellung zeigt nur einen freistehenden, geöffneten Sarkophag, in welchem die Grabtücher sichtbar bezeichnet sind; der Engel sitzt auf dem schräg gelegten Steindeckel, oder auf dem Rande des Sarkophages. Für diese Art der Anordnung können als Beispiele bezeichnet werden:

die Wandmalerei in der Kuppel der Vierung des Domes zu Braunschweig aus dem Anfang des 13. Jahrhunderts; der Sarkophag ist mit romanischen Bogenfeldern geziert, der Engel sitzt auf dem Rande desselben (Lotz a. a. O. I. p. 100);

eine Wandmalerei der Kirche zu Bergheim Müllekoven; der Engel sitzt auf der Ecke des Sarkophages; die drei Frauen tragen Rauchpfannen (E. aus'm Weerth p. 17. Taf. 40);

ein Schnitzwerk in Wallrosszahn auf dem Deckel eines Evangeliariums des Klosters Riddagshausen (jetzt im Museum zu Braunschweig) etwa vom Jahre 1200; ebenfalls drei Frauen mit Rauchpfannen; der Engel sitzt auf dem Steindeckel;

eine Miniatur aus einem Evangeliarium des 12. Jahrhunderts in der Bibliothek zu Stuttgart (Fol. nr. 28); der Engel ohne Stab sitzt auf dem Stein; die drei Frauen tragen sämmtlich Salbenbüchsen und, wie der Engel, silberne Nimben;

eine Darstellung auf dem bekannten Dombilde von Duccio di Buoninsegna in Siena vom Jahre 1310 (Crowe u. Cavalcaselle a. a. O. II. p. 218);

eine Emaille an dem Tragaltar des h. Mauritius zu Siegburg, auf welchem der Engel in die Höhe zeigt (11. Jahrhundert) (E. aus'm Weerth a. a. O. III. p. 26. Taf. 47);

eine Emailleplatte auf dem Deckel eines Evangeliariums der Dombibliothek zu Trier vom Ende des 12. Jahrhunderts (E. aus'm Weerth a. a. O. III. p. 86. Taf. 57);

eine gravirte Platte an dem Kronleuchter des Kaisers Friedrich Barbarossa im Münster zu Aachen aus dem 12. Jahrhundert; der Engel mit Stab sitzt auf dem Sarkophag (E. aus'm Weerth a. a. O. II. p. 101. Taf. 35. Schnaase a. a. O. V. p. 614);

eine Steinskulptur im Tympanon des Südportals der Marienkirche zur Höhe zu Soest vom Ende des 12. oder Anfang des 13. Jahrhunderts (Lübke a. a. O. p. 163), und

ein Holzrelief auf der Eckplatte des rechten Querbalkens des grossen Kreuzes in derselben Kirche, und wohl ungefähr von gleichem Alter; der Engel trägt einen Stab (Aldenkirchen a. a. O. p. 19. Taf. 3). —

Diese Beispiele, die sich noch leicht vermehren liessen, werden genügen, für die obengemachten Angaben als Belege zu dienen. Unter allen diesen angeführten älteren Darstellungen ist aber keine zu bezeichnen, welche so vollendet, so zart empfunden und so künstlerisch schön und edel ausgeführt ist, als die des Soester Retabulums, und keine aus dieser Zeit kann derselben an die Seite gesetzt werden. Erst gegen Ende des 13. Jahrhunderts beginnt, namentlich in Italien, eine weitere künstlerische Entwickelung der Darstellung dieses Gegenstandes, für welche die Malerei im Dom zu Siena von Duccio di Buoninsegna als Anfang oder Ausgangspunkt zu bezeichnen ist.[1] —

1) Crowe u. Cavalcaselle a. a. O. II. p. 218 giebt eine Abbildung.

Die Gruppe der Wächter und Soldaten, welche zur Seite des Grabes gelagert sind, ist zum Theil zerstört; die Anordnung der Gruppe ist gut und lebendig behandelt, der Führer der Wache, von welchem nur der Kopf erhalten, sieht mit lebhaftem Ausdruck auf den Vorgang hin, die übrigen schlafen.

Diese Figuren, obschon im Vordergrunde befindlich, sind dessungeachtet erheblich kleiner als die der Frauen, während diese letztern wiederum von dem Engel an Grösse übertroffen werden. Es ist dies eine eigenthümliche Licenz, welche die altchristliche Kunst sich vielfach, und zwar mit Absicht, in einer gewissen symbolischen Tendenz gestattete; Nebenpersonen und solche, die als schlecht oder böse angesehen, wurden körperlich kleiner gestaltet als die Hauptpersonen oder diejenigen, die durch Heiligkeit oder Würde besonders ausgezeichnet waren, z. B. Christus vielfach erheblich grösser als die Schächer. —

d) CHRISTUS VOR KAÏPHAS.

F. v. Quast führt schon näher aus, wie ungewöhnlich dramatisch diese in der rechts von der Kreuzigung befindlichen Abtheilung dargestellte Gruppe bewegt und in einer für die Zeit ganz ungewöhnlichen Weise lebendig aufgefasst ist. Die Hohenpriester sind in ihrer geistigen Stimmung treffend und lebendig charakterisirt, ebenso die Schriftgelehrten, die Aeltesten des Volks und die Kriegsknechte, welche sich um die beiden, auf einer mit hoher Lehne versehenen Bank sitzenden Hohenpriester gruppiren.[1] Wer in der zur Linken von Kaïphas sitzenden Person bezeichnet werden soll, ist nicht zu bestimmen, Quast deutet, jedoch mit einem Fragezeichen, auf Annas hin. Da dieser nach der Angabe des Evangeliums Jesum gebunden zu Kaïphas, seinem Schwiegersohne, der zu jener Zeit der erste Hohepriester war, geschickt hatte, eine weitere Bemerkung über seine Theilnahme aber nicht gemacht wird, so ist wohl anzunehmen, dass er selbst an der nächtlichen Sitzung des Synedriums nicht Theil nahm.[2] Er war früher Hoherpriester gewesen, hatte einen sehr massgebenden Einfluss, und wohl deshalb wurde, da der hohe Rath nicht ohne gewisse Furcht gegen Jesus vorging, dieser ihm zuerst vorgeführt. Kaïphas führte, wie im Evangelium ausdrücklich erwähnt wird, bei der Gerichtsverhandlung den Vorsitz, stellte die Fragen an den Erlöser und verkündete das Urtheil. —

Den sitzenden Hohenpriestern gegenüber steht Christus, an den Händen durch einen Strick gefesselt, der von einem der Soldaten gehalten wird; wenn auch in den Gesichtszügen nicht gerade durch entsprechende Schönheit ausgezeichnet, so erscheint Christus doch dargestellt in erhabener Ruhe und in edeler Haltung und Hoheit die Schmach und die Ungerechtigkeit freiwillig und schweigend erduldend. Die nicht glückliche Stellung des rechten Fusses scheint andeuten zu sollen, dass er von den Kriegsknechten an diese Stelle hingezerrt worden. — Zwei der Juden tragen spitze Hüte, mit welchen man seit dem 12. Jahrhundert die Juden zu kennzeichnen pflegte; einer derselben, neben Jesus stehend, hat die Hand erhoben und scheint ihm einen Faustschlag geben zu wollen.[3]

Vor dem Hohenpriester steht ein mit einem faltigen Behang versehener Tisch, über welchen sich schräg ein von Kaïphas mit der Hand gehaltenes Spruchband erstreckt. Auf demselben sind die Worte verzeichnet: *„Quousque animos nostros tollis? Si tu es XPC. (Christus), dic nobis palam."* Nur der letzte Theil dieser Aufschrift entspricht genau den Worten des Evangelisten Lucas[4], während der erstere Theil nur dem Sinne der in der h. Schrift gegebenen Beschreibung des Vorganges sich anschliesst. F. v. Quast irrt, wenn er bemerkt, Kaïphas halte die entrollte Anklageschrift; es

---

1) Matthaeus XXVI, 57. „Jene aber führten ihn zu Kaïphas, dem Hohenpriester, wo die Schriftgelehrten und Aeltesten sich versammelt hatten."

2) Vgl. LANGEN a. a. O. p. 25 und 238 über die Zusammensetzung und die Befugnisse des Synedriums und über die Stellung des Hohenpriesters.

3) Johannes XVIII. v. 22.   4) Lucas XXII. 66. „Bist du Christus, so sage es uns."

fehlt auch auf der von ihm in der Zeitschrift gegebenen Umrisszeichnung die Verzeichnung der Aufschrift.[1])

Hinter Kaïphas sind Säulen mit eigenthümlicher Drapirung sichtbar, in welchen vermuthlich die Architektur des Hauses desselben bezeichnet werden soll; der Gewohnheit und auch wohl den Satzungen widersprechend hatte der hohe Rath sich in dem Hause des Kaïphas versammelt, während das eigentliche Amtslokal des Synedriums das Gazith war, ein Nebengebäude des Tempels, an der Westseite desselben gelegen.

5. SCHLUSSBEMERKUNGEN.

In den beiden seitlichen Abtheilungen, welche die kreisrund umschlossenen Darstellungen der Frauen am Grabe und Christi vor Kaïphas enthalten, befinden sich in den Ecken in runden Medaillons die Brustbilder von je vier Personen, welche lange Spruchbänder halten und mit Nimben versehen sind. Die unteren sind grossentheils zerstört, und von den oberen ist nur bei einem derselben die Aufschrift des Spruchbandes noch zu erkennen. Sie lautet: . . . *SE AUTE WLNATE PPT, INIQTAES NRAS*, und es ist daher hierdurch ersichtlich, dass der Prophet Isaias dargestellt ist, welcher c. 53 v. 5 sagt: *„Ipse autem vulneratus est propter iniquitates nostras; attritus est propter scelera nostra."*[2]) Ohne Zweifel sind also die vier in den oberen Ecken dargestellten Personen die vier grossen Propheten, während in den unteren wohl vier der kleineren Propheten sich befanden, vermuthlich diejenigen derselben, welche in ihren Schriften besonders auf das Leiden Christi Bezug nehmen. — Ungewöhnlich ist es, dass die Propheten mit Nimben ausgestattet sind; jedoch kommt dies, namentlich in der frühromanischen Kunst mehrfach auch im Abendlande vor und deutet auf griechischen Einfluss hin.[3])

In den vier Spitzen, welche an dem oberen Rande herausragen, befinden sich gleichfalls in Rundungen die Brustbilder von Engeln mit Nimben und Flügeln, welche durch ihren Ausdruck und die Bewegungen ihrer Hände die Theilnahme an dem Leiden Christi bekunden.

Die Ornamentirung der verschiedenen Umrandungen, sowie das dem Kreuzesstamme eingepresste Muster[4]) ist durchaus streng romanisch; ebenso kennzeichnet die Haltung der Personen und die Behandlung der Gewandung das Retabulum als durchaus noch der Zeit des romanischen Stiles angehörig. Hierdurch wird die Entstehung desselben, namentlich ferner auch unter Vergleichung mit andern Malereien zu Soest, den ersten Decennien des 13. Jahrhunderts zugewiesen, und wurde eine andere Meinung bisher auch nicht geltend gemacht. Jedoch ist in der Gewandung einzelner Personen ein leiser Anfang des Uebergangsstiles bereits angedeutet. Bei einzelnen Soldaten und Juden und in etwa auch bei dem Engel ist der Beginn eines mehr unruhigen Faltenwurfs, wie er demnächst mit dem Uebergange zur gothischen Stilweise sich in der Malerei überall erkennbar macht, bereits zu verspüren; es zeigen sich hie und da in dem Bilde, in Abweichung von der bisherigen Strenge der Behandlung, bei den gedachten Personen die Anfänge von willkürlichen, unruhigen Querfalten, und z. B. bei dem zumeist links stehenden Kriegsknecht in spitze Zipfel ausgehende Gewandtheile, während bei anderen Personen noch die strenge Einfachheit des Faltenwurfs beibehalten ist. — In noch weit höherem Maasse tritt jene Veränderung in den Wandmalereien der Nikolaikapelle und in dem, wohl mindestens 30 Jahre später entstandenen Altaraufsatz der Wiesenkirche hervor, welcher den Gegenstand der folgenden Beschreibung (III.) bildet.

1) Auf der Tafel bei ALDENKIRCHEN ist sie nicht recht lesbar, dagegen bei FÖRSTER, Denkm. deutscher Kunst VIII. Malerei Taf. 1 findet sich dieselbe verzeichnet, ebenso bei FÖRSTER, Deutsche Kunst in Bild und Wort p. 83.
2) Matthaeus VIII. v. 13.   3) Vgl. oben ad I. 3. b. die Bemerkungen über den Nimbus.
4) NORDHOFF a. a. O. II. Heft. p. 115.

III.

DER ALTAR-AUFSATZ DER WIESENKIRCHE ZU SOEST.

ZUR ZEIT IN DER KÖNIGL. GEMÄLDE-GALLERIE ZU BERLIN.

Die christliche Kunst hat die Aufgabe, die Welt des Glaubens zur Anschauung zu bringen.

F. Piper.

Tafel IV.

Noch ein drittes Tafelgemälde aus der Zeit des romanischen Stiles, gleichfalls aus Soest, ist uns erhalten, welches, nachdem die beiden vorigen einer näheren Beschreibung und Besprechung unterzogen sind, nicht unerwähnt bleiben darf. Es ist dies eine Tafel von Eichenholz, 0,71 m hoch und 1,20 m breit, welche einen Altaraufsatz bildete und in drei Bogenfeldern die Darstellung der h. Dreifaltigkeit, der h. Maria und des h. Johannes, des Evangelisten, enthält. Dieses Bild stammt gleichfalls aus der Wiesenkirche zu Soest, in welcher es sich auf dem Altare des Südchores befand, ist aber, ebenso wie das Retabulum (nr. II.), älter als das jetzige Gebäude, und es ist unbekannt, für welche Kirche dasselbe ursprünglich bestimmt gewesen. Vor etwa 20 Jahren gelangte es in die K. Gemäldegallerie zu Berlin, war mit dem Retabulum bisher in unzugänglichen Räumen verborgen und ist erst in neuerer Zeit im Saale der altdeutschen Kunst unter nr. 1216 B. zur Aufstellung gebracht. In den amtlichen Berichten aus den Kunstsammlungen zu Berlin, Heft 2. u. 3 vom Juli 1880 p. XXIII, wird Folgendes über dasselbe angeführt:

„Westfälische Schule; Soest um 1250 bis 1270. Altaraufsatz in drei gleichen Abtheilungen, durch Säulchen getrennt, welche Rundbogen tragen. In der Mitte die h. Dreifaltigkeit (Gott Vater, den Gekreuzigten vor sich tragend), zur Linken Maria, zur Rechten Johannes. Auf Goldgrund. Eichenholz h. 0,71, br. 1,20, bis auf einige kleine beschädigte oder abgestossene Stellen gut erhalten, vom Restaurator Böhm hergestellt. Das Bild stammt ebenfalls aus der Wiesenkirche zu Soest (vielleicht identisch mit dem bei Lübke. Kunst in Westfalen, p. 335 beschriebenen Altaraufsatz im südlichen Seitenchore) und ist ein interessantes Specimen für den Charakter der deutschen Malerei in der zweiten Hälfte des 13. Jahrhunderts, der es wohl zuzuweisen ist (auch nach der auffallenden Verwandtschaft mit den Wandgemälden im Dome zu Gurk in Kärnthen, deren Ausführung grössentheils in die Jahre 1250—1279 fallen muss; vgl. Mittheilung der K. K. Central-Kommission XVI, 126—141.)"

Lübke hat bereits früher (p. 335) über dieses Bild bemerkt: „Endlich gehört auch der obere Aufsatz des Altars in dem südlichen Seitenchore der Wiesenkirche zu Soest hieher. Er besteht aus drei Theilen, deren mittlerer die Darstellung der Dreieinigkeit ausmacht. Es ist die alte Auffassung gewählt, in welcher Gott Vater den am Kreuze hängenden Sohn vor sich hält. Jederseits ist die Gestalt eines Heiligen gemalt, getrennt vom Mittelbilde durch Säulchen, welche Rundbogen tragen. Der Stil ist strenge, die Gewandung zeigt jene scharfen, bestimmten Falten romanischer Malereien, die anstatt der Schattirung dienen. Die Ausführung ist in Tempera auf Goldgrund." —

Auch Nordhoff weist in seiner „Soester Malerei unter Meister Conrad" p. 121 besonders auf dasselbe hin. —

Die ganze Tafel ist vergoldet und in drei gleiche Bogenfelder getheilt, welche von erhöht (en relief) aufliegenden Halbsäulen mit aufgesetzten, einfachen Rundbogen gebildet werden. Die Basen der Säulen sind etwas formlos, durch breite, übereinandergelegte Wulste gebildet; ähnlich sind auch die Kapitäle gestaltet, nur sind die flachen Wulste durch feine Rundstäbe abgetheilt.

In den vier Zwickeln der Bögen befinden sich vier Engel in Halbfiguren. Die Malerei ist in Temperafarben ausgeführt, welche auf den Goldgrund aufgetragen sind.

Die Darstellung der h. Dreifaltigkeit in der mittleren Abtheilung zeigt Gott den Vater auf einem prächtigen, reichverzierten Thronsessel sitzend, indem er Christum am Kreuz mit beiden Händen vor sich hält, während über dem Kreuz ungefähr in der Höhe der Brust Gottes des Vaters der h. Geist in Gestalt einer Taube schwebt. Die Gesichtszüge Gottes des Vaters sind scharf gezeichnet, grossartig und ernst, und wie die ganze Gestalt von erhabener Hoheit; er ist alt dargestellt, mit grauem lockigem Haar, welches zum Theil etwas unruhig flattert; ebenso ist der Bart lang, grau und gelockt. Das Haupt umgibt ein goldiger Nimbus, welcher mit einem reichen romanischen Muster, aber nicht mit der Kreuztheilung versehen ist. —

Neben dem Haupte sind die beiden Buchstaben α und ω, beide mit einem kleinen Kreuz geziert, angebracht. Zu den Seiten des Kopfes Christi befand sich auf dem Goldgrunde eine Schriftbezeichnung, welche aber nur an der rechten Seite in wenigen Resten erhalten und nicht zu entziffern ist.

Der in unruhige, geknitterte Falten gelegte Mantel ist von rother Farbe mit braunrother Unterseite. Das bis auf die unbekleideten Füsse reichende Untergewand (Tunika) ist blau, ein über dieses gelegtes kürzeres Obergewand (eine Art Dalmatica) ist braun und mit geometrisch gemusterten Goldstreifen geziert.

Der Thronsessel ist eigenthümlich gebildet, mit romanischen, architektonischen Verzierungen versehen, ebenso der Schemel; die Füsse des Thronsessels und die Seitenstücke der hohen Lehne sind in phantastischer Weise von romanischen Blattornamenten und Gliederungen gebildet. Zu beiden Seiten werden die Spitzen des auf dem Sessel liegenden Kissens sichtbar.

Das Kreuz, welches Gott der Vater in den Händen hält, ist ein einfaches, in sogenannter lateinischer Form (mit längerem Untertheil) gebildetes Balkenkreuz, an welchem der Gekreuzigte in ähnlicher Weise sich dargestellt befindet, wie auf dem oben beschriebenen Retabulum. Christus ist nicht mehr lebend, neigt das mit einem gekreuzten Nimbus versehene Haupt auf die rechte Seite und trägt ein geknotetes, faltiges Lendentuch von brauner Farbe mit Goldverzierung, welches an der rechten Seite sich in einen Zipfel verlängert. Die Arme sind ein wenig erhoben, die Füsse gekreuzt von Einem Nagel durchbohrt, ohne Suppedaneum. Die goldigen Balken des Kreuzes ziert ein romanisches Blattmuster; den Fuss des Kreuzes bildet ein zugespitzter Fels.

Der h. Geist schwebt in dem bekannten Symbol der Taube, welche hier etwas phantastisch gebildet, sich in einer goldnen Scheibe befindet und einen Nimbus trägt, über dem Kreuz, zwischen dem Kopfe Christi und dem Gottes des Vaters. —

Diese Darstellung der h. Dreifaltigkeit entspricht durchaus dem ernsten und erhabenen Charakter, welcher die gesammte romanische Kunst auszeichnet, und ist in ihrer Ausführung grossartig und schön, ihrer inneren Auffassung nach aber tiefsinnig und würdig; sie geht aus einem so hohen und richtigen Gedanken hervor, dass wohl kaum eine andere Art der Darstellung der h. Dreifaltigkeit gefunden wird, welche dem menschlichen Gefühl näher läge und diesem Geheimniss gegenüber den für dasselbe unzulänglichen menschlichen Begriffen einen mehr entsprechenden Ausdruck zu geben vermöchte.[1] —

---

[1] J. de Ayala a. a. O. II, c. 3.

In den ersten christlichen Jahrhunderten finden sich manche Darstellungen der einzelnen göttlichen Personen, insbesondere auch durch Symbole der verschiedensten Art, aber die Vereinigung derselben zur Darstellung der h. Dreifaltigkeit findet sich nicht. Zwar wird eine Skulptur an einem Sarge im Museum des Lateran aus dem 4. Jahrhundert als eine Darstellung der h. Dreifaltigkeit gedeutet; Gott Vater sitzt auf einem Thronsessel, hinter ihm steht eine männliche Figur, welche man als den h. Geist ansieht, und neben ihm Christus, der eine Hand auf das Haupt einer kleinen weiblichen Figur (Eva) legt; eine kleine männliche Figur liegt am Boden (Adam). Kraus, Roma Sotteran. p. 313. Kraus, Real-Encykl. I. p. 16. Garucci, Stor. dell' arte christ. V. Taf. 365. Hiervon abgesehen, bietet uns die erste Nachricht wohl der h. Paulinus von Nola im 5. Jahrhundert, welcher von einem Mosaik, die h. Dreifaltigkeit darstellend, in der Absis der von ihm erbauten Kirche des h. Felix spricht.[*]) Seit dieser Zeit hat nun die religiöse Kunst sich bestrebt, entweder durch Symbole oder Andeutungen den Hinweis auf dieses göttliche Geheimniss zu bieten, oder in der Bildung von menschlichen Personen eine Darstellung desselben zu geben. In der theologischen Wissenschaft haben alle Gleichnisse und Bilder, welche gewählt wurden, um diese über das Fassungsvermögen des Menschen hinausragende Lehre von der h. Dreifaltigkeit dem Verständnisse näher zu bringen, oder als Erklärung derselben zu dienen, sich als dürftig und unzureichend erwiesen, z. B. die Verbindung von Holz, Blättern und Frucht, die Eine Weinrebe bilden[*]) (dies wurde früher, aber irrthümlich dem Apostel Thomas zugeschrieben); die Vereinigung von Geist, Verstand und Liebe im Menschen[*]) (vom h. Augustinus) oder von Erkenntniss, Willen und Gedächtniss, die eine Seele bilden[*]) (vom h. Ambrosius), oder von Macht, Weisheit und Güte in Gott[*]); oder auch geometrische Bilder, wie das gleichwinkelige Dreieck, oder das Dreieck im Kreise, oder drei durcheinandergelegte Kreise[*]) oder Ringe, oder drei Kreise von drei Farben und Einem Umfang (nach Dante)[*]), oder das Bild von Pflanze, Blume und Duft und Aehnliches.

Ebensowenig gelang es der christlichen Kunst, in geeigneter Weise im Anschluss an die Theologie eine symbolische Darstellung zu geben, welche irgendwie genügte, oder auch nur eine richtige Begriffsunterlage zu bieten vermocht hätte; vielleicht mögen manche dieser Versuche als Andeutungen oder als ein nebensächlicher oder ornamentaler Hinweis gelten und angenommen werden können, wie z. B. die drei ineinandergelegten Ringe mit den eingeschriebenen Worten trinitas und unitas[*]), oder das irische Dreiblatt (Kleeblatt) des h. Patrick, oder ein Dreieck mit einem Auge, oder endlich die Hand Gottes, mit der Taube und dem Lamme oder dem Kreuz und dergleichen. Dieselben eignen sich aber nicht, um nach Auffassung und Ausführung ein Bild zu geben, welches als ein Mittelpunkt einer grösseren bildlichen Darstellung anzusehen, und als solcher unsere Gedanken, Begriffe und Gefühle in sich vereinigen und befriedigen könnte.

Mag auch die Einheit der drei göttlichen Personen darin nicht völlig zum Ausdruck gelangen können, so wird dessungeachtet die Darstellung der h. Dreifaltigkeit im wesentlichen

1) Dursch a. a. O. p. 534. — Kreuser a. a. O. II. p. 40. — Joh. G. Müller, Die bibll. Darstellungen im Sanctuarium p. 28. — Martigny, Dict. des antiq. chrét. p. 767. — Kraus, Real-Encyklopädie d. christl. Alterthums I. p. 379.
2) Dursch a. a. O. p. 503.   3) Dursch a. a. O. p. 505.   4) Dursch a. a. O. p. 506.
5) Dursch a. a. O. p. 508. — Scheeben, Handbuch d. kath. Dogmatik I. p. 805 u. 815.
6) Menzel, Symbolik I. p. 213
7) Menzel a. a. O. p. 215. Dursch a. a. O. p. 545 giebt eine französische Miniatur vom Ende des 13. Jahrhunderts. — Dante, Paradies; Gesang 33, v. 115:

Nella profonda e chiara sussistenza   „In des Seienres, der unergründlich klaren,
Dell' alto lume parvermi tre giri   Des hohen Lichts erschienen mir drei Kreise,
Di tre colori e d'una contenenza;   Dreifach an Farbe und von Einem Umfang;
E l'un dall' altro, come Iri da Iri   Und einer schien vom Andern, wie vom Iris
Parea riflesso, e il terzo parea fuoco   Die Iris abgespiegelt, und der Dritte
Che quinci e quindi egualmente si spiri.   Wie Gluth, Abglühend; hier und dort entsendet.“
                                               (Nach der Uebersetzung von Philalethes).

8) Dursch a. a. O. p. 545.

unter menschlicher Form und Gestalt die einzige sein, welche dem menschlichen Verständniss und Gefühl sich anschliesst und würdig und anpassend erscheint; hierbei soll jedoch die Darstellung des h. Geistes durch eine Taube gewiss nicht ausgeschlossen sein, sofern die beiden andern Personen in menschlicher Gestalt gebildet sind.[1]) In solcher Darstellung ist auch die entsprechende Beziehung auf die Angaben der Bibel genommen, in welchen die Art bezeichnet wird, wie in einzelnen Fällen Gott sich den Menschen sichtbar gezeigt hat. Bei Christus ist die menschliche Gestalt selbstverständlich, da er ja sogar die menschliche Natur angenommen hat; die Darstellung des h. Geistes durch eine Taube bezieht sich, wie schon oben bemerkt, auf die sichtbare Erscheinung desselben bei der Taufe Christi in der Gestalt einer Taube.[2]) Die Bildung Gottes des Vaters in der Gestalt eines alten, greisen Herrschers schliesst sich an die Worte des Propheten Daniel VII. v. 9 u 10[3]) an, und kann deshalb nicht als eine zu grosse Kühnheit angesehen werden.

Die christliche Kunst hat nun auch in dieser Grundauffassung, aber in mannigfachster Verschiedenheit die h. Dreieinigkeit gebildet, und besonders hat sich in den Miniaturen des Mittelalters die Phantasie der Künstler in sehr freiem Fluge bewegt, oft sogar in einer Weise, welche durchaus Tadel verdient; als ein Beispiel einer solchen Verirrung ist anzusehen die Darstellung der h. Dreifaltigkeit durch Eine menschliche Figur mit drei Köpfen oder drei Gesichtern.[4]) Hierdurch wird ein Wesen gebildet, welches als widernatürlich unser menschliches Gefühl verletzt, ja sogar Abscheu erregt, und am allerwenigsten mit der Würde, Hoheit und Heiligkeit, die nach christlicher Empfindung die Darstellung des Dreieinigen Gottes erheischt, in Einklang zu bringen ist.[5]) Eine solche Auffassung wird auch von Molanus entschieden getadelt.[6])

In würdiger Weise erscheint in früher Zeit, besonders auch in der morgenländischen Kunst, eine Darstellung der h. Dreifaltigkeit durch drei ganz gleiche männliche Gestalten, welche ohne jedes Unterscheidungsmerkmal gebildet und durch irgend eine Andeutung, z. B. ein Spruchband oder Mantel, in Vereinigung gebracht, zusammengestellt sind, oder auf einer Bank nebeneinander sitzen, z. B. im hortus deliciarum der Herrad von Landsperg.[7]) Dieser Gedanke knüpft sich wohl an die drei ganz gleich gestalteten Engel, in deren Erscheinung Gott dem Abraham sich zeigte[8]), und in welchen man die Andeutung der h. Dreifaltigkeit gefunden hat. —

Vielfach jedoch unterschied man bei derselben horizontalen Nebeneinanderstellung die einzelnen Personen der Gottheit durch verschiedentliche Gestaltung und durch besondere Attribute; man bildete Gott den Vater mit einer Tiara oder Kaiserkrone, oder mit einer mit einem Kreuz versehenen Weltkugel, oder mit einem Buche und älter als die beiden andern Personen[9]), und in

1) In einer Skulptur an einem Sarkophage des 4. Jahrhunderts im christl. Museum des Laterans befindet sich, wie schon angeführt, eine Darstellung der Erschaffung der ersten Menschen, bei welcher die drei göttlichen Personen in menschlicher Gestalt gebildet sind. Gott Vater sitzt auf einem Thronsessel, Gott der h. Geist steht hinter, Gott der Sohn neben ihm. KRAUS, Roma Sott. p. 313. Taf. VII. — GARRUCCI, Storia dell' arte christ. V. Taf. 365.

2) Lucas c. III. v. 22. Matthaeus III. v. 17.

3) VII. v. 9 u. 10. Aspiciebam donec throni positi sunt et antiquus dierum sedit; vestimentum ejus candidum, quasi nix, et capilli capitis ejus, quasi lana munda; thronus ejus flammae ignis, rotae ejus ignis accensus.

v. 10. Fluvius igneus rapidusque egrediebatur a facie ejus. — Vgl. PH. ROHR, Pictor errans in historia sacra. Lipsiae 1679. c. II. 1. DIDRON a. a. O. p. 561.

4) DIDRON a. a. O. p. 543, 551, 556 u. 572. — GRIMOUARD, Manuel de l'art chrét. p. 147.

5) MENZEL II. a. a. O. I. p. 214. — KREUSER a. a. O. II. p. 39.

6) MOLANUS a. a. O. cap. III. — DIDRON a. a. O. p. 560. Papst Benedict. XIV. verurtheilt aufs schärfste eine solche Darstellung. Ebenso Card. Bellarmin; vgl. J. DE AVALA a. a. O. I. c. 7. nr. 2 und II. c. 3. nr. 8.

7) DIDRON a. a. O. p. 541 u. 432.

8) Genesis c. XVIII. v. 1 u. 2. — MOLANUS a. a. O. c. III. — Eine solche Darstellung findet sich auf den Mosaiken in S. Maria Maggiore, welche Sixtus III. gegen die Mitte des 5. Jahrhunderts anfertigen liess. KRAUS, Real-Encyclopädie I. p. 329.

9) DIDRON a. a. O. p. 199, 484.

der Regel in der Mitte sitzend; Christus wurde durch die Wundmale, ein Kreuz oder das geschlossene oder offene Buch, oder auch durch die Weltkugel gekennzeichnet[1]), und der h. Geist, in menschlicher Gestalt, hat die Taube als Attribut bei sich, entweder auf der Schulter oder auf dem Kopfe[2]), oder er hält ein Buch. — Häufiger jedoch wurde der h. Geist bloss durch die Taube dargestellt[3]), welche sich dann in der Regel zwischen den beiden andern in menschlicher Gestalt gebildeten göttlichen Personen befindet, entweder schwebend, oder auf einem Buch sitzend; z. B. findet sich bei Didron mehrfach folgende Darstellung: Gott Vater und Gott Sohn geben sich die Hand und die Flügelspitzen der zwischen ihnen schwebenden Taube berühren ihren Mund.[4]) Auch von den dogmatischen Streitigkeiten zwischen der lateinischen und griechischen Kirche bezüglich des Ausgehens des h. Geistes von Vater und Sohne, oder vom Vater allein wurde diese Darstellung berührt, indem man durch die Art der Anordnung des h. Geistes die eine oder die andere Auffassung zu bezeichnen suchte. Z. B. findet sich bei Didron p. 568 eine Darstellung, welche auf das Ausgehen vom Vater, p. 569 eine solche, die auf das Ausgehen auch vom Sohne hinweist, während in den Abbildungen p. 571 und p. 496 jeder Hinweis vermieden ist.

Vielleicht noch früher als diese Darstellung der göttlichen Personen nebeneinander, erscheint in der altchristlichen Kunst die Darstellung derselben in einer vertikalen Verbindung, welche sich wohl entwickelt hat aus den ältesten Darstellungen der Taufe Christi; man stellte Christum dar im Jordan stehend; über ihm schwebte der h. Geist als Taube, und oben in den Wolken wurde entweder die Hand Gottes oder das Brustbild Gottes des Vaters sichtbar. Eine ähnliche Auffassung findet sich ferner bei manchen Darstellungen Christi am Kreuz, indem über demselben die Taube schwebt und oben die Hand Gottes, oft mit einem Kranze oder einer Krone, angebracht ist.[5]) Freilich ist in diesen Fällen die Taufe Christi, beziehungsweise Christus am Kreuz, der Hauptgegenstand der Darstellung, und die Bezeichnung der h. Dreifaltigkeit tritt gewissermassen nur accessorisch hinzu; jedoch ist immerhin hierin eine Darstellung der h. Dreifaltigkeit aus der altchristlichen Kunst zu erkennen, und die Auffassung, wie sie auf dem in Rede stehenden Altaraufsatz sich findet, kann wohl als eine weitere Entwickelung des hierin liegenden Gedankens zu einer selbstständigen Darstellung der h. Dreifaltigkeit angesehen werden. Gott Vater auf dem Throne sitzend, hält den gekreuzigten Gott Sohn vor sich, über welchem die Taube schwebt. Die dieser Anordnung zu Grunde liegende Idee ist gewiss erhaben und schön und durchaus geeignet zu einer würdigen und anziehenden Darstellung dieses h. Gegenstandes; auch wird hierin, wenn auch nicht völlig die Einheit, so doch die innige, innere Verbindung der drei göttlichen Personen näher zur Erscheinung gebracht und mehr veranschaulicht, als durch die Anordnung derselben nebeneinander. Allerdings würde es der idealen Unterlage dieser Auffassung wohl am meisten entsprechend sein, wenn hierbei Christus am Kreuze nach der alten abendländischen Auffassung nicht als leidend oder gestorben, sondern als lebend und freiwillig am Kreuze sich opfernd und das Erlösungswerk vollbringend, dargestellt würde, was jedoch meines Wissens nicht geschehen ist.[6]) —

Das älteste Beispiel der bezeichneten Art der Darstellung der h. Dreifaltigkeit wird sich wohl in den Glasgemälden zu St. Denis bieten, welche der kunstliebende Abt Suger in der ersten Hälfte des 12. Jahrhunderts anfertigen liess. (Labarte, Les arts industr. II. Taf. 94. Stockbauer a. a. O. p. 300.)

Ein hohes Alter ist ferner der Darstellung auf dem Kelche in der Kirche der Soeurs-de-

---

1) Didron a. a. O. Abbildungen auf p. 196, 197, 422, 484 u. 580.

2) Didron a. a. O. p. 580, 484.

3) Didron a. a. O., Z. B. p. 11, 196, 197, 562 und viele Andere.   4) Didron a. a. O. p. 18, 197, 562.

5) Z. B. auf dem Lotharkreuz zu Aachen und dem Bernwardskreuz zu Hildesheim, dem Kreuz zu Malzel, (E. aus'm Weerth a. a. O. III. p. 69. Taf. 54) u. A. — In Wechselburg hält Gott Vater über dem Kreuz die Taube auf dem Arm.

6) Vgl. J. v. Ayala a. a. O. II. c. 3.

Notre-dame zu Namur zuzuweisen, welcher wohl noch dem Anfange des 13. Jahrhunderts angehört. Reusens, Elém. d'archéol. chrét. I. p. 457) —

Bereits in sehr früher Zeit und das ganze Mittelalter hindurch finden wir sehr zahlreich in Miniaturen diese Art der Darstellung, z. B. in dem Psalterium des Landgrafen Herrmann von Thüringen (zwischen 1190 und 1215), zur Zeit in der Königl. Handbibliothek zu Stuttgart; von derselben findet sich eine Nachbildung im Bibliographical Antiquarium von Frognal Dibdin (1821); ferner in einem Manuskript der Abtei Notre-dame-aux-Nonnains aus dem 12. Jahrhundert, zur Zeit in der Bibliothek zu Troyes (Didron a. a. O. p. 569), und ebenfalls in einem solchen aus dem 13. Jahrhundert in der Bibliothek zu Paris (Didron a. a. O. p. 568), und in der vatikanischen Bibliothek aus dem 12. oder 13. Jahrhundert (Grimouard a. a. O. p. 134).

Eine gleiche Darstellung zeigt ein auf Holz gemaltes Antependium des Klosters Lüne aus der zweiten Hälfte des 13. Jahrhunderts[1]), eine gemalte Tafel zu St. Riquier aus dem 15. Jahrhundert[2]) und ein Tafelgemälde im Museum zu Cöln aus der kölnischen Schule des 15. Jahrhunderts. Ferner finden wir dieselbe in den Werken von Thomas und Barnabas von Mutina, welche in der zweiten Hälfte des 14. Jahrhunderts in Bologna thätig waren[3]), und auf einem sehr schönen Tafelgemälde von Francesco Granacci aus Florenz zu Anfang des 16. Jahrhunderts; dieses Bild befindet sich in der Gemäldegallerie zu Berlin, und wurde früher irrthümlich dem Mariotto Albertinelli zugeschrieben, von welchem eine ähnliche Darstellung die Akademie zu Florenz besitzt[4]); dann auf einem Gemälde in S. Spirito zu Florenz, welches früher dem Domenico Ghirlandajo, jetzt aber dem Rafaelino del Garbo zugeschrieben wird (Crowe und Cavalcaselle a. a. O. III. p. 213), auf einem Bilde Masaccio's in S. Maria Novella zu Florenz (Crowe und Cavalcaselle a. a. O. II. p. 118), ferner auf einem Altargemälde des Luca Signorelli in der Akademie zu Florenz, oberhalb einer thronenden, von zwei Heiligen und den Erzengeln Michael und Gabriel umgebenen h. Maria (Lübke, Geschichte der ital. Malerei I. p. 413), und endlich auf einem dem Domenico Ghirlandajo zugeschriebenen Gemälde im Prov. Museum zu Münster, auf welchem unter der h. Dreifaltigkeit sich eine Anbetung der h. drei Könige nebst den Heiligen Johannes Baptista, Wenzeslaus, Franziskus und Jacobus befindet. — Wie in Italien, so findet sich diese Auffassung auch in Deutschland über das Mittelalter hinaus, in der Zeit der Renaissance, und die grossartigste Darstellung derselben bietet das herrliche, jetzt im Belvedere zu Wien befindliche Gemälde von Albrecht Dürer[5]), welches derselbe 1511 für die Dreifaltigkeitskapelle des Zwölfbrüderhauses zu Nürnberg gemalt hat. Gott Vater, umflossen von Licht, schwebt in der Mitte des Himmels, mit der Krone auf dem Haupte und mit einem goldnen Mantel, dessen Saum von Engeln getragen wird. Schaaren von Engeln und Seeligen umgeben ihn; den Gekreuzigten hält er mit beiden Händen vor sich, und der h. Geist schwebt über seinem Haupte; weiter unten, aber noch auf den Wolken, erscheinen unter Vortritt des Papstes und Kaisers alle Stände der Menschen, die zur Seligkeit berufen sind. "So spiegelte sich", wie Thausing sagt, "der christliche Himmel in einer deutschen Seele." Unter den Wolkenschichten bietet sich noch ein Blick auf die ferne Erde. Auch in manchen Skulpturen des Mittelalters und der späteren Zeit findet sich dieselbe Art der Darstellung, ebenso auch in manchen Holzschnitten. Ausser dem bekannten Holzschnitt von Albrecht Dürer[6]) (gleichfalls vom Jahre 1511), auf welchem, wenn auch dieselbe Idee

---

1) LOTZ a. a. O. I. p. 406. — Alterthümer der Stadt Lüneburg und des Klosters Lüne, herausg. vom Alterth.-Verein. Lief. 4 p. 5. — Deutsches Kunstblau 1850. p. 148.

2) DIDRON a. a. O. p. 496.

3) CROWE u. CAVALCASELLE a. a. O. II. p. 385. — AGINCOURT a. a. O. Taf. 133 u. 134.

4) Dr. J. MEYER und Dr. W. BODE, Die Gemäldegallerie zu Berlin p. 151. — LÜBKE, Geschichte der ital. Malerei II. p. 173. Abbildung.

5) WOLTMANN a. a. O. II. p. 381. — A. v. EYE, Leben und Wirken Albrecht Dürer's p. 336. — LEOP. KAUFMANN, Albrecht Dürer p. 30.

6) v. EYE a. a. O. p. 325. — KAUFMANN a. a. O. p. 50.

in der Darstellung, wie auf dem Oelgemälde, so doch eine sehr wesentliche Verschiedenheit der Behandlung und der Durchführung sich zeigt, mag noch als Beispiel angezogen werden ein Holzschnitt des 16. Jahrhunderts, von welchem Didron[1]) eine Nachbildung gibt; auf demselben sitzt die Taube auf dem Querbalken des Kreuzes. —

Schliesslich mag nicht unerwähnt bleiben, dass sich gegen Ende des Mittelalters aus dieser Art der Darstellung der h. Dreifaltigkeit noch eine andere, einigermassen ihr nahe kommende entwickelt hat, welche bei ähnlicher Anordnung in ihrer wesentlichen Aenderung nicht als glücklich oder empfehlenswerth angesehen werden kann. Gott Vater hält nämlich den gestorbenen, vom Kreuze abgenommenen, mit allen Spuren des Leidens und der Qualen bezeichneten Christus vor sich oder auf seinem Schoosse. Eine solche Darstellung findet sich vom Meister Wilhelm von Cöln im Provinzialmuseum des Westfälischen Kunstvereins zu Münster, und ebendaselbst noch eine andere, welche Lucas Cranach zugeschrieben wird; ferner eine von Rogier van der Weyde im Städelschen Museum zu Frankfurt. Bei allen drei Darstellungen sitzt oder schwebt der h. Geist in Gestalt der Taube auf der Schulter Gottes des Sohnes. Auch das Museum zu Cöln besitzt zwei Tafelbilder der kölnischen Schule des 15. Jahrhunderts mit einer ähnlichen Darstellung[2]), und das Museum zu Berlin ein solches der niederrheinischen Schule. Eigenthümlich ist ferner eine Darstellung auf einem Holzschnitte von Mich. Wohlgemuth, Glorification Christi genannt, welcher sich in dem 1491 erschienenen Buche „Schatzbehalter der wahren Reichthümer des Heils u. s. w." befindet.[3]) Christus kniet vor Gott dem Vater und zeigt auf das neben ihm liegende Kreuz und die übrigen Leidenswerkzeuge; Gott der Vater hält eine mit Nimbus umgebene Krone in der Hand und ist im Begriff, den Erlöser zu krönen. Ueber beiden schwebt die Taube.

Endlich ist darauf hinzuweisen, dass die oben bezeichnete Art der Darstellung der h. Dreieinigkeit in gewisser, analoger Weise sich in der Disputa Rafael's wiederfindet, wenn zwar auch an die Stelle Christi am Kreuz hier der glorificirte Christus tritt, welcher zwischen der h. Maria und dem h. Johannes thront.

In dem Felde rechts von dem Mittelbilde befindet sich die h. Maria stehend, die Hände, wie zum Gebet, in einer Bewegung erhoben, die an die Darstellung der h. Maria orante erinnert, wie sie sich in den Katakomben und in der ältesten christlichen Kunst häufig findet[4]), besonders auch, falls sie neben dem Kreuze steht. Die Gestalt der h. Maria ist grossartig und schön aufgefasst und von einem eigenthümlich erhabenen Charakter. Das braungraue Untergewand fällt in reichen, fliessenden Falten bis auf den Boden, und legt sich unten gehäuft und geknittert breit zusammen, so dass die Füsse völlig von demselben bedeckt werden. An den engen Aermeln zeigt es eine Fülle von kleinen unruhigen Querfalten. Ein zweites kurzes Untergewand, welches die h. Maria über dem andern trägt, ist dunkelbraun, mit zwei gemusterten vertikalen Goldstreifen versehen[5]) und reicht nur bis zu etwa an die Kniee. Eine in solcher Weise behandelte Gewandung ist durchaus ungewöhnlich; das in der byzantinischen Kunst häufig vorkommende, mit Goldschmuck und Besatz von Quasten oder Kugeln versehene, gerade herunterfallende Prachtkleid ist stets lang und geht bis zu den Füssen herab, während hier das Gewand der h. Maria kaum bis zu den

---

1) DIDRON a. a. O. p. 570.

2) Auch zu Aachen findet sich ein der niederrheinischen Schule angehörendes, werthvolles Gemälde mit dieser Darstellung im Besitze des Herrn Dr. J. Lingens.

3) WOLTMANN a. a. O. II. p. 122. — BECKER a. a. O. I. p. 391. Taf. 62.

4) Vgl. F. A. v. LEHNER, die Marienverehrung der ersten Jahrhunderte, Taf. I. u. VIII. p. 297, 327 u. 329. — KRAUS, Roma Sotterranea p. 262, 265. — GRIMOUARD DE ST. LAURENT a. a. O. p. 203, 209, 215. — Vgl. ROHAULT DE FLEURY, La sainte vierge, Taf. 83, 88 u. 87.

5) Vgl. die oben gemachte Bemerkung über die Clavi der altrömischen Tracht, und über vestes auro clavatae (mit Gold gezierte Streifen), auch patagia genannt.

Knieen reicht. Ein faltiger, rother Mantel mit braungrauer Unterseite umfliesst die ganze Gestalt in würdevoller Anordnung, läuft aber an der rechten Seite in seltsame Zipfel aus.

Um das Haupt ist, ebenfalls in willkürlichen und geknitterten Falten, ein Kopftuch von blauer Farbe gelegt, welches zu beiden Seiten das lockige Haar sichtbar werden lässt und rechts auf die Schulter herabfällt. — Der Nimbus ist goldig und mit einem reichen Muster geziert.

Neben dem Kopfe der h. Maria ist in eigenthümlich geformten Buchstaben auf dem Goldgrund eingeschrieben: S. Maria.

—

Links von dem Mittelfelde steht der h. Johannes Evangelista, welcher durch die Aufschrift S. Johanes E. bezeichnet ist, und als eine mächtige und grossartige, jugendliche Gestalt erscheint. Er trägt ein blaues, sehr faltiges langes Untergewand mit rothbrauner Unterseite, über welches ein rother Mantel in sehr unruhigen und willkürlichen Falten, und mit seltsamen Verzipfelungen gelegt ist. In der rechten Hand hält er einen Zipfel des Mantels, in der linken, welche von dem Mantel überdeckt ist, eine Rolle oder ein Buch.[1] Die Gesichtszüge sind jugendlich kräftig und besonders schön, das Haar ist reich gelockt. Der Nimbus ist, wie bei der h. Maria, verziert. Das Haupt ist unbedeckt, und die Füsse, gleichfalls unbekleidet, sind etwas unschön gespreizt und stark nach Aussen gestellt.

Die byzantinische Kunst stellte den h. Johannes, dem die Griechen die Bezeichnung θεόλογος beilegten, in früherer Zeit in der Regel alt, mit weissem Haar und Bart dar; diesem Beispiel ist das Abendland aber nie gefolgt, sondern hat ihn vielmehr stets sehr jugendlich, wie auch hier, und ohne Bart gebildet.

In dieser Weise sehen wir ihn in ganz unzähligen Beispielen unter dem Kreuze stehend dargestellt, entweder die h. Maria unterstützend, oder zum Zeichen der Trauer die Hand an das Kinn legend, oder endlich auch die Hände betend ausbreitend. Da Christus ihm vom Kreuze seine Mutter anvertraut, und er selbst auch im Evangelium sagt, c. XIX. v. 35. dass er Zeuge des Leidens am Kreuze gewesen, war es naheliegend, dass man diese beiden, dem Erlöser so nahe stehenden Personen ihm auch am Kreuze stets beigesellte, und dass diese Gruppe dann zu einer für alle Zeiten typischen sich bildete.

Dem h. Johannes unter dem Kreuze, oder auch neben dem thronenden Heiland wird ein besonderes Attribut, ausser etwa einem Buche oder einer Rolle, nicht beigegeben, und er wird ja auch durch die Stelle, die er einnimmt, vollkommen gekennzeichnet. Soll er dagegen in seiner Eigenschaft als Evangelist dargestellt werden, so hat er stets den Adler neben sich und trägt häufig auch eine Feder in der Hand. In anderen Fällen, in denen gerade diese seine Eigenschaft nicht speziell betont werden soll, findet sich bei ihm ein Kessel oder ein Gefäss, da er auf Befehl des Kaisers Domitian in einen Kessel mit siedendem Oel geworfen wurde[2]; auch wird er wohl in dem Kessel befindlich dargestellt.[3] In der Regel aber trägt er einen Kelch in der Hand, aus welchem eine Schlange oder ein kleiner Drache hervorsieht[4] Der Heilige sollte der Legende nach zu Ephesus[5] Gift trinken zum Beweis der Wahrheit seiner Lehre. Nachdem zwei zum Tode verurtheilte Verbrecher, denen dasselbe gereicht worden, alsbald in Folge des Genusses gestorben waren, nahm

---

1) Die Bedeckung der Hände durch ein Tuch oder den Mantel galt nach der Auffassung des Alterthums als Andeutung des Respektes oder der Ehrfurcht. MARTIGNY a. a. O. p. 412. Daher bringen auf älteren Darstellungen z. B. die h. drei Könige häufig ihre Gaben mit bedeckten Händen dar, und auf dem Antependium (I oben) trägt der h. Johannes der Täufer die Scheibe, welche das Lamm Gottes enthält, in den zum Theil mit einem Tuch überdeckten Händen; dagegen halten auf demselben Bilde der h. Augustinus und die h. Walburgis das Buch mit ganz verhüllter Hand.

2) MENZEL. a. a. O. p. 449   CAHIER a. a. O. p. 266.

3) Z. B. auf dem Tympanon des Portales der Südseite der Petrikirche zu Soest.

4) MENZEL. a. a. O. I. p. 450. — WESSELY a. a. O. p. 238. — CAHIER a. a. O. p. 172. — v. RADOWITZ a. a. O. p. 35.

5) JAC. a. VORAGINE, Legenda aurea.

der Heilige den Becher, machte das Kreuzzeichen über denselben und trank das Gift, welches jedoch eine Wirkung auf ihn nicht äusserte; auch erweckte er die beiden Verbrecher zum Leben zurück.[1])

Aber auch mit einem Kelche ohne Schlange findet man den h. Johannes, den Jünger, den der Herr lieb hatte (Joh. XXI. v. 20), vielleicht in Beziehung auf die Eucharistie.[2]) Bei dem Abendmahle wird der h. Johannes stets neben dem Heiland, an dessen Brust gelehnt, dargestellt, da dies in der h. Schrift ausdrücklich erwähnt wird.[3]) Im Anschluss an die Legende, dass der Heilige, den Augenblick seines Todes vorherwissend, sein Grab neben dem Altar habe bereiten lassen, und, nachdem er Abschied von den Gläubigen genommen, sich in das Grab niedergelegt habe und sanft entschlummert sei, kommt die jedoch seltene Darstellung vor[4]), welche den h. Johannes im Grabe liegend zeigt; oder es wird auch ein mit Lichtschein umgebenes Grab dargestellt, welches nur Manna oder kleine Brodstücke enthält, da nach der Legende das von den Gläubigen geöffnete Grab leer gefunden worden[5]); das Brod wird in Beziehung stehen zu den am Grabe geschehenen Wundern. Das leer gefundene Grab soll aber Anlass zu der Meinung gegeben haben, er lebe noch und werde nicht sterben (Joh. XXI. v. 22, 23), sondern wie Elias und Henoch wiederkehren.

— —

In den vier Bogenzwickeln befinden sich die Brustbilder von vier Engeln, in rothen, faltigen mit Goldverzierungen versehenen Gewändern, welche den Raum in geschickter Benutzung ausfüllen. Die Hände derselben sind betend erhoben und die Flügel aufgerichtet; sie tragen weder Spruchbänder, noch andere Insignien, sind aber mit Nimben ausgestattet.

Ueber die Zeit der Entstehung dieses Bildes kann ein Zweifel wohl nicht entstehen, es wird um die Mitte des 13. Jahrhunderts geschaffen sein. Die Auffassung, Anordnung und Behandlung, der ganze Grundzug ist noch durchaus romanisch, auch in den Ornamenten und im Detail noch keine Spur von gothischen Elementen zu entdecken. Nur die Gewandung verlässt zum Theil die allgemeine, ruhige und ernste Einfachheit des Faltenwurfs der romanischen Kunst. Zwar zeigen sich noch Anklänge an die strengen grossen Falten, und auch die Behandlung der Farbe in der Bildung der Falten lässt erkennen, dass der Künstler in der Art der früheren Zeit seine Unterlage gefunden; aber die überall hervortretenden, unruhigen und willkürlichen Querfalten, die bewegten, zackigen Zipfel deuten darauf hin, dass die beginnende Bewegung einer neuen Stilweise dem Künstler nicht fremd geblieben, und ihn bereits in der Detailbehandlung beherrscht hat. Es bahnt sich hier der Uebergang zum gothischen Stile an[6]), und die romanische Kunst, der dieses Bild noch voll und ganz angehört, schliesst hiermit ab.

Vergleicht man nun dieses Bild mit den Wandmalereien Soest's aus dem 13. Jahrhundert, so zeigt die Behandlung der Gestalten der Nikolaikapelle[7]) eine so grosse Aehnlichkeit, dass unbedingt anzunehmen ist, der Künstler, der dieselben geschaffen, sei auch der Schöpfer dieses Bildes.

---

1) Vereinzelt wird auch dem h. Johannes ein Vogel (ein Rebhuhn) beigegeben mit Bezug auf eine eigenthümliche, sehr alte Legende. Nach derselben soll der h. Johannes hoch bejahrt bei Ephesus von einem Jäger angetroffen sein, als er ein Rebhuhn streichelte oder mit demselben spielte. Der Jäger nahm an diesem Zeitvertreib Anstoss, und als dies der h. Johannes wahrnahm, sagte er zu ihm: „Mein Sohn, du trägst wohl deine Waffe stets gespannt, um die Mühe zu sparen, den Bogen zu spannen, wann du ihn gebrauchen willst?" „O nein", erwiderte dieser, „denn würde die Schnellkraft der Waffe sich bald verlieren, wenn sie stets in der Krümmung sich befinde." „Sehr wohl", bemerkte der Apostel, „der menschliche Geist erträgt es ebensowenig, beständig angespannt zu sein." S. Cassianus, Collationes patrum. — Cahier a. a. O. p. 586.

2) Grimouard a. a. O. p. 481.   3) Johannes c. XIII, v. 23 u. 25.   4) Cahier a. a. O. p. 426.

5) Menzel a. a. O. I. p. 449. — Legenda aurea c. IX.

6) Lübke a. a. O. p. 335 erkennt hier, wie oben angeführt, noch volle romanische Strenge in der Gewandung, eine Auffassung, der ich nicht beipflichten kann.

7) Lübke a. a. O. p. 322. — Nordhoff a. a. O. p. 113. — Schnaase a. a. O. V. p. 516. — Organ f. christl. Kunst 1854, p. 62 und 1861 p. 115, 130 u. 142. — Kaiser im Organ f. christl. Kunst 1863 p. 88 u. 102. — Aldenkirchen a. a. O. p. 17. — Kaiser a. a. O. p. 44.

Betrachtet man insbesondere den h. Johannes, so ist die gesammte Auffassung, die Bewegung des Körpers, die Stellung der Füsse, die Art des Faltenwurfs, bei beiden so durchaus analog, selbst sogar die Gesichtszüge sind so ähnlich, dass man direkt auf denselben Künstler und auf ungefähr dieselbe Zeit zu schliessen berechtigt ist. Was die Behandlung der Farben anbetrifft, so ist naturgemäss ein Unterschied begründet, der zwischen Wand- und Tafelmalerei bestehen muss; es kommt jedoch in Betracht, dass die Wandmalereien der Nikolaikapelle sehr gelitten hatten und, bereits seit Jahren restaurirt, in Betreff der Farbe nicht mehr so genau in ihrer ursprünglichen Art sich erkennen lassen.

Die uns noch erhaltenen, in späterer Zeit, als dieses Bild, entstandenen altwestfälischen Tafelgemälde gehören nicht mehr der romanischen, sondern bereits der gothischen Stilweise an, und liegen daher ausserhalb des Gebietes, in welchem sich diese Abhandlung begrenzt.

Bei dem stark entwickelten architektonischen Gefühl, welches den Aufgang und die erste Entwickelung des gothischen Stiles durchweht, ist im 14. Jahrhundert in der Behandlung und Aus-führung der Tafelmalerei ein Rückgang nicht zu verkennen; vom Ende des 14. bis zum Ende des 15. Jahrhunderts sehen wir dagegen in Westfalen wiederum herrliche Tafelbilder entstehen, welche durch die Idealität und Zartheit der Auffassung, durch die Feinheit des Schönheitsgefühles und den Glanz der Farbengebung den trefflichsten Werken an die Seite zu stellen sind, welche die gothische Kunst in diesen Jahrhunderten überhaupt geschaffen hat.

Im Verlage von HEINRICH SCHÖNINGH in Münster i. W. sind ferner erschienen

Photographien nach Holzschnitzereien aus dem Capitelsaal des Domes zu **Münster i. W.** 30 Blatt. *Bildfläche:* 35 × 23 cm. *Preis* der ganzen Sammlung *M* 30.—; einzeln Blatt *M* 1.20.

Aufgezogen auf Originalkarton (47 × 35 cm.) pro Blatt 20 Pfg. mehr.

Photographien westfälischer Alterthümer und Kunsterzeugnisse von der Ausstellung zu **Münster i. W.** im Jahre 1879. 326 Blatt. *Bildfläche:* durchweg ca. 15 × 20 cm. *Preis* der ganzen Sammlung *M* 163.—; 1 Blatt *M* 0,80; 10 Blatt *M* 7.—; 100 Blatt *M* 60.—.

Aufgezogen auf Originalkarton (24 × 32 cm.) pro Blatt 20 Pfg. mehr.

Photographien von Gegenständen der Ausstellung kunstgewerblicher Alterthümer in **Düsseldorf** 1880. 130 Blatt (Blatt 110—139 sind auch in der Münster'schen Sammlung enthalten.) *Bildfläche:* durchweg ca. 15 × 20 cm. *Preis* für das einzelne Blatt *M* 0,80; 10 Blatt *M* 7.—; 100 Blatt *M* 60.—.

Aufgezogen auf Originalkarton (24 × 32 cm.) pro Blatt 20 Pfg. mehr.

Ausstellungs-Katalog Münster. 1879. broch. 172 Seiten. *M* 0,80.

Ausstellungs-Katalog Düsseldorf. 1880. broch. 333 Seiten. *M* 1.—.

Die Ausstellungskataloge enthalten die genaue Beschreibung der reproducirten Gegenstände.

Verzeichnisse der Photographien (mit Hinweis auf die betr. Nummern der Ausstellungs-Kataloge) sind vom Verleger *direct*, sowie auch durch *jede Buch- und Kunst-Handlung* auf gefl. Verlangen *gratis* und *franco* zu beziehen. Insbesondere wird darauf aufmerksam gemacht, dass beide Sammlungen u. a. auch eine grössere Zahl von Reproductionen *alter Gemälde* enthalten, worüber das Nähere aus dem Verzeichniss zu ersehen.

Ornament der Abschrägung in natürlicher Grösse.

Antependium der Walburgiskirche zu Soest.
XII. Jahrhundert.

P. Eberlein fac. 1811.

Retabulum der Marienkirche zur Wiese in Soest
XIII Jahrhundert.
(Königl Museum zu Berlin)

Altar-Aufsatz der Marienkirche zur Wiese in Soest.
XIII. Jahrhundert
· Königl. Museum zu Berlin ·